Dirk Neuhaus
Karsta Neuhaus

ILT-Europa Verlag

Das Bewerbungshandbuch für Europa

5. aktualisierte
Auflage, 2007
ISBN:
978-3- 930627-00-4

Bibliografische Information der
Deutschen Bibliothek

Die Deutsche Bibliothek verzeichnet diese Publikation in der Deutschen Nationalbibliografie; detaillierte bibliografische Daten sind im Internet über http://dnb.ddb.de abrufbar.

Lektorat:
Ulrike Preußiger-Meiser

Satzvorbereitung:
Jürgen Elias

Satz und Druck:
Fuldaer Verlagsanstalt

Danke Thanks Merci Gracias Grazie

Viele Menschen aus den verschiedensten Bereichen haben uns dabei geholfen, wesentliche Fakten für dieses Buch zu recherchieren und aktuelle Informationen zu sammeln.

Wir danken den Personalberatern, Bibliothekaren und den Mitarbeitern deutscher, englischer, französischer, italienischer und spanischer Institute sowie allen Fachleuten, die uns unterstützt haben. Ohne sie hätten wir dieses Buch nicht fertigstellen können.

Besonderer Dank gebührt:

- Claudia Rosenboom von der Deutsch-Britischen Industrie- und Handelskammer in London für ihre Tipps und Materialien;
- Barbara Jösch-Surmely für ihre fundierten Recherchen und Aktualisierungen des Kapitels „Italien“;
- den Mitarbeitern der Bibliothek von Sussex Career Services in Eastbourne für ihre freundliche, professionelle Hilfe vor Ort;
- den Experten von APEC in Paris, deren ausgezeichnete Materialien uns als wertvolle Informationsquelle dienten;
- den Mitarbeitern von INEM in Madrid, die trotz unserer begrenzten Spanischkenntnisse geduldig alle Fragen beantworteten;
- Last but not least danken wir Stephanie Porbeck sowie Daniela Rudolph. Ihre Ratschläge und Erfahrungsberichte werden für unsere Leser von besonderem Interesse sein.

Inhalt

1 Einleitung

Immer mehr junge Arbeitnehmer, Studenten und Hochschulabsolventen äußern den Wunsch, im europäischen Ausland Erfahrungen im Beruf oder Studium zu sammeln und so ihren Horizont zu erweitern. Auch Führungskräfte und Selbstständige interessieren sich für Arbeitsmöglichkeiten in anderen europäischen Ländern, denn die Unternehmen suchen verstärkt nach Mitarbeitern mit Auslandserfahrungen und Fremdsprachenkenntnissen, um in Zukunft im innereuropäischen Konkurrenzkampf bestehen und die Chancen nutzen zu können, die der Binnenmarkt bietet.

Beide Seiten, die Arbeitssuchenden wie die Arbeitgeber, benötigen dafür eine Fülle von Informationen, und zwar:

- zum Bildungswesen
  Wie wird beispielsweise ein deutscher Realschulabschluss im Ausland bewertet – und wie sind generell die Angaben ausländischer Bewerber und Bewerberinnen zu ihren Schulabschlüssen von den Arbeitgebern einzuordnen? Werden Hochschulexamina, die in einem EU-Land abgelegt worden sind, in anderen EU-Ländern anerkannt? Welchen Hintergrund haben die sehr unterschiedlichen Studienzeiten?
- zu länderspezifischen Bewerbungspraktiken
  Wer sich in Mitgliedsstaaten der EU erfolgreich bewerben will, sollte auf jeden Fall die Bewerbungspraktiken dort kennen. In Deutschland werden beispielsweise sehr ausführliche Bewerbungsunterlagen erwartet, für andere Länder trifft dies nicht unbedingt zu.
- zu fremdsprachlichen Aspekten der Bewerbung
  Wenn junge Leute bei ausländischen Firmen anfragen, ob sie dort ein Praktikum absolvieren könnten, wenn sie nach ihrem Hochschulexamen eine erste Stelle im europäischen Ausland suchen oder wenn Führungskräfte in einem anderen EU-Land arbeiten möchten, dann werden sie die Lebensläufe und Begleitschreiben in der Sprache des Gastlandes verfassen und sich auf Vorstellungsgespräche in der Fremdsprache vorbereiten müssen.
- zu Möglichkeiten der Arbeitssuche in der Europäischen Union
  Wer die Chancen des Europäischen Binnenmarkts für die Karriere nutzen und sich in einem Land der EU um eine Stelle bewerben möchte, wird sich unter anderem über folgende Aspekte informieren:

- die generelle Arbeitsmarktsituation im Zielland,
- die Strategien der Arbeitssuche durch lokale Arbeitsämter oder private Vermittlungsagenturen,
- den möglichen Zugang zu freien Stellen,
- notwendige Informationen über potenzielle Arbeitgeber,
- mögliche Unterstützung durch EU-Förderprogramme.

Das Bewerbungshandbuch für Europa präsentiert alles Wissenswerte in kompakter und übersichtlicher Form. Darüber hinaus bietet es zahlreiche Hinweise auf weiterführende Literatur und wichtige Kontaktadressen.

Das vorliegende Buch wurde seit seinem ersten Erscheinen 1994 ständig aktualisiert und fortentwickelt. Es ist das Standardwerk für die Arbeitsuche und Bewerbung in Großbritannien, Frankreich, Italien und Spanien.

Wir haben zudem ein ausführliches Kapitel zum Thema „Internet“ eingefügt, weil es Ihnen bei Ihrer Informationssuche über Arbeitsplatzangebote in den hier behandelten EU-Ländern besonders nützlich sein wird.

Die Adressen für dieses Buch wurden sorgfältig überarbeitet und auf den neuesten Stand gebracht. Dennoch bleibt stets zu beachten, dass sich die Adressen rasch ändern können.

Wir wünschen Ihnen viel Erfolg bei Ihren Bewerbungen in den von uns behandelten Ländern der EU. Und denken Sie daran: Über Kritik und Anregungen, Erfahrungsberichte, kurzum über ein Feedback, freuen wir uns sehr.

Dirk und Karsta Neuhaus

E-Mail: info@ilt-europa.de

2 Arbeiten in Europa

2.1 Freizügigkeit innerhalb der Europäischen Union

Jeder Bürger hat das Recht auf Freizügigkeit. Dieses Grundrecht gilt auch innerhalb der Staaten der Europäischen Union. Eingeschlossen darin ist das Recht, in einem anderen EU-Land zu leben und zu arbeiten. Denn Arbeitnehmer aus einem EU-Staat haben in Bezug auf Arbeit, Sozialversicherung sowie die allgemeinen Lebensbedingungen dieselben Rechte wie die des Gastlandes. Sie sind somit Arbeitsbürger, ohne aber automatisch Staatsbürger zu sein. (*)

Drei Monate nach der Einreise in ein EU-Land müssen sie im Besitz einer Aufenthaltsgenehmigung sein – die ihnen zusteht, wenn sie dort arbeiten wollen (in Teil- oder Vollzeit), vorhaben zu studieren, selbstständig tätig sein oder als Rentner leben wollen. EU-Bürger sind dabei generell den Gesetzen des Gastlandes verpflichtet, z. B. in Hinblick auf Krankenversicherung, Steuern, Arbeitsrecht und Sozialversicherung. Auch die Arbeitsverträge entsprechen den Gesetzen des Gastlandes. Interessenten sollten sich deshalb vor Abreise bei der EU-Kommission über Einzelheiten erkundigen.

Die Vertretung der Europäischen Kommission in Deutschland hat ihren Sitz in Berlin. Von dort hat sie zusammen mit den beiden regionalen Vertretungen in Bonn und München neben politischen Funktionen auch die Information von Presse und Öffentlichkeit übernommen.

- Europäische Kommission
  Vertretung in der Bundesrepublik Deutschland
  Unter den Linden 78
  10117 Berlin
  Telefon: (030) 22802 000
  Telefax: (030) 22802 222
  http://ec.europa.eu/deutschland/index_de.htm

- Vertretung in München
  Erhardtstr. 27
  80331 München
  Telefon: (089) 24244 480
  Telefax: (089) 24244 815

(*) *In dem vorliegenden Buch werden aus Gründen der Vereinfachung überwiegend männliche Formen der Berufsbezeichnungen etc. benutzt. Die weiblichen gelten als eingeschlossen.*

- Vertretung in Bonn
  Bertha-von-Suttner-Platz 2–4
  53111 Bonn
  Telefon: (0228) 53009 0
  Telefax: (0228) 53009 50

Internet-Adresse der Vertretung der EU-Kommission in Deutschland:

http://ec.europa.eu/deutschland/index_de.htm

„Das europäische Portal zur beruflichen Mobilität" von EURES setzt Sie über Ihre Rechte als EU-Bürger in Kenntnis. Leitfäden und Ländermerkblätter in elf Sprachen informieren Sie über Ihre EU-Rechte hinsichtlich Wohnen, Arbeiten, Studium, Ausbildung und Forschung, Kauf von Waren und Dienstleistungen, Reisen und Chancengleichheit sowie über den Zugang zu Ihren Rechten in jedem EU-Land.

- „EURES-das europäische Portal zur beruflichen Mobilität"
  http://eures.europa.eu

Interessante Hinweise zu Auslandstätigkeiten bieten die Broschüren, die von der ZAV, der Zentralstelle für Arbeitsvermittlung, herausgegeben werden. Diese bekommen Sie in der Regel beim Berufs-Informations-Zentrum (BIZ) Ihres örtlichen Arbeitsamts.

- Zentralstelle für Arbeitsvermittlung (ZAV)
  Villemombler Str. 76
  53123 Bonn
  Telefon: (0228) 713 0
  Telefax: (0228) 713 1111
  www.arbeitsagentur.de

Besonders nützlich sind auch die Merkblätter des Bundesverwaltungsamts, dessen Aufgabe unter anderem die Publikation von Informationen für Auswanderer und Auslandstätige ist.

- Bundesverwaltungsamt
  Informationsstelle für Auswanderer und Auslandstätige
  Eupener Str. 125
  50933 Köln
  Telefon: (01888)3584999
  Telefax: (01888) 3584829
  www.bva.bund.de

Hier erfahren Sie auch die Anschriften der Auskunfts- und Beratungsstellen in Ihrer Region. Ebenso die Botschaften und Konsulate können in der Regel detaillierte Informationen über Modalitäten geben. Weitere Details zu den oben genannten Aspekten finden Sie in den jeweiligen Länderkapiteln des vorliegenden Buchs.

2.2 EURES-Beratungszentren

Für alle Arbeitnehmer wird es in Zukunft selbstverständlich werden, zeitweise in einem anderen EU-Staat zu arbeiten. Zwar rechnet noch niemand mit einer großen Wanderbewegung in Europa, aber schon heute ist deutlich, dass mit der wachsenden Internationalisierung bald Führungs- und Fachkräfte mit Auslandserfahrungen und exzellenten Sprachkenntnissen noch mehr gefragt sind als heutzutage.

Es ist zwar schwer, präzise zu prognostizieren, in welchen Berufssparten in den verschiedenen EU-Ländern am ehesten Arbeitskräfte gesucht werden, da sich der Arbeitsmarkt kontinuierlich ändert, aber Sie sollten auf dem Laufenden bleiben und sich bei Botschaften und Konsulaten sowie den EURES-Zentren zu Einzelheiten erkundigen.

Das Netz der Europäischen Arbeitsverwaltungen (EURES) zielt darauf ab, die Freizügigkeit von Arbeitnehmern in den 17 Ländern des europäischen Wirtschaftsraumes zu erleichtern. Die EURES-Berater geben Tipps für die Arbeitssuche, die richtige Form der Bewerbung und zu Aus- und Weiterbildungsmöglichkeiten in den EU-Mitgliedsstaaten. Das von EURES bereitgestellte Informationsangebot betrifft:

- Beschäftigungsmöglichkeiten in Europa,
- Sozialgesetzgebung, Steuern und Abgaben,
- Gesundheitsversorgung,
- Erziehungs- und Bildungswesen,
- Berufsbildungsangebote,
- Vergleichbarkeit von Qualifikationen,
- Lebenshaltungskosten, Wohnung,
- nützliche Adressen sowie Ansprechpartner für weitergehende Informationen.

Die Berater haben sich auf bestimmte Länderschwerpunkte spezialisiert. In den jeweiligen Länderkapiteln haben wir die genauen Adressen des jeweils zuständigen Arbeitsamts angegeben, hier nur die Übersicht:

- Frankreich — beim Arbeitsamt Rastatt,
- Italien — beim Arbeitsamt München,
- Spanien — beim Arbeitsamt Frankfurt am Main,
- Großbritannien — beim Arbeitsamt Bremen.

Die Berufsberater aller EURES Beratungsstellen haben Einblick in die Stellendatenbanken der jeweiligen nationalen Arbeitsverwaltung, was Ihnen sehr nützlich sein wird.

Die zentrale Internetadresse von EURES ist übrigens:

http://eures.europa.eu

Die Homepage ist übersichtlich gegliedert in:
- „Über EURES",
- „EURES-Informationen",
- „EURES Jobsearch",
- „Nützliche Links",

um nur einige Punkte zu nennen.

Auch private Vermittler dürfen übrigens Arbeitskräfte in andere Staaten der EU vermitteln, allerdings benötigen sie dafür die Genehmigung der Bundesanstalt für Arbeit.

2.3 Anerkennung von Berufsqualifikationen und Bildungsabschlüssen

Bestimmte berufliche Qualifikationen und Erfahrungen nutzen den Bewerberinnen und Bewerbern aus anderen EU-Staaten leider wenig, wenn sie in den anderen Ländern nicht anerkannt sind. Deshalb hat die EU-Kommission zusammen mit den Ländern eine Anerkennungsrichtlinie erarbeitet, nach der die Bildungs- und Berufsabschlüsse miteinander verglichen und dann möglicherweise gegenseitig anerkannt werden. Dabei gilt grundsätzlich: Nach dem Gemeinschaftsrecht sind Qualifikationen und Berufserfahrungen, die in einem Staat der EU erworben wurden, auch in den anderen Mitgliedsländern gültig.

„Nicht Reglementierte Berufe", d. h. Berufe, für die keine besonderen Qualifikationen benötigt werden, können Sie ohne weiteres in jedem Land der EU ausüben. Innerhalb der „Reglementierten Berufe" gibt es zwei Rubriken:

- Berufe, für die Sie eine Anerkennung benötigen (beispielsweise Lehrer, Ingenieure),
- Berufe, die bereits anerkannt werden, wie Ärzte, Hebammen, Krankenschwestern, Krankenpfleger, Apotheker etc.

Damit sind, zumindest theoretisch, die Hindernisse für die umfassende berufliche Mobilität ausgeräumt. Jeder Bewerber muss natürlich in der Lage sein, den potenziellen Arbeitgeber von seiner Kompetenz zu überzeugen, nicht zuletzt dadurch, dass er die Sprache des Gastlandes ausreichend gut spricht.

Über die beruflichen Befähigungsnachweise und ihre Entsprechungen in verschiedenen Ländern der EU informieren die örtlichen Arbeitsämter.

Die Hochschuldiplome von Fachhochschulen und Universitäten werden gleichgestellt, wenn sie nach einer mindestens dreijährigen Studienzeit erworben wurden. Bei weiteren Fragen zur Hochschulrichtlinie hilft die folgende Institution weiter:

- KMK
  Zentralstelle für ausländisches Bildungswesen im
  Sekretariat der ständigen Konferenz der Kultusminister
  der Länder der Bundesrepublik Deutschland
  Lennéstr. 6
  53113 Bonn
  Telefon: (0228) 501-0
  Telefax: (0228) 501-777
  www.kmk.org

Für die Berufe „Facharbeiter/Fachangestellter“ aus den Bereichen Autoreparatur, Bau, Hotel- und Gaststättengewerbe, Elektro/Elektronik, Landwirtschaft etc. gibt es EU-Richtlinien über die notwendigen Entsprechungen, mit denen die Inhalte der Ausbildung verglichen werden können.

Auskünfte auch bei CEDEFOP, der nationalen Agentur für „Bildung in Europa“ (Leonardo, Sokrates):

- CEDEFOP
  Europäisches Zentrum für Förderung der Berufsbildung
  Bundesinstitut für Berufsbildung (BIBB)
  Robert-Schuman-Platz 3
  53175 Bonn
  Telefon: (0228) 107-0
  Telefax: (0228) 107-2977
  www.bibb.de

In diesem Kapitel darf ein Hinweis auf den „Europass“ nicht fehlen. Europass ist ein Instrument, mit dem die EU-Kommission es Bürgern, die in einem anderen Mitgliedstaat arbeiten möchten, erleichtern will, ihre Kompetenzen und Qualifikationen verständlich zu präsentieren.

Fünf Dokumente sollen die europaweite Mobilität der Bürger unterstützen:

- Europass-Lebenslauf
- Europass-Sprachenpass
- Europass-Zeugniserläuterung
- Europass-Diplomzusatz
- Europass-Mobilitätsnachweis.

Detaillierte Informationen im Internet unter:

Europass
http://europass.cedefop.europa.eu

Hinweis!

Die Informationen über Arbeitsmöglichkeiten und Kontaktadressen sind – wie bereits betont – für dieses Buch sorgfältig zusammengestellt und überprüft worden, sie sind allerdings ständigen Änderungen unterworfen. Daher: Bevor Sie Ihre Unterlagen abschicken, sollten Sie noch einmal die Adresse checken und vorher eventuell entsprechend aktualisierte Informationsblätter anfordern.

2.4 Arbeiten bei europäischen Institutionen

Die freien Stellen der verschiedenen Institutionen der EU werden generell durch das Europäische Amt für Personalauswahl europaweit ausgeschrieben. Seine Aufgabe besteht darin, hoch qualifiziertes Personal für alle Institutionen der EU auszuwählen, d. h. für:

- das Europäische Parlament,
- den Rat,
- die EU-Kommission,
- den Gerichtshof,
- den Rechnungshof,
- den Wirtschafts- und Sozialausschuss,
- die Europäische Zentralbank,
- den Ausschuss der Regionen sowie für
- den europäischen Bürgerbeauftragten.

Veröffentlicht werden diese Stellenausschreibungen im Amtsblatt der EU, das Sie per Post anfordern können bei:

- EPSO
  Info-Einstellungen
  C 80 0/48
  1049 Brüssel
  Belgien

Informationen darüber finden Sie auch seit Anfang 2003 im Internet beim Europäischen Amt für Personalauswahl:

http://europa.eu/epso/index_de.htm

Das ist die offizielle Website des Amts. Über den „Wegweiser" der EPSO Website kommen Sie zu weiterführenden Seiten wie z. B. „Arbeiten bei den EU-Institutionen" mit seinen Unterkapiteln, „Die Auswahlverfahren" und „Auswahl von Hilfskräften für Aufgaben im Vorfeld der Erweiterung".

2.5 Und wenn es nicht klappt ...

Nicht immer ist es einfach, im Ausland Arbeit zu finden und später dort auch zu arbeiten. Auch wenn die Rechte der EU-Bürger im Artikel 13 des Amsterdamer Vertrags festgeschrieben sind und es keine Diskriminierung aus Gründen der Rasse, ethnischer Herkunft, Religion, Weltanschauung, des Alters, von Behinderungen oder sexueller Orientierung geben dürfte, werden derartige Fälle immer wieder bekannt. Einer der wichtigsten Aspekte von Diskriminierung ist die Ungleichbehandlung auf dem Arbeitsmarkt. Was tun in solch einem Fall? Nun, da derartige Diskriminierungen in jedem EU-Land illegal sind, sind zu allererst die Beschwerdeinstanzen des Landes anzurufen. Im „Wegweiserdienst für Bürger" der EU wird auf den Leitfaden „Wie Sie Ihre Rechte durchsetzen können" hingewiesen.

http://europa.eu.int/citizensrights/signpost

Informationen zur Nichtdiskriminierung finden Sie unter:

www.equal-de.de

3 EU-Bildungsprogramme

In der Europäischen Union sind nicht nur die Zollschranken gefallen und der Warenverkehr wesentlich erleichtert worden, auch in Bezug auf Arbeit und Studium im Ausland wurden erschwerende Barrieren aufgehoben: die allgemeine Niederlassungsfreiheit wurde beispielsweise genauso erreicht wie die Anerkennung und Gleichstellung von Universitäts- und anderen Bildungsabschlüssen. In den kommenden Jahren sollen darüber hinaus die Studienabschlüsse vereinheitlicht werden.

Eine Reihe von Programmen für Arbeits- und Studienaufenthalte soll möglichst vielen jungen Leuten bereits während ihrer Ausbildung Auslandserfahrungen und Fremdsprachenkenntnisse vermitteln. Die Kommission der EU will damit Schüler, Azubis, Studierende, Lehrer, Wissenschaftler, aber auch Arbeiter, Angestellte und alle Arbeitssuchenden ansprechen und auf das neue Europa vorbereiten. Die Mobilität anzukurbeln - und damit die sozialen und politischen Kompetenzen der Bürger für und bei der gemeinsamen Gestaltung Europas zu erweitern, ist das Ziel.

Für unterschiedliche Zielgruppen dienen diesen Zielen die Austausch- und Bildungsprogramme wie:

- Leonardo da Vinci
  http://ec.europa.eu/education/programmes/leonardo/leonardo_de.html
- Sokrates
  http://ec.europa.eu/education/programmes/socrates/socrates_de.html
- Jugend
  http://ec.europa.eu/youth/index_en.html

3.1 Leonardo da Vinci

Das Programm fördert länderübergreifende Projekte der Berufsbildung, bei denen verschiedene Beteiligte der beruflichen Bildung zusammenarbeiten wie Berufsschulen, Hochschulen, Unternehmen, Handelskammern, Ausbildungseinrichtungen usw.

Darüber hinaus unterstützt das Leonardo-Programm Menschen bei der lebenslangen Verbesserung ihrer beruflichen Qualifikationen. Programminformationen gibt es bei den jeweiligen nationalen Agenturen.

Für konkrete Austauschmaßnahmen wenden Sie sich am besten an die unten angegebenen Durchführungsstellen DAAD und InWEnt.

Nationale Agentur Deutschland

- Nationale Agentur Bildung für Europa beim Bundesinstitut für Berufsbildung (BIBB)
  Robert-Schuman-Platz 3
  53175 Bonn,
  Telefon: (0228) 107 1608
  Telefax: (0228) 107 2964
  www.na-bibb.de/leonardo

Nationale Agentur Österreich

- Nationalagentur Österreich
  Schottengasse 4
  1010 Wien
  Telefon: (0043-1) 5324726
  Telefax: (0043-1) 5324726 80

Um das Ziel „Mehr Mobilität" zu erreichen, sind in Deutschland zwei Durchführungsstellen vom BMBF benannt worden:

- Deutscher Akademischer Austauschdienst (DAAD)
  Kennedyallee 50
  53175 Bonn
  Telefon: (0228) 882 0
  Telefax: (0228) 882 444
  www.daad.de

  Zielgruppe: Studenten und Graduierte

- Internationale Weiterbildung und Entwicklung, gemeinnützige GmbH (InWEnt) früher: Carl-Duisberg-Gesellschaft e.V. (CDG)
  Friedrich-Ebert-Allee 40
  53113 Bonn
  Telefon: (0228) 44660
  Telefax: (0228) 4460 1766
  www.inwent.org

  Zielgruppe: junge Menschen in der beruflichen Erstausbildung; junge Arbeitnehmer; Ausbilder und Bildungspersonal.

Die im Ausland erworbenen Ausbildungsabschnitte sollten Sie sich im so genannten EUROPASS-Berufsausbildung bestätigen lassen.

- EUROPASS-Berufsausbildung
  http://ec.europa.eu/education/programmes/europass/index_en.html

3.2 Sokrates

Ziele des Sokrates-Programms sind:

- die europäische Dimension der Allgemeinbildung auf allen Ebenen auszubauen;
- Innovationen im Bildungswesen zu fördern;
- die Kenntnis der europäischen Sprachen zu verbessern;
- die Zusammenarbeit und Mobilität im Bereich der Allgemeinbildung zu fördern;
- die Chancengleichheit in allen Bildungsbereichen zu unterstützen.

Für die mit diesem Buch angesprochenen Zielgruppen sind die folgenden Unterprogramme am besten geeignet:

• COMENIUS	für Schüler, Lehrer und Schulen,
• ERASMUS	für Studenten, Hochschullehrer und Hochschulen,
• LINGUA	für Studenten und Lehrer von Fremdsprachen,
• MINERVA	Informationstechnologie in der Bildung.

Das Sokrates-Programm fördert Austauschveranstaltungen, Auslandspraktika, Reisestipendien und Auslandssemester. Informationen gibt es bei den unten angegebenen Internetadressen und bei den jeweiligen nationalen Agenturen.

- COMENIUS
  www.kmk.org/pad/sokrates2/sokrates/fr-comenius-1.htm

  Das Comenius-Programm fördert die Mobilität von Schülern und Lehrern sowie die länderübergreifende Zusammenarbeit von allgemeinbildenden Schulen.

Auch für konkrete Austauschvorhaben wenden Sie sich an den oben angegebenen Pädagogischen Austauschdienst (PAD) der Kultusministerkonferenz.

- ERASMUS
  http://ec.europa.eu/education/programmes/socrates/erasmus/erasmus_de.html

  Das Erasmus-Programm fördert die Mobilität von Studenten, Dozenten und Hochschullehrern sowie die länderübergreifende Zusammenarbeit von Hochschulen. Für konkrete Austauschvorhaben, Praktika, Auslandssemester usw. wenden Sie sich an ein Erasmus-Büro in Ihrer Nähe, ansonsten an das Auslandsamt Ihrer Hochschule oder an den DAAD.

- LINGUA
  http://ec.europa.eu/education/programmes/socrates/lingua/index_de.html

  Das Lingua-Programm fördert ganz allgemein das Erlernen von Fremdsprachen und unterstützt einen möglichst breiten Zugang zu vorhandenen Lernmöglichkeiten. Eine individuelle finanzielle Förderung des Sprachenlernens sieht das Programm aber nicht vor. Konkrete Lernangebote finden Sie in Ihrer örtlichen Volkshochschule, bei der IHK und privaten Sprachschulen. Sie können sich auch bei InWEnt erkundigen. (www.inwent.org)

Das Sokrates-Programm wird ab 2007 gemeinsam mit dem Leonardo-Programm in dem „Integrierten Aktionsprogramm im Bereich des Lebenslangen Lernens" weitergeführt.

Nationale Agenturen

- Pädagogischer Austauschdienst der Kultusministerkonferenz (PAD)
  (Nationale Agentur für das Sokrates-Programm im Schulbereich wie Comenius, und Lingua)
  Lennéstr. 6
  53113 Bonn
  Telefon: (0228) 501 298/251
  Telefax: (0228) 501 259/420
  www.kmk.org/pad/sokrates2

- Deutscher Akademischer Austauschdienst (DAAD)
  Arbeitsstelle EU für den Bereich Erasmus
  Kennedyallee 50/Postfach 200804
  53175 Bonn
  Telefon: (0228) 882556/2277
  Telefax: (0228) 882551
  www.daad.de

Weitere gute Übersichten, Beschreibungen der Programme, Teilnahmebedingungen, FAQs für die Austausch- und Bildungsprogramme finden Sie im Internet unter

http://ec.europa.eu/education/index_de.html

3.3 JUGEND

Das Jugend-Mobilitäts-Programm wendet sich an Jugendliche zwischen 15 und 25 Jahren. Es fördert sowohl den Austausch von Jugendgruppen (ehemals Jugend für Europa) als auch die individuelle, gemeinnützige Tätigkeit im Ausland (innerhalb des Europäischen Freiwilligendiensts) z. B. in den Bereichen Umwelt, Kunst und Kultur, Kinderbetreuung, Sport usw. Programmdetails sowie Informationen über die Projektdurchführungen („Sendende", d. h. deutsche Organisationen und ausländische „Partnerorganisationen") erhalten Sie bei der folgenden Internetadresse sowie bei der Nationalen Agentur.

- JUGEND für Europa
  http://ec.europa.eu/youth/program/index_en.html

Nationale Agentur:

- JUGEND für Europa
  Die Deutsche Agentur für das
  EU-Aktionsprogramm JUGEND
  Heussallee 30
  53113 Bonn
  Telefon: (0228) 95060
  Telefax: (0228) 9506220
  www.webforum-jugend.de

4 Austausch- und Praktikantenprogramme

Generell spielen Praktika im Ausland für internationale Laufbahnen eine große Rolle: Sie ermöglichen es, in jungen Jahren die Sprache und Kultur eines anderen Landes kennen zu lernen und später diese Auslandserfahrungen künftigen Arbeitgebern in der EU zu „verkaufen". An Auslandspraktika kommt man über Universitäten, EU-Programme sowie über direkte Bewerbungen bei inländischen wie ausländischen Unternehmen. Praktika bieten darüber hinaus eine gute Möglichkeit, Kontakte zu Firmen zu knüpfen, bei denen man sich später um eine Dauerstellung bewerben kann. So sind in allen Ländern persönliche Beziehungen unverzichtbarer Bestandteil der Arbeitssuche.

Die Alternativen, wie man ein Praktikum am besten organisieren kann, sind folgende:

- Austauschprogramme und studienbezogene Fachpraktika für Studenten und Hochschulabsolventen, z. B. im Rahmen des Erasmus-Programms,
- Auslandspraktika für junge Leute in der beruflichen Erstausbildung innerhalb des Leonardo-Programms,
- Auslandspraktika für junge Leute im Rahmen des Freiwilligen Sozialen Jahres (Jugendprogramm der EU),
- Praktika für Studenten, die an einer ausländischen Hochschule studieren,
- Praktika im Rahmen der Jobprogramme der ZAV (z. B. bei der Vermittlung an internationale Organisationen).

Auch Au-Pair-Stellen sind eine gute Möglichkeit, Fremdsprachenkenntnisse zu verbessern und wichtige interkulturelle Erfahrungen zu sammeln.

Bei der Planung eines Praktikums sollten Sie bedenken, dass mit einer Vorlaufzeit von sechs bis zwölf Monaten zu rechnen ist. Wer sich um eine Praktikumsstelle bemüht, sollte in seinem Bewerbungsschreiben auf folgende Punkte eingehen:

- Gründe für den Wunsch, ein Praktikum zu absolvieren,
- Beschreibung des Ausbildungsstands,
- Schwerpunkte des Praktikums,
- gewünschte Dauer des Praktikums,
- Gründe für das Interesse an der angeschriebenen Firma.

4.1 Praktika für Studenten verschiedener Fachrichtungen

Bei den folgenden Institutionen können sich Studenten und Studentinnen von Universitäten bzw. Fachhochschulen um Praktika in Europa bewerben. Voraussetzung sind meistens ein abgeschlossenes Grundstudium sowie gute Sprachkenntnisse:

- Studenten der Wirtschafts- und Sozialwissenschaften
  Deutsches Komitee der AIESEC e.V.
  (Association Internationale des Étudiants
  en Sciences Économiques et Commerciales)
  Kasernenstr.26
  53111 Bonn
  Telefon: (0228) 28980 0
  Telefax: (0228) 28980 10
  www.aiesec.de

- Studenten der Medizin
  Bundesvertretung der Medizinstudenten in Deutschland (bvmd)
  Kennedyallee 91-103
  53175 Bonn
  Telefon: (0228) 882731
  Telefax: (0228)882732
  http;//bvdm.de/ausland

- Studenten der Zahnmedizin
  Zahnmedizinischer Austauschdienst
  Mallwitzstr. 16
  53177 Bonn
  Telefon: (0228) 85570
  Telefax: (0228) 340671
  www.zad-online.com

- Studenten der Ingenieurwissenschaften, der Naturwissenschaften sowie der Land- und Forstwirtschaft
  Deutsches Komitee der IAESTE
  (International Association for the Exchange of
  Students for Technical Experience), DAAD, Ref. 225
  Postfach 200 404
  53134 Bonn
  Telefon: (0228) 88231
  Telefax: (0228) 882550
  www.iaeste.de

- Studenten an Fachhochschulen allgemein
  Koordinierungsstelle für die Praktischen Studiensemester
  der Fachhochschulen
  Moltkestraße 30
  76133 Karlsruhe
  Telefon: (0721) 9252820
  Telefax: (0721) 9252828

- Jura-Studenten
  Europäische Vereinigung der Jurastudenten, Deutschland
  (The European Law Students' Association Deutschland e.V.) (ELSA)
  Rohrbacherstr. 20
  69115 Heidelberg
  Telefon: (06221) 601458
  Telefax: (06221) 610459
  www.elsa-deutschland.org

- Studenten der Pharmazie
  Bundesverband der Pharmaziestudierenden
  (International Pharmaceutical Student's Federation)
  Deutsches Apothekerhaus
  Auslandsreferat Pharmazie
  Postfach 80463
  10004 Berlin
  www.bphd.de

- Studenten der Philologie (Lehramt)
  Pädagogischer Austauschdienst
  Lennéstr. 6
  Postfach 2240
  53012 Bonn
  Telefon: (0228) 501458
  Telefax: (0228) 501488
  www.kmk.org/pad/home.htm

- Land- und Forstwirtschaft
  Deutscher Bauernverband
  Internationaler Praktikantenaustausch
  In der Wehrhecke 1c
  53125 Bonn
  Telefon: (0228) 9265721 (23)
  Telefax: (0228) 92657 15
  www.bauernverband.de

- Praktika bei internationalen Organisationen
  Büro Führungskräfte zu Internationalen Organisationen (BFIO)
  Zentralstelle für Arbeitsvermittlung (ZAV)
  Villemombler Str. 76
  53123 Bonn
  Telefon: (0228) 713 0
  Telefax: (0228) 713 1111
  www.arbeitsagentur.de

- Praktika für BWL-Studierende bei den Auslandshandelskammern
  Deutscher Industrie und Handelstag (DIHT)
  Abt. Auslandshandelskammern
  Breite Straße 29
  10178 Berlin
  Telefon: (030) 20308 0
  Telefax: (030) 20308 1000
  www.diht.de

- Studenten der Wirtschaft und Technik an Fachhochschulen
  Internationale Weiterbildung und Entwicklung GmbH (InWEnt)
  Friedrich-Ebert-Allee 40
  53113 Bonn
  Telefon: (0228) 44600
  Telefax: (0228) 44601766
  www.inwent.org

Praktika über das Praktikantenprogramm der Zentralstelle für Arbeitsvermittlung (ZAV) werden in den Broschüren sowie auf der Webseite beschrieben:

www.arbeitsagentur.de

Sehen Sie dort unter „International/Internationale Vermittlung“ nach.

Hinweis!

Über Auslandsstipendien für Praktika informiert:

Deutscher Akademischer Austauschdienst (DAAD)
Kennedyallee 50
53175 Bonn
Telefon: (0228) 882 0
Telefax: (0228) 882 444
www.daad.de

4.2 Praktika bei europäischen Institutionen

Um jungen potenziellen Bewerbern einen Vorgeschmack auf die Arbeit bei der EU zu geben, bieten die verschiedenen Institutionen Praktika an. Voraussetzungen sind:

- Sie müssen über einen Hochschulabschluss oder einen gleichwertigen Bildungsabschluss verfügen;
- Sie müssen eine Gemeinschaftssprache gründlich und eine weitere zufriedenstellend beherrschen und
- Sie dürfen nicht älter als 30 Jahre sein.

Auskünfte über Praktikantenstellen erhält man u. a. bei folgenden Institutionen:

- Europäisches Parlament
  www.europarl.eu.int/stages/default.htm

  Dort werden folgende Stipendien bzw. Praktika angeboten:

  - Robert-Schuman-Stipendien, allgemeine Ausrichtung;
  - Robert-Schuman-Stipendien, für Übersetzer;
  - Robert-Schuman-Stipendien, journalistische Ausrichtung;
  - Wissenschaftsstipendien Ramón y Cajal;
  - ein- bis viermonatige, unbezahlte Praktika.

- Europäische Kommission
  www.europarl.eu.int/comm/stages

  Die meisten Bewerbungen stammen derzeit von Hochschulabsolventen mit Studienabschlüssen in den Bereichen Rechtswissenschaft, Politikwissenschaft, internationale Beziehungen und Wirtschaftswissenschaften. Die Kommission ist aber auch sehr an Bewerbern mit Qualifikationen in anderen Bereichen interessiert wie: Informatik, Agrartechnologie, Erziehungswissenschaften, Biochemietechnik, Gesundheit und Lebensmittelsicherheit, Energiemanagement, Audit, Luft- und Raumfahrttechnik, Psychologie, Finanzverwaltung, Multimedia, Design, Sportmanagement usw.

  Die Sparte „Allgemeine Informationen" beim „Praktikantenbüro" der Website liefert darüber hinaus noch zahlreiche weitere wichtige Details.

- Gerichtshof der Europäischen Gemeinschaft
  http://curia.europa.eu/de/plan/index.htm

  Der Gerichtshof der Europäischen Gemeinschaften bietet jedes Jahr einige Praktika von bis zu fünfmonatiger Dauer an. Bewerber müssen einen Universitätsabschluss in Rechtswissenschaft oder in Politischen Wissenschaften (Schwerpunkt Recht) oder – für Praktika in der Dolmetscherabteilung – einen Abschluss als Konferenzdolmetscher vorweisen können.

- Europäischer Wirtschafts- und Sozialausschuss
  http://eesc.europa.eu/organisation/tgj/trainees/index_de.asp

  Zweimal pro Jahr bietet der Ausschuss jeweils zwölf Praktikantenstellen an und erhält etwa 600 bis 800 Bewerbungen von Interessenten.

- Europäischer Bürgerbeauftragter
  www.ombudsman.europa.eu/trainee/en/default.htm

  Diese Webseite beschreibt das Bewerbungsverfahren für Praktika beim Bürgerbeauftragten.

4.3 Arbeitsaufenthalte und Austauschprogramme

Einjährige Arbeitsaufenthalte von Sekretärinnen, Berufstätigen aus der Hotel- und Gaststättenbranche sowie Handwerkern werden von der Zentralstelle für Arbeitsvermittlung (ZAV) vermittelt.

- Zentralstelle für Arbeitsvermittlung (ZAV)
  Villemombler Str. 76
  53123 Bonn
  Telefon: (0228) 713 0
  Telefax: (0228) 713 1111
  www.arbeitsagentur.de

Eine weitere wichtige Adresse in diesem Zusammenhang ist die Carl-Duisberg-Gesellschaft, nach dem Zusammenschluss ist sie mit der DSE zu InWEnt verschmolzen.

- InWEnt
  Friedrich-Ebert-Allee 40
  53113 Bonn
  Telefon: (0228) 44600
  Telefax: (0221) 4460 1766
  www.inwent.org

Die Webseite zeigt eine Vielzahl von Möglichkeiten zu weltweiten Auslandspraktika, für die die CDG Förderungen organisiert. Die Bandbreite reicht von Praxissemestern von FH-Studenten über Praktika von Azubis in Japan bis zur Fortbildung von Fach- und Führungskräften.

Auch das Auswärtige Amt sucht Interessenten für Auslandstätigkeiten.

- Auswärtiges Amt
  Werderscher Markt 1
  10113 Berlin
  Telefon: (01888) 170
  Telefax: (01888)3402
  www.auswaertiges-amt.de

4.4 Au-Pair-Aufenthalte

Auch Au-Pair-Aufenthalte sind eine gute Möglichkeit, Fremdsprachenkenntnisse zu vervollkommnen und interkulturelle Erfahrungen im Ausland zu machen. Auf Au-Pair-Stellen können sich junge Leute zwischen 18 und 25 Jahren bewerben. Voraussetzungen sind: gute Kenntnisse der Landessprache, Freude an der Arbeit mit Kindern, Erfahrung in der Kinderbetreuung sowie Offenheit und Anpassungsbereitschaft. Die Dauer eines Aufenthalts beträgt meistens sechs Monate. Im Allgemeinen wird erwartet, dass Au-Pairs etwa 30 Stunden in der Woche arbeiten, sodass Zeit für den Besuch von Sprachkursen bleibt. Sie haben Anspruch auf ein eigenes Zimmer, Verpflegung und ein Taschengeld.

In Deutschland können Sie sich u. a. an folgende Institution wenden:

- Verein für internationale Jugendarbeit
  Bundesverein e. V.
  Goetheallee 10
  53225 Bonn
  Telefon: (0228) 698952
  Telefax: (0228) 694166
  www.au-pair-vij.org

Weitere Adressen von Au-Pair-Vermittlungsagenturen erhalten Sie bei den BIZ-Zentren der Arbeitsämter.

4.5 Freiwilliges Soziales/Ökologisches Jahr

Das Freiwillige Soziale oder Ökologische Jahr kann auch im Ausland geleistet werden, wenn der Träger seinen Hauptsitz im Inland hat. Bewerber können in Kindergärten, Altenheimen, Krankenhäusern oder in der Behindertenpflege arbeiten. Zu den Trägern gehören beispielsweise:

- Arbeiterwohlfahrt
  Oppelnerstr. 130
  53119 Bonn
  Telefon: (0228) 6685 0
  Telefax: (0228) 6685 209
  www.awo.org

- Arbeitskreis Freiwillige Soziale Dienste
  des Diakonischen Werkes der Ev. Kirche
  Stafflenbergstr. 767
  70010 Stuttgart
  Telefon: (0711) 2159 0
  Telefax: (0711) 2159 288
  www.diakonie.de

- Caritas Freiwilligendienste
  Karlstr. 40
  79104 Freiburg
  Telefon: (0761) 200 0
  Telefax: (0761) 200 541
  www.caritas.de

- Deutsches Rotes Kreuz
  Carstennstr. 58
  12205 Berlin
  Telefon: (030) 85404 0
  Telefax: (030) 85404 450
  www.drk.de

- Internationaler Jugendaustausch/Besucherdienst der
  Bundesrepublik Deutschland
  Godesberger Allee 142-148
  53175 Bonn
  Telefon: (0228) 9506 0
  Telefax: (0228) 9506 199
  www.ijab.de

Bewerben und Arbeiten in Großbritannien

1 Arbeitssuche

1.1 Der Arbeitsmarkt in Großbritannien

Wie in den anderen Ländern der EU hat auch in Großbritannien der Dienstleistungssektor an Bedeutung gewonnen. Deshalb sind hier Bewerber besonders gefragt, z. B.

- Kundendienstberater,
- Krankenpfleger,
- Physiotherapeuten.

Zu den gefragten Berufssparten gehören außerdem Köche, Kellner und Angestellte an der Rezeption von Hotels. Auch auf dem Business-Sektor, in der Banken- und Versicherungsbranche, im Vertriebswesen sowie im Telekommunikationsbereich haben ausländische Arbeitssuchende Aussicht auf Erfolg. Ebenso wird ein Personalbedarf im Gesundheits- und Bildungswesen prognostiziert.

Ganz gleich, welche Branche Sie anstreben, fest steht, dass Sie ausgezeichnete Englischkenntnisse mitbringen müssen, besonders wenn Sie es mit Kunden zu tun haben. Verschüttete Schulkenntnisse allein genügen nicht.

Das Internet ist hier einmal mehr eine ergiebige Informationsquelle, wenn es um Trends auf dem Arbeitsmarkt geht. Nutzen Sie die Möglichkeiten.

- Prospects UK
  www.prospects.ac.uk

  Diese Site wendet sich insbesondere an Hochschulabsolventen. Hier fanden wir folgende Auskünfte über den Arbeitsmarkt für diese Zielgruppe:

  - 23 Prozent der Hochschulabsoventen finden Arbeit im Bereich „Accountancy“,
  - 14 Prozent arbeiten im „General Management“,
  - 10 Prozent steigen auf dem „Engineering“-Sektor ein und
  - 10 Prozent arbeiten als „Barristers“ beziehungsweise „Solicitors“.

  Beachten Sie auch die Rubrik „The Graduate Market“, in der relevante Links aufgelistet werden.

- National Statistics Office
  www.statistics.gov.uk

  Natürlich können Sie Kenntnisse über den speziellen Arbeitsmarkt auch beim nationalen Amt für Statistik erwerben. Wenn Sie die Rubrik „Labour Market" anklicken, finden Sie statistische Daten zu den Aspekten:
  - Employment and Work,
  - Recruitment und
  - Unemployment.

1.2 Arbeitssuche von Deutschland aus

Wenn Sie sich in Eigenregie um eine Stelle in Großbritannien bemühen, können Sie die Hilfe unterschiedlicher Institutionen in Deutschland oder im Ausland in Anspruch nehmen. Auch das Internet bietet ungeahnte Möglichkeiten. Alle Arbeitssuchenden, die sich für eine Auslandstätigkeit interessieren, können sich schon in Deutschland an die ZAV wenden:

- Zentralstelle für Arbeitsvermittlung (ZAV)
  Villemombler Str. 76
  53123 Bonn
  Telefon: (0228) 713 0
  Telefax: (0228) 713 1111
  www.arbeitsagentur.de

Die ZAV vermittelt folgende Bewerber ins Ausland:

- beruflich qualifizierte Fach- und Führungskräfte an internationale Organisationen;
- jüngere Arbeitnehmer (zwischen 18 und 30 Jahren) zu sprachlichen und beruflichen Fortbildungsmaßnahmen ins Ausland, z. B. Krankenpfleger, Sekretärinnen, Speditionskaufleute, Hotel- und Gaststättenpersonal, Facharbeiter;
- Studenten und Abiturienten, die Ferienjobs in den Sparten Tourismus, Hotel- und Gaststättengewerbe etc. suchen.

Die ZAV trägt also dazu bei, dass dem deutschen und internationalen Arbeitsmarkt mit der Zeit immer mehr auslandsfähige und -erfahrene Mitarbeiter zur Verfügung stehen werden.

Lesenswert ist die Informationsbroschüre der ZAV:

- „Jobs und Praktika im Ausland".

Die Zeitung *„Markt und Chance"*, die bei allen Arbeitsämtern in Deutschland ausliegt, enthält auch ausländische Stellenanzeigen.

EURES

Schon in Deutschland können Sie sich über die Arbeitsämter über Stellenangebote in Großbritannien und Irland informieren, sofern diese im EURES-Netz inseriert sind. Denn EURES, das European Employment System, ist die Antwort der EU auf die Anforderungen des gemeinsamen europäischen Arbeitsmarkts. Die EURES-Zentren arbeiten in einem Datenverbund der nationalen Arbeitsämter zusammen. Auch private Vermittlungsagenturen sind angeschlossen. Das Netz umfasst über 500 EURES-Berater, die europaweit informieren und vermitteln. Besuchen Sie EURES auch im Internet:

http://europa.eu.int/jobs/eures

Stellenangebote können Sie auf der Website unter „EURES Jobsearch" abrufen. Am Tag unserer Recherche gab es für England in der Datenbank u. a.

- 46 Stellenangebote für Geschäftsführer,
- 28 Jobangebote für Biowissenschaftler/Mediziner,
- 154 Jobs aus der Sparte „Verkaufs-Dienstleistungshilfskräfte.

Diese Zahlen bestätigen unsere These, dass die Nachfrage besonders im Dienstleistungssektor groß ist.

Über Möglichkeiten der Arbeitssuche im Vereinigten Königreich informiert:

- Europäisches Berufsberatungszentrum
  Arbeitsamt Bremen
  Doventorsteinweg 48–52
  28195 Bremen
  Telefon: (0421) 1782103
  Telefax: (0421) 1781564

Deutsch-Britische Industrie- und Handelskammer (German-British Chamber of Industry and Commerce)

Zwar kann die Deutsch-Britische Industrie- und Handelskammer Arbeitssuchenden nicht direkt Stellen vermitteln, da sie nicht über die Angebote deutscher bzw. britischer Firmen informiert ist, eine interessante Adresse ist sie aber auf jeden Fall, wenn Sie sich von Deutschland aus oder in Großbritannien selbst um Arbeit bemühen.

- German-British Chamber of Industry and Commerce
  Mecklenburg House
  16 Buckingham Gate
  GB-London SW1E 6LB
  Telefon: (0044-20) 7976 4100
  Telefax: (0044-20) 7976 4101
  www.germanbritishchamber.co.uk

Im Internet können Sie auf der Site der Kammer Stellenangebote durchforsten unter:

www.germanbritishchamber.co.uk/de/jobs.php

Im „E-Infocentre" der Kammer finden Sie Informationen zu englischen Unternehmen, wenn Sie vor Ort recherchieren möchten. Interessante Adressen von 2 500 deutschen Niederlassungen in Großbritannien sind in der Broschüre „German Subsidiary Companies in the United Kingdom" aufgelistet, die Sie als gedruckte Version bzw. als CD-Rom erwerben können. Die AHK kann auch individuelle Firmenlisten gegen Gebühr zusammenstellen. Wer gezielt in London auf Arbeitssuche gehen möchte, kann gegen eine Gebühr von 30 Pfund die Auflistung „London German Subsidiaries" auf CD-Rom bestellen und somit schon von Deutschland aus interessante Unternehmen anschreiben.

Auch bei der Vermittlung von Praktika hilft Ihnen die Deutsch-Britische Industrie- und Handelskammer weiter. Sie selbst bietet Studenten sechsmonatige Praktika an. Bewerber müssen ein Vordiplom und Kenntnisse über MS Office vorweisen sowie sprachlich fit sein. Bei Interesse schicken Sie Zeugnis und Lebenslauf an die „Trainee-Adminstration"-Abteilung.

Andere Institutionen, die auch in Großbritannien Praktika vermitteln, wie z. B. InWEnt, sind im ersten Teil dieses Buchs aufgelistet.

1.3 Arbeitssuche vor Ort

Es empfiehlt sich durchaus, sich vor Ort nach einem attraktiven Arbeitgeber umzusehen. Denn: In England sind Einstellungsverfahren kürzer und weniger formalisiert als in Deutschland, und daher stehen die Chancen gut.

Tipp!

In den Niederlassungen deutscher Firmen im Vereinigten Königreich sind die Stellen meistens schon mit deutschen Mitarbeitern besetzt, in britischen Firmen dagegen haben Sie –wegen der deutschen Muttersprache – durchaus Chancen. Gesucht sind mehrsprachige Bewerber aus dem Dienstleistungssektor, z. B. in Banken und Versicherungen. Aber auch Sekretärinnen (PAs) und Mitarbeiter für Call-Center und fürs Telemarketing sind gefragt.

Generell wird Ihnen auffallen, dass englische Bewerber jünger sind als ihre deutschen Konkurrenten. Kein Wunder: Sie treten etwa sechs Jahre früher ins Berufsleben ein.

Arbeitsämter

In den staatlichen Job Centres, die von der britischen Arbeitsverwaltung „Jobcentre Plus“ koordiniert werden, können sich inländische und ausländische Bewerber beraten lassen. Die Adressen dieser Büros finden Sie in den örtlichen Telefonbüchern unter dem Stichwort „Job Centres“. Auch das Internet hilft weiter:

Jobcentre Plus
www.jobcentreplus.gov.uk

Jobcentre Plus berät auch Bewerber, die im europäischen Ausland arbeiten möchten:

- International Jobsearch Advice Team
  Jobcentre Plus Regional Office
  6th Floor Whitehall II
  Whitehall Quay
  Leeds LS1 4HR
  Telefon: (0044-113) 307 8090
  Telefax: (0044-113) 307 8213

Jungen Arbeitssuchenden (von zirka 16 bis 25 Jahren) helfen in England übrigens auch die Careers' Offices, die in etwa der deutschen Berufsberatung der Arbeitsämter entsprechen, weiter.

Private Vermittlungsagenturen

Sie sollten sich auf jeden Fall auch bei mehreren Vermittlungen (Recruitment Agencies) einschreiben lassen. In England ist das der durchaus übliche Weg.

Private, d. h. kommerzielle Agenturen, vermitteln Stellen in allen Bereichen und auf allen Ebenen – vom ungelernten Arbeiter bis zum Topmanager, und zwar für Teilzeitjobs über Zeitarbeit bis hin zu unbefristeten Vertragsverhältnissen. Häufig sind die Vermittlungsfirmen auf ein spezielles Arbeitsgebiet oder ein Berufsspektrum spezialisiert. Die Kosten der Vermittlung trägt übrigens später der Arbeitgeber.

Einige Personalbüros bieten auch gegen Honorar als Dienstleistung an, Ihren Lebenslauf und das Bewerbungsschreiben aufzusetzen. Fachleute raten aber von diesem Angebot eher ab, da die Qualität in den seltensten Fällen überzeugt. Kümmern Sie sich also besser selbst darum.

Es gibt darüber hinaus auch auf Zeitarbeit spezialisierte Agenturen, so genannte „Temporary Work Agencies“ oder „Temps“, die überwiegend in den Sparten Sekretariat und Verwaltung vermitteln. Sie treten selber als Arbeitgeber auf, die ihre Arbeitnehmer auf Zeit ausleihen, so wie man es auch aus Deutschland kennt.

Die Adressen von solchen kommerziellen Vermittlungsagenturen finden Sie in den örtlichen Branchenbüchern, den Yellow Pages, unter den Begriffen „Personnel Consultants“ oder „Employment Agencies“ und natürlich auch im Internet, beispielsweise unter:

- Web Recruitment Directory
  www.recruiters.org

oder unter:

- SAT Recruitment Guide
  www.recruit-online.co.uk

Umfangreiche Adressenlisten von Vermittlungsbüros erhalten Sie bei:

- REC (Recruitment and Employment Confederation)
  36–38, Mortimer Street
  London W1N 7RB
  Telefon: (0044-20) 74623260

Telefax: (0044-20) 72552878
www.rec.uk.com

Wenn Sie wissen möchten, welche Rechte und Pflichten für die privaten Personalvermittlungsagenturen gesetzlich festgelegt sind, können Sie dies auf der Website von REC nachlesen, und zwar unter „Your Legal Rights".

Anerkennung von Qualifikationen und Berufsfähigkeitsnachweisen

Die Kommission der Europäischen Union hat es sich zum Ziel gesetzt, den Bürgern die Arbeitsuche und Bewerbung in einem anderen Mitgliedsstaat zu erleichtern. In diesem Zusammenhang wird auch angestrebt, die beruflichen und akademischen Abschlüsse transparenter zu machen.

NARIC-Zentren informieren über die Anerkennung von akademischen Diplomen und Studienaufenthalten im Ausland. In Großbritannien ist dafür zuständig:

- Qualifications and Skills Division
  UK NARIC
  Oriel Road
  Cheltenham
  Gloucester GL50 1XP
  Telefon: (0044-870) 9904088
  Telefax: (0044-870) 9901560
  www.naric.org.uk

Mit der Transparenz und Übertragung beruflicher Qualifikationen innerhalb der EU-Mitgliedsstaaten befasst sich eine andere Behörde in Großbritannien, nämlich:

- UK National Reference Point
  for Vocational Qualifications
  Oriel House
  Oriel Road
  Cheltenham
  Gloucester GL50 1XP
  Telefon: 01242 260225
  www.uknrp.org.uk

EUROPASS ist ein Instrument der EU-Kommission, das es den Bewerbern erleichtern soll, ihre Kompetenzen und Qualifikationen verständlich zu beschreiben. Dazu gehören:

- Europass-Lebenslauf,
- Europass-Sprachenpass,
- Europass-Zeugniserläuterung,
- Europass-Diplomzusatz und
- Europass-Mobilitätsnachweis.

Im Detail nachzulesen im Internet unter:

Europass
http://europass.cedefop.europa.eu

CEDEFOP
http://cedefop.europa.eu

Arbeitssuche von Hochschulabsolventen

In Großbritannien schränkt das Studiengebiet die Arbeitssuche nicht in demselben Maße ein wie in Deutschland. So werden beispielsweise Kunsthistoriker in allen Berufsfeldern, auch im Bankwesen, Angebote finden. Und, wie schon erwähnt: Wenn Sie sich in Großbritannien als Berufsanfänger bewerben, werden Sie feststellen, dass dort Gleichaltrige meistens schon einige Jahre Berufserfahrung haben bzw. dass Sie mit Ihren Erfahrungen mit Jüngeren in Konkurrenz stehen. Kein Wunder: Die Abschlüsse werden dort viel früher als bei uns gemacht.

Alle englischen Universitäten und die ehemaligen Polytechnics verfügen über Berufsberatungen und Arbeitsvermittlungsbüros (Placement Agencies). Sie stehen teilweise auch für Ausländer zur Verfügung wie z. B. CSU (Central Services Unit for Careers and Appointments Services). Diese Büros arbeiten eng mit Unternehmen zusammen. Sie veröffentlichen auch regelmäßig Broschüren, in denen offene Stellen genannt werden.

Anlässlich von Personalmessen, so genannten Job Fairs, kommen Vertreter der interessierten Unternehmen an die Universitäten, um sich und ihre Arbeit vorzustellen und bei dieser Gelegenheit künftige Hochschulabsolventen kennen zu lernen. Derartige Job Fairs spielen eine bedeutende Rolle im Vereinigten Königreich. Die einzelnen Messen werden in der Presse und an den Universitäten angekündigt, aber natürlich auch im Internet, beispielsweise unter:

- Prospects
  www.prospects.ac.uk

  Prospects wendet sich gezielt an die Gruppe der Hochschulabsolventen. Auf dieser Site werden Termine, Veranstaltungsorte und Informationen zu den einzelnen Rekrutierungsmessen genannt, und zwar nach folgenden Sparten untergliedert:

  - Postgraduate Fairs,
  - Work Experience Fairs,
  - Graduate Fairs,
  - Teaching Fairs,
  - Law Fairs.

Neben der Möglichkeit der Berufsberatung und Stellenvermittlung an den Universitäten und Polytechnics, sollten Sie die Möglichkeit, auf Stellenanzeigen in Zeitungen und im Internet zu antworten oder spontan Bewerbungen an Unternehmen zu senden, nicht vernachlässigen.

1.4 Stellenanzeigen

Stellenanzeigen in englischen Zeitungen

Stellenangebote per Zeitungsannonce spielen in Großbritannien immer noch eine große Rolle. *„The Times“, „The Guardian“, „Financial Times“, und „Daily Telegraph“* gehören zu den wichtigsten überregionalen Tageszeitungen, die interessante Stellenanzeigen enthalten. Beachten Sie auch die Sonntagszeitungen *(„The Observer“, „The Sunday Times“, „Sunday Telegraph“).* Nutzen Sie zudem die unten beschriebenen Online-Ausgaben.

Fachzeitschriften und regionale Zeitungen können ebenfalls für Arbeitssuchende von Interesse sein, beispielsweise: *„The Scotsman“, „The Glasgow Herald“, „Northern Echo“, „The Manchester Evening News“, „Yorkshire Post“.*

In den englischen Stellenanzeigen sind die Angaben in der Regel sehr präzise:

- Höhe des Gehalts,
- eine genaue Beschreibung der Anforderungen und Aufgaben der Stelle sowie
- gewünschte und unabdingbare Qualitäten des Bewerbers

sind Standard und gehören in jede Offerte. Auch „Fringe Benefits“, die

Zusatzleistungen, spielen in englischen Stellenangeboten eine große Rolle. Sie reichen von der Kantinenbenutzung bis zum Firmenwagen.

Hier einige wichtige Abkürzungen aus englischen Annoncen:

Abkürzung	**Bedeutung**
K	Thousands
asap	„as soon as possible"
bens	Benefits
package	Salary and Benefits
ref.	Reference Number
neg	(Salary) Negotiable
ca.	circa
PA	Personal Assistant, Sekretärin
temp	Temporary
Sec	Secretary

Ihnen wird bei der Zeitungslektüre rasch auffallen, dass in England viele Annoncen von „Recruitment Agencies" aufgegeben werden, die für die Firmen Mitarbeiter suchen. Ist das bei der anvisierten Annonce der Fall, wenden Sie sich an diese mit der Bitte, Ihnen entsprechende Bewerbungsformulare zuzuschicken.

Stellenanzeigen in deutschen Zeitungen

Die Zeitschrift „*Markt und Chance*" enthält auch internationale Stellenanzeigen. Sie liegt gratis bei den Arbeitsämtern aus. Natürlich sollten Sie auch in deutschen Tages- und Wochenzeitungen Ausschau nach Stellenangeboten aus dem Ausland halten, z. B. „*Die Zeit*", „*Süddeutsche Zeitung*", „*Frankfurter Allgemeine Zeitung*" und „*Die Welt*" sind lohnend.

Viele Stellenangebote, die in den Printmedien veröffentlicht werden, erscheinen auch im Internet. Sie sind in den Onlineausgaben der Zeitungen sogar schneller für Sie aufzufinden als im Papierformat. Entsprechende Suchkriterien helfen Ihnen, den Dschungel zu durchforsten.

Darüber hinaus ist zu bedenken, dass zahlreiche Firmen wegen der hohen Anzeigenkosten häufig nur einige wenige offene Stellen in die Printmedien setzen, dagegen viel mehr Angebote ins Internet stellen.

Online-Ausgaben englischer Zeitungen

Onlinezeitungen und -fachzeitschriften sind also eine ebenso ergiebige Quelle bei der Arbeitssuche. Als brauchbare Beispiele nennen wir hier:

- Appointments Plus
  http://jobs.telegraph.co.uk

  Die Stellensuche der Onlineausgabe des „*Daily Telegraph*" ist nach Jobtitel, Kategorie, Ort und Schlüsselwörtern möglich. Darüber hinaus gibt es Zusatzdienste wie:

  - Unternehmensprofile,
  - Arbeitsmarktnews,
  - einen E-Mail-Dienst,
  - sowie Tipps für die Arbeitssuche.

- British Medical Journal
  www.bmjclassified.com

  Das „*British Medical Journal*" ist ein geeignetes Beispiel für eine gute Fachzeitschrift mit interessanten Stellenangeboten. Unter „Jobs" finden Sie rund 1 500 Jobs aus den Bereichen:

  - General Practice Appointments,
  - Hospital Appointments,
  - International Appointments,
  - General Appointments.

  Für ausländische Bewerber ist die Sparte „Advice to Overseas Applicants" besonders empfehlenswert.

- Fish4Jobs
  www.fish4.co.uk

  „Fish4" gehört unbedingt in dieses Kapitel, da die Site eng mit der englischen Regionalpresse zusammenarbeitet und 35 000 bis 40 000 Stellenangebote aus Regionalzeitungen in ihre Jobdatenbank aufnimmt. Die Anzeigen können Sie nach Jobtitel, Kategorie, Ort, Datum der Anzeige und Schlüsselwörtern durchsuchen. Zusätzliche Dienste sind: ein E-Mail Service und Bewerbungstipps im Career Centre.

- FT.com
  www.ft.com/jobs

  Dies ist die Onlineausgabe der „*Financial Times*".
  Die Stellenangebote der Site können Sie nach den Kriterien „Jobkategorie", „Ort", „Gehaltsspanne", „Datum der Anzeige" und nach relevanten Schlüsselwörtern durchsuchen. Lesenswert ist auch die Sparte „This Week's Top Jobs".

- Guardian Unlimited
  www.jobs.guardian.co.uk/

  „The UK's most popular newspaper website" heißt es dort. Unter Jobs finden Sie verschiedene Kategorien als Optionen wie z. B.:

  - Media
  - Marketing & PR,
  - IT & Telecoms,
  - Sci & Tech,
  - Secretarial und
  - Graduate.

  Zu den Zusatzdiensten gehören unter „Career Advice" Tipps für den Umgang mit Vermittlungsagenturen, für die Erstellung von Lebensläufen, für Vorstellungsgespräche und Gehaltsverhandlungen.

- New Scientist Jobs
  www.newscientistjobs.com

  Dies ist ein hervorragendes Beispiel einer Fachzeitschrift, die Jobsuche als einen Schwerpunkt hat. Stellenangebote können Sie nach den Kriterien „Arbeitsbereich" (z. B. Forschung, Industrie), „Ort", „Datum der Anzeige" sowie nach Schlüsselwörtern durchsuchen. Sie können auch einzelne Unterbereiche auswählen:

  - Biology,
  - Chemistry,
  - Physics,
  - Maths and IT,
  - Earth and Environment,
  - Engineering.

  Bewerbern steht auch ein E-Mail-Service zur Verfügung. Mit den aktuellen Nachrichten und der Lektüre der aktuellen Ausgabe des „*New Scientist*" halten Sie sich auf dem Laufenden.

1.5 Arbeitssuche und Bewerbung per Internet

Das Internet bietet für die Arbeitssuche in England und Irland eine Fülle von Möglichkeiten. Sie können:

- Stellenangebote aus Onlinezeitungen oder Jobbörsen aufrufen,
- Kontakte zu potenziellen Arbeitgebern knüpfen,
- Ihr Networking ausbauen,
- nach Informationen über Firmen suchen,

- Businesslexika nutzen,
- sich an Diskussionsforen beteiligen,
- Tipps für Bewerbungen abrufen,
- sich direkt per Internet bewerben.

Wesentlicher Vorteil der Stellensuche per Internet ist vor allem, dass Sie schon von Deutschland aus aktiv werden können und eine Menge von Vorabinformationen abrufen können, wenn Sie anstreben, in England zu arbeiten. Das Internet arbeitet rund um die Uhr, sieben Tage in der Woche, d. h., Sie sind nicht an Büro- und Arbeitsstunden Ihrer Ansprechpartner gebunden. Und: Sie erkennen sofort, wie aktuell ein Angebot ist. Zudem erreichen Sie per Internet nicht nur Firmen aus der Hightechbranche, heutzutage können Sie auch Angebote aus allen Bereichen abrufen. Hier finden Sie ausgezeichnete Quellen für Ihre Recherche (meistens reicht schon die Homepage einer Firma) und können sich häufig direkt bei den Firmen per E-Mail bewerben.

Aber Vorsicht!

Auch wenn alles sehr leicht und schnell gehen kann, machen Sie nichts ohne ausreichende Vorbereitung und Sorgfalt. Seien Sie genauso präzise bei der Formulierung Ihres Lebenslaufs, Kurzprofils und Begleitschreibens wie im klassischen Bewerbungsverfahren.

Trotzdem sollten Sie wissen: Es wird als Zeichen von Professionalität angesehen , wenn Sie die elektronischen Möglichkeiten sicher und kompetent nutzen können.

Allgemeine Jobsites

- Fish4Jobs
  www.fish4.co.uk

  „The leading site for jobs and careers". Der Name ist Programm. „Fish for Jobs" enthält rund 40 000 Jobs aus Anzeigen regionaler Zeitungen, die Mitglieder der Site sind. Für Ihre Arbeitssuche finden Sie Informationen zu Recruitment Agenturen unter „Recruiter Profiles".

  Kriterien für die Suche in der Stellendatenbank sind Jobtitel, Industriezweig und Ort (mit Entfernung in Meilen). Auch ein E-Mail-Service unter dem Titel „myfish4" steht Ihnen zur Verfügung. Im Career Centre können Sie auf viele Zusatzdienste zugreifen.

Dazu zählen: Tipps für Bewerbungen und Lebensläufe, Hinweise für Vorstellungsgespräche und auch Tests.

- GoJobsite
  www.gojobsite.co.uk

  Die Site vermittelt europaweit rund 180 000 Stellen, u. a. in Schottland, Nordirland, in der Republik Irland, in England und Wales. Die Suche in der Jobdatenbank lässt sich nach Industriezweig (Job Sectors, von „Automotive“ bis „Travel/Tourism“), Skills, Arbeitsort, Berufserfahrung und Gehaltsvorstellungen eingrenzen..

- Jobserve
  www.jobserve.com

  „Fulfil your potential“. Jobserve ist bekannt für seine IT-Jobdatenbank. Neben IT-Jobs enthält die Site auch Angebote aus den Sparten Rechnungswesen, Ingenieurwesen, Finanzen, Recht, Medizin, Verkauf und Marketing und Sekretariat. Sie finden eine alphabetische Liste von Vermittlungsagenturen unter „Recruiter Directory“ und können ebenfalls einen E-Mail-Service abonnieren („Jobs by E-Mail“).

- Top Jobs on the Net
  www.topjobs.co.uk

  Die Stellenangebote können Sie hier nach den Kriterien Jobkategorie und Ort durchsuchen. Zu den Zusatzdiensten der Site gehören:
  - ein E-Mail-Service,
  - eine Datenbank mit Unternehmensprofilen sowie
  - Featured Jobs (Stellenbeschreibungen).

- Totaljobs.com
  www.totaljobs.com

  „Works wonders“ – in der Datenbank sind 90 000 Stellenangebote vorhanden, abzurufen nach den Kriterien Jobkategorie, Ort und Ihren Schlüsselwörtern. Alle Tipps für die Suche nach dem richtigen Job sind hilfreich. Einen E-Mail-Service finden Sie unter „My totaljobs“. Die ganze Informationsfülle der Site wird in der Rubrik „Career Advice“ deutlich: Tipps für die Arbeitssuche und die schriftliche Bewerbung sowie Hinweise zum Arbeitsrecht. Unter „Agencies“ (A–Z) können Sie einzelne Vermittlungsagenturen anklicken und sich Kurzinformationen zum Unternehmen und seinen Stellen ansehen. Unter „Company Search“ lassen sich die

Unternehmen aufrufen, die bei TotalJobs inserieren. Übrigens: Im „Company Directory" finden Sie Informationen über 85 000 Firmen.

Spezifische Sites

Branchenspezifische Sites bieten häufig weniger Angebote als die großen allgemeinen Stellenmärkte, sie sind aber trotzdem für Sie von Interesse, wenn Sie in einem bestimmten Fachgebiet arbeiten wollen. Wir haben im Folgenden einige Beispiele berufsbezogener Sites aufgelistet:

- Computer Staff.Net
  www.computerstaff.net

  Das ist eine relativ junge Jobsite mit tausenden von Stellenangeboten aus der Computerbranche. Arbeitssuchende haben Zugriff auf einen E-Mail-Service und eine CV-Datenbank. Sie können darüber hinaus eine Liste der Jobs der Woche („Posted this Week") anklicken. Es gibt einen Link zu „Computer Contractor" mit vielen aktuellen Nachrichten aus der Branche und einer hilfreichen Liste weiterführender Links aus dem IT-Bereich.

- International Chemical Society
  www.rsc.org/chemsoc

  Das „Careers and Job Centre" bietet Arbeitssuchenden aus der Chemiebranche:

  - eine Jobdatenbank (Job Vacancies),
  - Informationen zu Berufsaussichten im Chemiebereich (Career News),
  - Tipps für die Arbeitssuche (Strategien, Lebensläufe, Vorstellungsgespräche) sowie
  - interessante Links.

- Execs on the Net
  www.eotn.co.uk

  „The Site for Executive Appointments" ist das Motto, – eine Site speziell für Führungspositionen mit Gehältern zwischen 40 000 und 250 000 Pfund brutto pro Jahr. Entsprechende Stellenangebote finden Sie unter „Appointments". Eine schnelle Suche ist nach den Kriterien Ort, Gehaltsspanne und Funktion möglich. Haben Sie eine interessante Stelle gefunden, können Sie sich auch direkt online bewerben. Sie haben auch Zugriff auf einen E-Mail-Service. Das „Executive Search Programme" bietet vielfältige Zusatzdienste von Tipps für Lebensläufe und Vorstellungsgespräche bis zu Expertenrat für die Arbeitssuche und Daten für die Unternehmensrecherche. Es ist z. T. gebührenpflichtig.

- Freelancers Network
  www.freelancers.net

  Eine Site speziell für Freelancers aus dem Multimedia- und dem Internetbereich, die die Vermittlung von Jobs und Projekten anbietet. Bewerber können ihre Lebensläufe und Portfolios in die Datenbank aufnehmen lassen. Sie haben auch Zugriff auf einen E-Mail-Service.

- GAAPweb
  www.gaapweb.com

  „The UK's specialist accounting and finance jobs site" enthält Stellenangebote von rund 500 Vermittlungsagenturen. Die Datenbank können Sie nach Schlüsselwörtern sowie Anstellungsart, Gehalt und Ort durchsuchen. Arbeitssuchenden steht ein E-Mail-Service zur Verfügung. Auch ein Verzeichnis von Arbeitsvermittlungen aus der Branche können Sie aufrufen. Lesenswert sind die Rubriken „Tips from the Professionals" und die Gehaltsspiegel der Site.

- Hotrecruit.com
  www.hotrecruit.com

  „Thousands of full-time, part-time, temporary and seasonal jobs." Diese Site eignet sich vorzüglich für die Suche nach Zeitarbeit, Ferienjobs und ehrenamtlichen Tätigkeiten in aller Welt. Kriterien für die Stellensuche sind:

  - Where to do it?
  - How long for?
  - What to do?
  - Key words.

  Zum Thema „Jobben in London" fanden wir z. B. mehr als 500 Angebote. Beachten Sie auch die Rubrik „Crazy Jobs", in der viele „fundraising jobs" aufgelistet werden.

- Jobs.ac.uk
  www.jobs.ac.uk

  „The Leading Recruitment Website for Academic and Associated Communities“, so der viel versprechende Titel. 35 Universitäten sind der Site angeschlossen. Sie können die Stellenangebote nach Jobtyp, Fachbereich, Ort, Art der Anstellung und des Unternehmens (z. B. Universität, Weiterbildungsinstitution etc.) durchsuchen. Die Liste der weiterführenden Links ist beeindruckend. Stichwörter sind:

  - Education,
  - Institutions, Resources,
  - Recruitment (Websites, Career Advice).

- justengineers.net
  www.justengineers.net

  „Engineering your career forward“, das hat sich diese Site zum Ziel gesetzt. Für die Stellensuche geben Sie den Jobtitel, Skills, Ort, Art der Anstellung und den Industriesektor (40 Bereiche von Aerospace bis Water) ein. Mitgliedern steht ein E-Mail Service zur Verfügung. Fürs Networking ist besonders die Liste der Links und Jobsites interessant: „Industry Links“ führt zu Instituten und Verbänden aus der Branche. Die Möglichkeiten sind beeindruckend!

- NursingNetUK
  www.nursingnetuk.com

  „The home of UK Nursing Jobs and Courses on the Internet“ nennt sich die Site. Die Stellenangebote können Sie nach folgenden Kriterien durchsuchen: Spezialgebiet, Region, Unternehmen sowie Examen/Abschluss („Grade“). Sie können ebenfalls einen E-Mail-Service abonnieren (MyNursingNet) und haben die Möglichkeit, nach bestimmten Regionen Unternehmen aufzurufen, die Stellen inserieren („Search for Employers“). Interessant sind auch die Tipps für ausländische Bewerber („Applying from Overseas“). Unter anderem wird dort erläutert, welche Bedingungen Sie erfüllen müssen, um als Krankenschwester in England arbeiten zu dürfen. Auch die Links der Site sollten Sie beachten: sie reichen von „Professional Bodies“ bis zu „Nurse Education“.

- SECSinthecity.com
  www.secsinthecity.co.uk

  „Secretarial jobs, administration jobs“, heißt es auf der Homepage. Die Jobdatenbank können Sie nach den Kriterien Jobtitel, Ort, Gehaltsspanne und individuellen Schlüsselwörtern durchsuchen. Bewerber haben Zugriff auf einen E-Mail-Service. Darüber hinaus bietet die Site Informationen zu ausgewählten Unternehmen und Arbeitsvermittlungsagenturen.

Haben Sie die richtige Internetadresse noch nicht gefunden?

Dann nutzen Sie doch die Suchmaschinen und Webkataloge und gehen Sie selbst auf die Entdeckungsreise. Für allgemeine Informationen eignen sich z. B. Yahoo! und Google vorzüglich. Probieren Sie auch andere Suchmaschinen aus und stellen Sie fest, welche am besten zu Ihren Fragen und Wünschen passen.

- Google
  www.google.com

  Dies ist eine interessante Site, die zu einer Fülle von Links führt. Geben Sie z. B. „Jobs“ ein, so erhalten Sie als Ergebnis 500 Millionen Treffer, darunter bereits unter den ersten zwanzig so gute Adressen wie:

  - www.jobs.ac.uk (Stellen aus dem akademischen Bereich)
  - www.jobsunlimited.co.uk (mit Stellen aus dem „*Guardian*“)
  - www.topjobs.co.uk

- Yahoo!
  http://uk.careers.yahoo.com

  In der Sparte „Recruiting Now“ werden Unternehmen aufgelistet, die Stellenangebote inserieren. Unter „Careers Articles“ finden Sie Informationen zu Vorstellungsgesprächen, Tipps für die Berufsplanung, Hinweise auf CVs und Gehaltsspiegel. Auch die Rubriken „Employment News“ und „Today's Advice“ enthalten viel Wissenswertes.

1.6 Als Sozialarbeiter in Großbritannien

Ein Erfahrungsbericht von Daniela Rudolph

Deutschland bot für mich keine Chancen, denn trotz intensiver Bemühungen nach meinem Studium der Sozialpädagogik und Sozialarbeit, eine unbefristete Vollzeitarbeitsstelle in Deutschland zu finden, blieb ich erfolglos. Aufgrund der Budgetkürzungen im öffentlichen Dienst und bei den sozialen Trägern wurden zu dieser Zeit kaum noch unbefristete Einstellungen angeboten. Stattdessen erhielt ich ausschließlich Angebote für Praktikumstellen ohne Übernahmegarantie oder für befristete Teilzeitarbeitstellen, von deren Bezahlung ich nicht hätte leben können. Auch mein ausgezeichneter Studienabschluss stieß bei meinen unzähligen Bewerbungen leider auf kein besonderes Interesse. Die einzige Alternative war für mich also, einen Job im Ausland zu finden.

Ich entschied mich für Großbritannien, da ich entsprechende sprachliche Vorkenntnisse und bereits Erfahrungen mit dem Land und der Mentalität der Leute hatte. In einem Internetforum fand ich eine private Arbeitsvermittlung, die auf Sozialarbeiter spezialisiert war. Nach Kontaktaufnahme mit dieser Agentur musste ich lernen, wie ein Lebenslauf für britische Arbeitgeber geschrieben wird und wie ein Bewerbungsschreiben auszusehen hat.

Der nächste wichtige Schritt war, mich bei der britischen Zulassungsstelle für Sozialarbeiter, dem „General Social Care Council“ –abgekürzt GSCC–, anzumelden. Das war die Voraussetzung, um überhaupt in meinem Beruf arbeiten zu können. Für die Zulassung musste ich 155 englische Pfund bezahlen und erhielt dann einen mehrseitigen Antrag von der GSCC-Zentrale. Seine Bearbeitung und die entsprechende Genehmigung vom GSCC nahmen circa sechs Monate in Anspruch und bedeutete viel Aufwand. Denn meine Aufgabe war es, eine vollständige Beschreibung meiner Zeugnisse und Bescheinigungen in englischer Sprache, übersetzt und beglaubigt, beizubringen. Zu den Unterlagen zählten unter anderem meine Studien- und andere Praktikumsbescheinigungen, diverse Zeugnisse und berufsrelevante Dokumente. Gleichzeitig benötigte ich zwei Referenzen, die für mich als Berufsanfänger ausschließlich von Professoren ausgestellt sein konnten. Glücklicherweise hatten sich tatsächlich zwei von ihnen auch noch ein Jahr nach Abschluss meines Studiums dazu bereit erklärt, mir diesbezüglich weiterzuhelfen. Sie davon zu überzeugen, war keine leichte Aufgabe gewesen, denn es mussten etliche Seiten der Formulare ausgefüllt und eine Beurteilung in englischer Sprache verfasst werden.

In der Zwischenzeit erhielt ich von der Vermittlungsagentur bereits die Einladung zu einem zweitägigen Vorstellungsgespräch in Wales.

Eine Aufwandsentschädigung gab es nicht: Die Kosten für Flug und Unterkunft musste ich selbst tragen. Eine Übernachtung vor Ort musste ich mir auch ohne Hilfe von der Agentur und dem zukünftigen Arbeitgeber per Internet selbst suchen und buchen. Aber es hatte sich gelohnt:

Kurz nach dem Vorstellungsgespräch teilte mir die private Arbeitsvermittlung mit, dass mir der entsprechende Arbeitgeber einen Arbeitsplatz anbiete. Leider hatte ich zu diesem Zeitpunkt noch keinen Bescheid über meine Berufszulassung bekommen und ohne die erhielt ich in Großbritannien nicht ohne Weiteres einen Arbeitsvertrag. Die private Arbeitsvermittlung riet mir trotzdem dazu, meine Tätigkeit auch ohne Zulassung in Wales aufzunehmen. Ich war skeptisch, ob die Rechnung aufgehen würde, empfand diese Empfehlung sogar als unseriös und ging deshalb erst nach Wales, nachdem ich zugelassen worden war.

Zum zweiten Mal musste eine passende Unterkunft gefunden werden. Das war nicht leicht. Von Seiten der privaten Arbeitsvermittlung wurde mir empfohlen, vorerst per Internet eine Studentenunterkunft zu suchen und dann später in eine adäquate Wohnung zu wechseln. Da in Großbritannien die Mieten in Relation zum Verdienst sehr hoch sind, schien es mir von Vorteil zu sein, in eine Wohngemeinschaft einzuziehen. Jedoch sollte man sich alles vorher genau anschauen, da sich manche englische Häuser in einem nicht sehr guten Zustand befinden. Ich bin dann am Ende aber doch nicht in eine WG gezogen, sondern habe über einen ortsansässigen Makler eine Wohnung angemietet. Dieser verlangte vor dem Einzug neben einer Vermittlungsprovision eine Mietkaution von eineinhalb Monatsmieten und eine Monatsmiete im Voraus in bar. Weitere Ausgaben kamen auf mich zu: für den Telefon- und Fernsehanschluss, Strom, Gas, Wasser und die ortsüblichen sonstigen Wohnungsabgaben, die neben der Lohnsteuer auch noch erhoben wurden. Obwohl ich nicht wusste, ob ich selbst die vereinbarte Probezeit gemäß Arbeitsvertrag würde einhalten können oder ob mich mein Arbeitgeber darüber hinaus würde beschäftigen wollen, bin ich auch dieses Risiko eingegangen.

Die Organisation meines Alltags war und blieb neben meinem neuen Arbeitsplatz im Jugendamt eine weitere Herausforderung. Außerhalb meiner täglichen Arbeitszeit von 8.30 bis 17.00 Uhr waren etliche Behördengänge zu erledigen. Ich musste mich an- und ummelden und ein Bankkonto eröffnen. Das alles war mit Schwierigkeiten verbunden. Die notwendigen Formalitäten waren nie mit einem Gang zu erledigen gewesen und ich konnte mich ja auch nicht jedes Mal vom Arbeitsplatz entfernen, um mal wieder ein Dokument zu besorgen. Da die Behörden in Großbritannien anders organisiert sind, als man es in Deutschland gewöhnt ist, nahm das alles viel mehr Zeit in Anspruch und kostete eine Menge Nerven. Beispielsweise wurde für eine Bescheinigung mein Personalausweis eingezogen.

Erst nach vierwöchiger intensiver Nachfrage bekam ich meinen Ausweis per Post zurückgesandt.

Auch was die Anerkennung der Zeugnisse anging, hatte ich Probleme. Obwohl mein Studienschwerpunkt nicht Sozialarbeit, sondern Sozialpädagogik gewesen war, musste ich mein deutsches Diplomzeugnis von einem Gremium in Großbritannien prüfen und mit dem englischen Bachelor für Sozialarbeit abgleichen lassen. Nur so wurde es als gleichwertiger Abschluss anerkannt. Das Studium der Sozialarbeit in Großbritannien lässt sich jedoch kaum mit dem Studium der Sozialpädagogik in Deutschland vergleichen. Wie ich aus eigener Anschauung und durch Gespräche mit britischen Kollegen feststellen musste, handelt es sich dort eher um ein Studium mit Schwerpunkt Verwaltung. Die eigentliche pädagogische Arbeit, die beispielsweise bei engen Kontakten zwischen Eltern und ihren Kindern relevant wird, und die in Deutschland vorrangig von Sozialarbeitern geleistet wird, wird in Großbritannien von einer anderen Berufsgruppe, den sogenannten Sozialarbeitsassistenten oder Familienpflegern, übernommen. Für den eigentlichen Sozialarbeiter dort geht es vor allem darum, als Verwalter möglichst viele Fälle zur selben Zeit zu betreuen. Es wurde keine Rücksicht auf meine andere Art der Ausbildung genommen: Wie jeder andere musste auch ich mich sofort der Situation im Land anpassen und mich bewähren. Mein Aufgabenfeld war inhaltlich eine Enttäuschung für mich, denn ich hatte nicht das Gefühl, meine Vorstellungen und Erfahrungen im sozialen Bereich umsetzen zu können.

Ergänzend zur Arbeit im Jugendamt wurde allerdings ein Einführungskursus für alle neu eingestellten, jungen Sozialarbeiter angeboten, an dem ich auch teilnahm. Zum tieferen Verständnis der Sozialgesetze und der Methoden der sozialen Arbeit in Südwales leistete dieser Kursus durchaus seinen Beitrag. Außerdem nutzte ich diese Zeit, um mit britischen Kollegen in Kontakt zu treten und Erfahrungen mit ihnen auszutauschen. Da außer mir allerdings noch 14 weitere Sozialarbeiter aus Deutschland vor Ort waren, konnte ich meine englischen Sprachkenntnisse weniger als erwartet vertiefen. Wie eigentlich immer bei solchen Gelegenheiten bildeten sich Grüppchen und jede Nation blieb letztlich wieder weitgehend unter sich.

Kurzum: Arbeiten in Großbritannien hatte so seine Tücken. Und um sich als Arbeitnehmer dort hinreichende Unterstützung gegenüber den Forderungen des Arbeitgebers zu verschaffen, ist es meines Erachtens von Vorteil, Mitglied einer englischen Gewerkschaft zu werden.

Ich habe die Zeit im fremden Land sehr genossen und möchte die Erfahrungen nicht missen. Aber ich war froh, als ich wieder nach Deutschland zurückkehren konnte.

2 Deutsch-englische Formulierungshilfen

2.1 Bausteine für die schriftliche Bewerbung

Bewerbungsanschreiben

Ich habe Ihre Anzeige in … gelesen und bewerbe mich um die Stelle als …	I have read your advertisement in … and would like to apply for the position of …
Ich antworte auf die o. a. Anzeige …	I am replying to the above advertisement …
Ich beziehe mich auf Ihre Anzeige in …	With reference to your advertisement in …
Sie suchen einen neuen …, ich bewerbe mich …	You are looking for a new …,I wish to apply for the post …
Diese Stelle interessiert mich …	I am interested in the post.
Ich bewerbe mich um die Stelle als …	I would like to apply for the post of …
Meine Qualifikationen entsprechen Ihren Anforderungen …	My qualifications meet your requirements …
Ich habe von Herrn XY gehört, dass Sie einen neuen Buchhalter suchen …	Mr. XY has informed me that you are looking for a new accountant …
Hiermit möchte ich anfragen, ob Sie eine freie Stelle für einen Schaufensterdekorateur haben …	I am writing to enquire whether you have a vacancy for a window dresser …

Angaben zur Person

Ich bin am … geboren.	I was born on …
Ich bin … Jahre alt.	I am … years old.
Ich bin ledig.	I am single.
Ich bin verheiratet und habe zwei Kinder.	I am married and have two children.

Schulbildung

Ich habe von 1987 bis 1997 die ... Schule besucht.	From 1987 to 1997 I attended ... School.
Hauptschule	Secondary (Modern) School
Realschule	(Six-Year) Secondary School
Gymnasium	Grammar School
Gesamtschule	Comprehensive School
Berufsschule	Technical College
Handelsschule	Commercial School
Fachhochschule	College (of Higher Education)
1990 bestand ich das Abitur.	I passed the General Certificate of Education (A-Levels) in 1990.
Nach dem Abitur ...	Having passed my A-Levels ...
Ich erwarb 1982 den Realschulabschluss.	I left secondary school in 1982.
Von ... bis ... absolvierte ich meinen Wehrdienst.	I did my military service from ... to ...
Als Zivildienstleistender arbeitete ich in einem städtischen Altenheim.	I did community service (as an alternative to military service) at an old people's home run by the town council.

Beruflicher Werdegang

Von 1990 bis 1992 machte ich eine Lehre bei ...	From 1990 to 1992 I trained as.../ I was a trainee.
Ich absolvierte eine Lehre zum Industriekaufmann.	I served an apprenticeship to become a qualified clerk in an industrial company.
Ich habe Wirtschaftswissenschaften an der Universität Hamburg studiert.	I studied economics at Hamburg University.
1990 erwarb ich das Diplom zum ...	In 1990 I took a degree in ...
Von 1983 bis 1992 arbeitete ich als ... bei ...	From 1983 to 1992 I worked as a ... for ...

Ich habe an der VHS Kurse besucht und das Zertifikat Wirtschaftsenglisch erworben.	I attended adult education classes and obtained a diploma in Business English.
Verkaufserfahrungen sammle ich seit drei Jahren bei meiner derzeitigen Firma.	During the past three years I have gained experience in sales/ marketing in my present firm.
Während mehrerer Praktika im In-und Ausland konnte ich mir vielseitige Kenntnisse aneignen.	During various periods of work experience both at home and abroad I was able to gain experience in a number of fields.
Zurzeit bin ich als ... bei ... beschäftigt.	At present I am employed as a ... for ...
Ich bin augenblicklich Leiter der Marketingabteilung.	I am at present head of the marketing department.
In den letzten fünf Jahren war ich für ... verantwortlich	For the past five years I have been responsible for ...
Ich bin zurzeit in ungekündigter Stellung als ...	I currently occupy a secure position as ...
Zu meinen Aufgaben gehört es, zu ...	Among my duties are those of ...
Als frühester Einstellungstermin käme der ... in Frage.	The earliest date on which I could start would be ...

Veränderungsgründe

Ich möchte mich gerne verändern.	I would like to change my job.
Ich suche eine Stelle mit mehr Verantwortung.	I am looking for a post which would give me more responsibility.
Mein Mann wird in England arbeiten, deshalb suche auch ich dort eine interessante Tätigkeit.	My husband will be working in England; therefore I am also looking for an interesting job there.
In meiner Firma gibt es in absehbarer Zeit für mich keine Aufstiegmöglichkeiten.	In my present firm there won't be any opportunities of advancement within the forseeable future.

Ich möchte mit einem Auslandspraktikum die Möglichkeiten nutzen, die das Lingua Programm bietet.	I would like to take advantage of the opportunities the Lingua Programme has to offer.
Ich möchte Erfahrungen im Ausland sammeln.	I would like to gain experience abroad.

Hinweis auf den Kurzlebenslauf

Ich füge einen Kurzlebenslauf bei.	I enclose a short account of my personal details and career to date.
Einen Überblick über meinen beruflichen Werdegang entnehmen Sie bitte dem beigefügten CV.	The enclosed CV provides an outline of my career to date.
Aus dem beigefügten CV geht hervor, dass ich langjährige Erfahrungen mitbringe.	As you can see from the enclosed CV, I have many years of experience.
Informationen über meine Qualifikationen entnehmen Sie bitte den beigefügten Unterlagen.	You will find information on my qualifications in the enclosed papers.
Den chronologischen Ablauf meiner Ausbildung entnehmen Sie den beigefügten Unterlagen.	Please find the chronological outline of my training in the enclosed papers.

Anlagen

In der Anlage übersende ich Ihnen ...	Please find enclosed ...
Ich füge ... bei.	I enclose ...
Tabellarischer Lebenslauf	Curriculum Vitae (CV)
beglaubigte Kopien:	certified copies of:
- des Abiturzeugnisses,	- my school-leaving certificate (A-Levels)
- Diplomzeugnisses (Hochschule).	- my diploma/my degree

Schlussfloskeln

Ich würde mich freuen, wenn Sie mich zu einem Vorstellungsgepräch einlüden.	I would be grateful if you would invite me to come for an interview.
Ich würde gern zu einem Vorstellungsgespräch kommen.	I would be happy to come for an interview.
Ich stehe Ihnen gern zu einem Vorstellungsgespräch zur Verfügung.	I would be happy to make myself available for an interview.
Über Ihre Einladung zu einem Vorstellungsgespräch würde ich mich sehr freuen.	I would be grateful to receive an invitation for an interview.
Ich sehe Ihrer Antwort mit Interesse entgegen.	I look forward to receiving a reply from you.
Bitte geben Sie mir Gelegenheit zu einer persönlichen Vorstellung.	I would be glad of the opportunity to present myself for an interview.
Ich würde mich sehr freuen, wenn ich in Ihrem Unternehmen ein Praktikum absolvieren könnte.	I would be glad of the opportunity to gain practical work experience in your company.
Der frühestmögliche Einstellungstermin ist der ...	The earliest date on which I could start is ...
Es würde mich freuen, mit Ihnen alle weiteren Fragen persönlich erörtern zu können.	I would be pleased to discuss further questions in a personal interview.
Ich würde mich schnell einarbeiten können.	I would quickly familiarize myself with the work.
Ich meine, gut in Ihr Team zu passen.	I think I would fit well in your team.
Mit freundlichen Grüßen	Yours faithfully (falls der Brief mit „Dear Sir or Madam" beginnt) Yours sincerely (falls man sich im Brief an eine bestimmte Person wendet)

2.2 Vorstellungsgespräche meistern

Was Sie während eines Vorstellungsgespräche alles gefragt werden könnten

Warum haben Sie ... studiert?	Why did you study ...?
Wie viel Berufserfahrung bringen Sie mit?	How much experience/work experience have you had?
Könnten Sie uns Ihren bisherigen beruflichen Werdegang kurz beschreiben?	Could you give us a summary of your career so far?
Welchen Posten haben Sie in der derzeitigen Firma?	What is your position with your present company?
Mit welchen Unternehmen arbeiten Sie zusammen?	Which companies do you co-operate with?
Welches Gebiet interessiert Sie am meisten?	Which field are you most interested in?
Warum möchten Sie sich verändern?	Why do you wish to change your job?
Ist Ihre Familie mit dem Umzug einverstanden?	Does your family approve of your move?
Wie viele Mitarbeiter hat Ihre jetzige Abteilung?	How many people are employed in your department?
Welche Aufgaben, meinen Sie, kommen in unserer Firma auf Sie zu?	Which areas of responsibility do you think you will have to deal with in our firm?
Warum interessieren Sie sich gerade für unser Unternehmen?	Why are you interested in our enterprise in particular?
Wie sind Sie auf uns gekommen?	How did you hear about us?
Kommen Sie auf eine Anzeige in der Zeitung hin?	Are you here in response to an advertisement in the newspaper?
Sind Sie vom Arbeitsamt an uns verwiesen worden?	Have you been sent to us by the Job Centre?
Welche Gehaltsvorstellungen haben Sie?	What salary did you have in mind?
Wie stellen Sie sich die Arbeit vor?	How do you see this task?

Wo liegen Ihre Stärken/ Schwächen?	What are your strong points/ weak points?
Haben Sie ein Auto?	Have you got a car?
Treiben Sie Sport?	Do you do sport?
Welche Hobbys haben Sie?	What are your hobbies?
Was machen Sie in Ihrer Freizeit?	What do you do in your spare time?
Waren Sie in der Schulzeit jemals Klassensprecher?	Were you ever form captain at your school?
Sind Sie gern zur Schule gegangen?	Did you enjoy going to school?
Haben Sie in den Semesterferien gearbeitet?	Did you work during semester vacations?
Haben Sie einen Führerschein?	Have you got a driving licence?

Mögliche Fragen, die Sie selbst stellen könnten

Warum ist die Stelle frei geworden?	Why did the position become vacant?
Wie sieht das künftige Aufgabengebiet aus?	What are the future tasks likely to be?
Welche Schwerpunkte hat der Bereich?	What are the main points in this area?
Welche Verantwortung ist mit der Stelle verbunden?	Which responsibilities would the position entail?
Welche Aufstiegschancen sind mit der Position verbunden?	What would be the chances of promotion with this job?
Welche Weiterbildungsmöglichkeiten gibt es in Ihrer Firma?	What opportunities of further training are there in your firm?
Wie ist die Arbeitszeit geregelt?	What are the working hours?
Gibt es gleitende Arbeitszeit?	Are there flexible working hours?
Ist der Arbeitsplatz mit öffentlichen Verkehrsmitteln zu erreichen?	Is it possible to reach the place of work by public transport?

Gibt es eine feste Mittagspause?	Is there a fixed lunch break?
Wären Sie so freundlich, mit mir eine Werksführung zu machen?	Would it be possible to look around the works?
Welche betrieblichen Sozialleistungen gibt es:	What fringe benefits are there?
- Altersversorgung	- Pension Schemes
- Zusatzversicherung	- Supplementary Insurances
- Essenszuschläge	- Meal Allowances
- Fahrtkostenzuschläge	- Travel Concessions
Wie lange dauert die Probezeit?	How long is the probation period?
Bis wann kann ich mit einer Antwort rechnen?	When can I expect to hear from you?
Könnte ich einen Tag Bedenkzeit erhalten?	Could I have a day to think it over?
Haben Sie noch irgendwelche Fragen an mich?	Have you got any other questions?
Ich danke Ihnen für das Gespräch.	Thank you for seeing me.
Ich würde sehr gern in Ihrem Unternehmen arbeiten.	I am sure I would be very happy to work with your company.

TIPP!

Wenn Sie auf der Suche nach weiteren Sprachbausteinen für Ihre schriftlichen Bewerbungsunterlagen sind, schlagen Sie nach im „Bewerbungshandbuch Englisch“ (ebenfalls erschienen im ILT-Europa Verlag, ISBN: 978-3-930627-11-0). Dort finden Sie auf 20 Seiten deutsch-englische Formulierungshilfen für die verschiedenen Abschnitte Ihres Anschreibens bzw. Lebenslaufs.

3 Bewerbungspraktiken

3.1 Der englische Lebenslauf (Curriculum Vitae, CV)

CVs sind in England kurz, maximal zwei DIN-A4 Seiten lang. Ausführlichere könnten die Personalleiter abschrecken, so die allgemeine Meinung.

Es kommt also darauf an, knapp, kompakt und möglichst überzeugend auf seine wichtigsten Qualifikationen und Erfahrungen hinzuweisen. Auch in Großbritannien gibt es keinen starren Standardlebenslauf, Sie müssen Ihren persönlichen CV also selbst entwerfen. Jeder Personalleiter wird es zu schätzen wissen, wenn sich Ihr Lebenslauf über die Beachtung einiger Regeln hinaus durch einen persönlichen Stil auszeichnet. „There are many creative approaches to CV writing, to make the CV an interesting document. Choose the style of CV that you feel comfortable with", so heißt es somit auch in einer Broschüre von Careers Services, East Sussex County Council.

Ihr Lebenslauf sollte allerdings unbedingt folgende Aspekte enthalten:

Career Objective (Karriereziel)

In Anlehnung an die amerikanische Praxis findet man seit einiger Zeit zu Beginn englischer Lebensläufe einen Abschnitt mit den Überschriften „Career Objective" oder „Personal Profile". Die Bewerber fassen dort in drei bis vier Sätzen ihre wichtigsten Qualifikationen und Berufserfahrungen zusammen und machen auf ihre Vorzüge aufmerksam. Es ist aber nach wie vor auch üblich, direkt mit den Angaben zur Person zu beginnen.

Personal Details (Angaben zur Person)

Dazu gehören Vorname, Familienname, Adresse, Telefonnummer, Geburtsdatum und Nationalität. Familienstand, Religionszugehörigkeit und die Berufe der Eltern erscheinen nicht im CV. Denken Sie daran: Ihre Telefonnummer sollte auch die deutsche Vorwahl enthalten!

Einige Experten empfehlen übrigens, die Daten zur Person (wie Geburtsdatum und Nationalität) zusammen mit Informationen über Hobbys und Referenzen an das Ende des Lebenslaufs zu setzen.

Education and Training (Schulbildung und Berufsausbildung)

Das Kapitel „Ausbildung" wird meistens ausführlich behandelt. Man beginnt mit dem höchsten Schulabschluss, z. B. dem A-Level, der unserem Abitur entspricht (inklusive den genauen Fächern und Noten), dann folgen Berufsausbildung und Universitätsabschlüsse (BA, MA, MBA etc.).

Es empfiehlt sich generell, die Schulabschlüsse auf Deutsch zu nennen und sie in Klammern in der Fremdsprache zu beschreiben, damit keine Missverständnisse entstehen. Sollte die Ausbildungszeit schon länger zurückliegen, kann dieser Teil jedoch auch recht kurz unter der Bezeichnung „Qualifications" abgehandelt werden.

Career History, Career Development, Work Experience (Berufserfahrungen)

Berufsanfänger sollten das Kapitel eher mit „Practical Experience" überschreiben. In allen englischen Werdegängen spielen Traineeprogramme und andere Weiterbildungsmaßnahmen eine große Rolle, da es üblich ist, dass die Firmen Hochschulabgänger – ganz gleich, ob sie ein geisteswissenschaftliches, ein wirtschaftswissenschaftliches oder ein naturwissenschaftliches Studium abgeschlossen haben – für die Ziele ihres Unternehmens weiterbilden.

Die beruflichen Erfahrungen werden in zeitlich umgekehrter Reihenfolge genannt, denn die jüngsten Erfahrungen interessieren in der Regel am meisten. Berufliche Leistungen sollten als „Achievements" möglichst konkret angegeben werden. In englischen Lebensläufen liest man etwa Beispiele dafür, wie erfolgreich der Kandidat bei dem augenblicklichen Arbeitgeber ist, d. h. er gibt Hinweise auf die Steigerung der Verkaufszahlen, die Größe der Abteilung oder die Höhe des zu verwaltenden Etats etc., während der Zeit, in der er dafür verantwortlich war. Sie sollten deshalb die wichtigsten Verben und Adjektive kennen, mit denen Sie Ihre Leistungen positiv darstellen können. Solche Verben sind zum Beispiel:

> to achieve, to build, to control, to create, to develop, to design, to direct, to establish, to expand, to improve, to manage, to monitor, to organise, to sell, to supervise.

Zu den interessanten Wörtern der Beschreibung zählen darüber hinaus:

> to be capable, competent, consistent, effective, efficient, experienced, positive, productive, qualified, successful, stable, versatile.

Übrigens!

Sollten Sie Probleme mit der Übersetzung Ihrer Berufsbezeichnung haben, so nennen Sie den deutschen Begriff und setzen eine englische Umschreibung in Klammern hinzu. Der Abschnitt „Career History“ kann auch unmittelbar auf die Angaben zur Person folgen, insbesondere wenn die Ausbildung schon vor längerer Zeit abgeschlossen wurde.

Additional Skills (Zusätzliche Kenntnisse)

Darunter fasst man üblicherweise Sprach- und Computerkenntnisse, Führerschein etc. zusammen. Der British Council empfiehlt den Arbeitssuchenden in Großbritannien, sich neben guten Sprachkenntnissen auch verwaltungstechnische Fähigkeiten und EDV-Know-how (z. B. PC-Skills wie Word, Excel) anzueignen.

Personal Interests, Leisure Activities, Hobbies (Hobbys, Interessen)

Hobbys und Interessen werden in einem englischen Lebenslauf grundsätzlich genannt. Auch im späteren Vorstellungsgespräch wird man meist darauf zurückkommen. Ebenso werden Vereinszugehörigkeiten während der Schul- und Studienzeit für erwähnenswert gehalten. Solche Aktivitäten runden das Persönlichkeitsprofil ab.

Was nicht in einen englischen Lebenslauf gehört

Im Gegensatz zu den Anforderungen in Deutschland gehören in Großbritannien einige Angaben nicht in den Lebenslauf, zum Beispiel:

- References (Referenzen)
  Referenzen spielen im United Kingdom keine große Rolle, wenn man sich für eine Stelle bewirbt. Sie können aber in Ihrem Brief auf die Möglichkeit hinweisen, Referenzen nachzureichen. Dazu genügt der Hinweis: „References available on request“. Üblicherweise werden die Referenzen zum Vorstellungsgespräch mitgebracht. Denken Sie daran: Ihre Referenten sollten damit einverstanden sein, von Ihnen genannt zu werden.

- **Fotos, Unterschrift**
  Fotos werden einem englischen Lebenslauf üblicherweise nicht beigefügt. Der Lebenslauf wird nicht mit einem Datum versehen und nicht unterschrieben. Behalten Sie aber eine Kopie des CV, die Sie dann später zum Vorstellungsgespräch mitnehmen könnnen.

- **Zeugnisse**
  Sie sollten Ihrem englischen Lebenslauf keine Zeugnisse beifügen. Es ist besser, Kopien davon zum Vorstellungsgespräch mitzunehmen, für den Fall, dass der Arbeitgeber Einblick nehmen möchte. Arbeitszeugnisse (Testimonials) sind in England nicht üblich.

Hinweis!

Anders als in Deutschland werden die Bewerbungsunterlagen in Großbritannien nicht so aufwändig in Kunststoff-Foldern etc. versandt. Ein fester DIN-A4-Umschlag genügt.

Besonderheiten elektronischer Lebensläufe

Immer häufiger lassen britische Firmen die CVs der Bewerber in Datenbanken scannen. Dies macht es den Arbeitgebern möglich, bei Bedarf Kandidaten nach ihrer Ausbildung und Berufserfahrung aufzurufen. Die Firmen können auf diese Weise hunderte von Lebensläufen prüfen, nachdem sie entsprechende Schlüsselwörter eingegeben haben (z. B. Namen bekannter Unternehmen, Universitätsabschlüsse, Programmiersprachen).

Fragen Sie ruhig in der Firma nach, ob die Personalabteilung Ihren Lebenslauf scannen wird oder nicht, damit Sie ihn entsprechend gestalten können.

Viele Unternehmen legen Wert darauf, dass man ihnen den Lebenslauf mailt. Für Bewerber ist dies eine gute Möglichkeit, schnell auf offene Stellen zu reagieren. Bevor Sie Ihren Lebenslauf per Mail abschicken, empfiehlt es sich, anzurufen und zu fragen, wer für das Bewerbungsverfahren zuständig ist.

Der elektronische Lebenslauf ist ähnlich untergliedert wie der klassische:

- **Absender**
  Ganz oben auf der Seite, mit vollständiger Adresse (Anschrift, Telefon- und Fax-Nummer, E-Mail-Adresse).

- „Keyword Summary"
  Direkt unter der Adresse, mit den Abschlüssen und beruflichen Schwerpunkten, wobei Sie möglichst alle Schlüsselwörter der Stellenanzeige aufnehmen sollten. In einem elektronischen Lebenslauf eignen sich Substantive eher als Verben.

- Berufsziel
  Diese Angabe ist fakultativ. Sie wird häufig durch eine Auflistung der Schlüsselwörter zu Beginn des Lebenslaufs ersetzt.

- Berufserfahrung
  Aktuelle Stelle am Anfang, einzelne Stationen mit Zeitangaben, Arbeitgebern, Verantwortungsbereichen und beruflichen Leistungen.

- Ausbildung
  Abschlüsse und eventuelle Weiterbildungsaktivitäten.

Elektronische Lebensläufe gibt es – analog zu den herkömmlichen – ebenfalls in unterschiedlichen Formen:

- chronologisch,
- funktional,
- in Kombination von beidem.

Tipps für die Gestaltung eines elektronischen Lebenslaufs

- Wählen Sie eine sachliche serifenlose Schrift, die sich gut scannen lässt, z. B. Helvetica, Arial, Univers.
- Lassen Sie genügend Platz am Rand (links bei 0, rechts bei 65).
- Schreiben Sie nicht zu eng.
- Speichern Sie Ihren elektronischen Lebenslauf als „Nur Text"-Datei.
- Mailen Sie Ihren Lebenslauf direkt an das Unternehmen oder an eine Jobdatenbank.

3.2 Musterlebensläufe

Unser Muster eines CVs sowie die Formulierungshilfen werden Ihnen hoffentlich Anregungen für das Verfassen Ihres eigenen Lebenslaufs geben. Es kommt darauf an, dass Sie Ihre Vita überzeugend und vollständig komponieren. Ihre individuellen Angaben zur Person, zu Ausbildung und Berufserfahrung sollten sich möglichst geschickt auf das Profil der ausgeschriebenen Stelle beziehen. Natürlich finden Sie auch im Internet jede Menge Informationen zur Erstellung Ihres Lebenslaufs, beispielsweise unter der folgenden Adresse:

- Working Careers
  www.workingcareers.com

  „A centre for the best career advice and information on the Web" ist das Motto. Die Site bietet unter „Free Advice" Hilfen für die Erstellung eines erfolgreichen Lebenslaufs, u.a. auch einer internetfähigen Version. Sie finden außerdem typische Fragen, auf die Sie in einem Vorstellungsgespräch vorbereitet sein müssen. Beachten Sie auch die Hinweise auf Schnitzer, die Sie vermeiden sollten, unter „Common Mistakes".

Tipp!

Auf der Webseite von CEDEFOP finden Sie den „europäischen Lebenslauf", ein Format, das von der EU-Kommission allen Unternehmen und Bewerbern ans Herz gelegt wird. Mit diesem einheitlichen Lebenslauf sollen Angaben zu den Qualifikationen und Berufserfahrungen der Bewerber aus den verschiedenen EU-Staaten leichter verglichen und bewertet werden können.

Die Formulare in den verschiedenen EU-Sprachen lassen sich leicht herunterladen. Wir haben sie deshalb hier nicht abgedruckt.

- CEDEFOP
  www.cedefop.eu.int/transparency/cv.asp

Martina Kaiser

Steinring 12,
24123 Kiel, Germany
Tel: +49-0431 158540
m.kaiser@gmx.de

Objective	A work placement position related to mechanical engineering and/or international operations
Education	2000-Present: Ruhr-University of Bochum, Germany Diplom (= M.Sc.) expected in October 2006 Mechanical Engineering
Coursework	Thermodynamics Fluid Mechanics Structural Statistics Risk Management Mechanics and Materials Chemistry Physics Economics Technical English Computer Programming
Accomplishments	• Team project member of University of Bochum project „Thermal Transport during Coal Rapid Pyrolysis", responsible for gas temperature measurements • Established student organization to promote international volunteer work
Capabilities	• Fluent in English and French, rudimentary Japanese • Operate/program computers and CAD systems • Experience in international cross-cultural relations
Work Experience	Summer 2001: Au-Pair, Worcester, England Summer 2002: Market Researcher, Esdar, Bonn, Germany Summer 2004: Trainee, Harms Kühltechnik, (refrigeration systems), Kiel, Germany Duties included: customer correspondence, customer service, special projects
Personal Details	Date of birth: 26 June 1980 Interests: Member of Schilksee Athletics Club References available on request

Tanja FINSTERBUSCH
Grugaplatz 10
45137 Essen
0049 201 76 13 02
tanja.finster@t-online.de

Profile

An experienced computer-literate administrator with excellent secretarial and organisational skills.

Professional experience

1999 - present	Assistant in the Press Department, Viterra Energy Services AG, Lyons, France
	Responsible for team support, translations, interpreting for visiting groups, producing press releases, liaising with the press
1996 - 1999	Administrator in the Press Department of Viterra Energy Services AG, Essen
	Duties included internal communication, contributions to in-house journal, external presentation of the company, compilation of promotional material in English and German
1994 - 1996	Administrator in Heidenheim at Voith Sulzer Papiertechnik, Export Department
	Responsible for business transactions

Education and professional qualifications

May 1999	Final examination at the Essen Chamber of Commerce; Grade: 1,0 („very good")
1998 - 1999	Training as Multilingual Secretary (English, French), WIPA School, Essen
1992 -1994	Official qualification in wholesale and import-export administration at Neoplan GmbH, Essen
May 1994	Final examination at the Essen Chamber of Commerce; Grade: 1,3 („very good")
1992	Abitur (A-Level) Borbeck-Gymnasium, Essen Grade 1,7 (very good)
1989 - 1990	School year abroad in Brisbane, Australia

Languages	English, French: fluent, written and spoken
PC skills	Office applications, SAP R/3

Personal Details

Date of birth:	7 March 1973
Nationality:	German
Interests:	Computers, playing tennis, windsurfing, reading
References:	Available on request

3.3 Das Bewerbungsanschreiben (Covering Letter)

Das Anschreiben („Covering Letter“) ist unverzichtbarer Bestandteil der Bewerbungsunterlagen, ganz gleich, ob man sich auf eine Annonce bewirbt oder eine spontane Bewerbung schreibt („to apply cold“). Das Begleitschreiben sollte kurz sein und dient dazu,

- anzukündigen, auf welche Stelle Sie sich bewerben wollen,
- Interesse an Ihrer Person zu wecken,
- einen Termin zu einem Vorstellungsgespräch zu erbitten.

Entsprechende deutsch-englische Formulierungshilfen für die verschiedenen Abschnitte des Anschreibens finden Sie im Kapitel 2.

Es ist sehr wichtig, die Bewerbung einschließlich des Lebenslaufs in einem angemessenen, guten Stil zu verfassen. Dazu gehört auch, dass Sie z. B. auf die Wahl der Verben achten. (vgl. Kapitel 3.1 die Ausführungen zum Stichwort „Career History“). Es versteht sich von selbst, dass Sie in der Lage sein müssen, überzeugend zu begründen, warum Sie sich gerade um eine Stelle in Großbritannien bewerben. Auf keinen Fall sollten Sie in Ihrem Bewerbungsschreiben etwas über Ihre Gehaltsvorstellungen schreiben. Diese sind erst Thema des Bewerbungsgesprächs.

Hinweise zur Form des Anschreibens!

Auch in Großbritannien ist es wichtig, dass man das Bewerbungsanschreiben an einen bestimmten Ansprechpartner richtet und nicht nur „Dear Sir or Madam“ schreibt, sonst wird es eventuell sofort im Papierkorb landen. Es ist daher notwendig – eventuell durch telefonisches Nachfragen –, den Namen des zuständigen Mitarbeiters herauszufinden. Der Brief sollte dann mit der Formel: „Yours sincerely“ schließen.

Die Bezeichnung des Postens, für den man sich bewirbt, wird zwischen der Anrede und der ersten Zeile des Briefes eingefügt. Mit „enc.“ oder „encs.“ weist man auf die Anlagen hin. Denken Sie daran, dass in England – im Gegensatz zu Deutschland – den Bewerbungsunterlagen keine Arbeitszeugnisse und Referenzen beigefügt werden.

Ms Dana Skelley
91, Baskerville Road
London SW18 3RW
Telephone: 0171-1234 567
E-Mail:daskelley@hotmail.com

The Borough Engineer
London Borough of Hammersmith and Fulham
The Town Hall
87, King Street
London SW6

25th January 2003

Dear Mr Henderson

I write to enquire whether there are any vacancies for a Civil Engineer within the Council.

I have had a considerable amount of experience in municipal engineering at the Royal Borough of Kensington and Chelsea and at Wandsworth Borough Council where I have worked for the past four years on an „under agreement" training programme with the Institution of Civil Engineers. The training programme has enabled me to gain experience in project management both technically and financially in highway engineering, bridge engineering, sewer engineering and traffic management.

I have enclosed a copy of my curriculum vitae for your consideration and shall be grateful if you will contact me should any suitable vacancies arise.

Yours sincerely

Dana Skelley

3.4 Die spontane Bewerbung (Unsolicited Application)

Spontane Bewerbungen werden in Großbritannien „Cold Applications“ oder „Speculative Applications“ genannt. Da viele Stellen von Firmen gar nicht erst ausgeschrieben werden, sind solche Bewerbungen äußerst sinnvoll. Es empfiehlt sich, regelmäßig Zeitung zu lesen – natürlich die des Gastlands –, um sich ein Bild von dem potenziellen Personalbedarf bestimmter Branchen zu machen. Eine solche Initiativbewerbung könnten Sie mit folgenden Redewendungen eröffnen:

- „I have read that your company is ... “
- „I am writing to ask you if you have any vacancies“.
- „Your company is well known for ... “

Deutsch-englische Sprachbausteine für die verschiedenen Abschnitte des Anschreibens finden Sie im Kapitel 2 unseres Buchs.

Sie sollten vorab genügend Informationen über das entsprechende Unternehmen einholen und diese im Brief geschickt mit Ihren Qualifikationen verbinden. Danach verweisen Sie auf Ihren Lebenslauf sowie Ihre speziellen Kompetenzen und Vorzüge. Verzichten Sie bei der Beschreibung von Schulbildung und Berufserfahrung auf Abkürzungen, die im Ausland nicht bekannt sind, sondern schreiben Sie diese aus oder erklären Sie sie. Schließen Sie mit dem Hinweis, dass Sie jederzeit für Rückfragen zur Verfügung stünden und sich über einen Gesprächstermin freuten. Weisen Sie darauf hin, dass und wann Sie telefonisch zu erreichen sind.

Achtung!

Eine spontane Bewerbung sollte nicht länger als zwei Din-A4-Seiten sein. Hochschulabgänger, Personal des mittleren Managements (Managers) und Führungskräfte (Executives) sollten ihren Bewerbungen in England auf jeden Fall einen CV beifügen.

Kontaktadressen für spontane Bewerbungen

Die deutsche Auslandshandelskammer London kann Ihnen behilflich sein, wenn Sie Namen und Adressen deutscher Unternehmen in Großbritannien suchen:

- The German-British Chamber of Industry and Commerce
  16, Buckingham Gate
  London SW1E 6LB
  Telefon: (0044-20) 79764100
  Telefax: (0044-20) 79764101
  www.gernanbritishchamber.co.uk

Über die Arbeit der deutschen Auslandshandelskammer informiert auch das Kapitel 1.2.

Näheres über Unternehmen und die Namen der Führungskräfte englischer Firmen erfährt man in London bei:

- Companies House
  21, Bloomsbury Street
  PO Box 29019
  London WC1B 3XD
  Telefon: (0044-870)3333636
  www.companieshouse.gov.uk

Und noch ein Tipp!

Nutzen Sie persönliche Beziehungen! Fragen Sie, so oft Sie die Gelegenheit haben, Kollegen, frühere Arbeitgeber, Kunden sowie Freunde, ob diese von offenen Stellen oder von Firmengründungen in Ihrem Bereich gehört hätten. Man kommt auf diese Weise oftmals an interessante Insiderinformationen und Sie könnten diesen Firmen dann eine spontane Bewerbung sowie einen Lebenslauf schicken. Bringen Sie sich regelmäßig – beispielsweise durch Telefonanrufe – bei den Firmen in Erinnerung. Sie dürfen dabei aber auf keinen Fall aufdringlich wirken.

Jan Hermann
Bergstr. 123
47777 Duisburg
Germany
Phone: +49 (0) 203 1234
E-mail: j.her@yahoo.com

14 June 2006

Mr Simon Parker
Personnel Manager
ABC Publishing
134 London Road
Hastings
East Sussex TN11 2RS

Dear Mr. Parker

I am writing to you regarding any employment opportunities that ABC Publishing may have for an experienced Project Manager.

I am presently working as a project manager at Nordstern Insurance in Cologne, Germany. I completed my studies in Business Administration at the University of Trier in 2002. I am fluent in English and have practical experience in marketing, sales and accounting.

I consider myself to be energetic, highly motivated and a team-player. I would welcome the opportunity to contribute my skills to the success of your company.

Enclosed please find my résumé.

I will be in Hastings next month and look forward to contacting you to arrange an appointment to introduce myself.

Yours sincerely

Jan Hermann

Enc CV

3.5 Bewerbungsformulare (Application Forms)

In England sind vorgefertigte Bewerbungsformulare sehr verbreitet. Deshalb findet man in Zeitungsannoncen häufig den Hinweis: „Application and Job Description Form“ oder „Write for Application Form“.

Bewerbungsformulare (Application Forms) sind in der Regel zwei bis vier Seiten lang. Die Fragen betreffen Ausbildung, berufliche Erfahrungen, Karriereziele, aber auch Schwächen und Stärken des Bewerbers. Der Bewerbungsbogen enthält häufig folgende Abschnitte:

- Job applied for,
- Reference Number,
- Personal Details,
- Employment History,
- Education Record,
- Interests and Activities,
- Career Plans,
- Any further information you may care to give which may be relevant to your application.

Es wird erwartet, dass Sie alle Fragen beantworten. Vorsicht ist geboten bei „Tricky Questions“, z. B. nach dem Grund, warum man die letzte Stelle verlassen habe – oder nach Stärken und Schwächen der eigenen Person. Die Formulare müssen sorgfältig und vollständig ausgefüllt werden, üblicherweise werden sie mit der Hand geschrieben. Ein CV wird nur dann beigefügt, wenn dies ausdrücklich gefordert wird.

Das Formular lässt den größten Raum für die Antwort auf die Frage nach der letzten Stelle: Tätigkeiten, Verantwortungsbereiche, Gehalt sind die Themen. Die anderen Stellen werden in nichtchronologischer Reihenfolge aufgeführt.

Bei manchen Fragen wird Ihnen angeboten, auf einem Extrablatt zu antworten. Dies sollten Sie tun und die Gelegenheit nutzen, sich positiv darzustellen, z. B. bei der folgenden Aufforderung:

- „Give any other information which you consider will be helpful in support of your application ...“

Hier haben Sie die Gelegenheit, Ihre besonderen Qualifikationen und beruflichen Erfahrungen hervorzuheben und sie in Hinblick auf die in der Stellenanzeige genannten Anforderungen auszuführen.

Natürlich will Ihr künftiger Arbeitgeber wissen, inwiefern Ihre Einstellung ein Gewinn für die Firma wäre. Auch die ansprechende Beschreibung der eigenen Persönlichkeit spielt eine Rolle. Geschick im Umgang mit Kunden und ein ausgeprägtes Verantwortungsbewusstsein sind vom Arbeitgeber gern gesehene Eigenschaften.

Eventuell bittet man Sie um Namen und Adressen von einem oder zwei Referenzgebern.

Oft erscheint am Ende des Bewerbungsbogens ein Abschnitt mit dem Vermerk „Additional Information". Eingeleitet wird er z. B. durch folgende Aufforderungen:

- „Please give the reasons why you are applying for this post."
- „Please give the following information: any experience you may have which is related to this post."

Hier haben Sie wieder Gelegenheit, Ihre Qualitäten zu unterstreichen. In jedem Fall empfiehlt es sich, die Bögen in aller Ruhe auszufüllen und die Antworten erst einmal auf einer Kopie vorzuschreiben. Jedem Bewerbungsbogen wird normalerweise ein kleiner Brief beigefügt, in dem man beschreibt, für welche Stelle (Zeitungsannonce, Datum, Referenznummer) man sich bewirbt – beziehungsweise in dem man sich dafür bedankt, dass der Personalvermittler um die Zusendung eines ausgefüllten Bewerbungsbogens gebeten hat.

Job Application Form

Date of Application | Position applied for

Referred by | Date you are available

Full Name (Last, First)

Address: Building/Number/Street

City | State/ZIP

Home Telephone | Business Telephone

Are you a United States Citizen?

If not, do you have an alien registration card?

Education

	Name/ Address of School	Dates	Major	Degree/ Diploma
High School				
College/University				
Special Training				

Employment History

Name and Address of Employer	Dates Employed	Type of Work	Reason for Leaving

References

Name	Business/Organization	Address/Telephone

Relationship to you (Teacher, Supervisor, Friend, etc.)

Special Skills

(Foreign languages/knowledge of computers/sports/awards.)

Online CV Form

- *First Name*
- *Last Name*
- *Address*
- *City of Residence*
- *Country of Residence*
- *Telephone Number*
- *Email Address*
- *Current Job Title*
- *Level of Education*
- *Years of Experience*
- *Field of Expertise and Companies, Titles, Dates of Employment*
- *Title of Desired Job*
- *Skills for Desired Job*
- *Job Location Desired*

Paste Body of Resume/Paste Rich Text version

(Your text needs to fit in the box below from left to right, or it will exceed the web browser's display and may not format correctly.)

Submit my resume

3.6 Vorstellungsgespräche (Interviews)

Gesprächstypen

Man unterscheidet zwischen Einzel- und Gruppeninterviews. Die meisten Vorstellungsgespräche dauern eine halbe bis eine Stunde. Es gibt aber auch Interviews, die über einen ganzen Tag gehen: Dann ist meistens ein Gespräch mit dem Personalchef vorgesehen, ein Treffen mit dem Abteilungsleiter, Mittagessen und weitere Unterredungen mit Mitarbeitern. Rufen Sie vorher im Unternehmen an und fragen Sie, wie lange das geplante Vorstellungsgespräch voraussichtlich dauern wird und welche Positionen die Mitarbeiter inne haben, die Sie interviewen werden.

- Telefoninterviews

  Sie dienen im allgemeinen dem Zweck, ungeeignete Kandidaten rasch auszusieben. Sie sollten auch hier einen Termin vereinbaren, damit Sie sich vorbereiten und sich den Lebenslauf sowie eine Reihe intelligenter Fragen neben das Telefon legen können. Fassen Sie sich kurz, aber fragen Sie stets präzise nach und versuchen Sie, selbstbewusst zu klingen und Begeisterung für die Sache zu zeigen.

- Screening Interviews

  Durch Gespräche mit Mitarbeitern der Personalabteilung will man in einer ersten Runde feststellen, wer qualifiziert ist und die Gehaltsvorstellungen des Bewerbers abfragen. Nur wer diese Hürden nimmt, wird in die nächste Runde kommen.

- Computer Interviews (Computerized Assessment Tests)

  Fragen zur Person, zur Ausbildung, Berufserfahrung und zu speziellen Fähigkeiten werden per Multiple-Choice-Methode ermittelt. Auch Entscheidungsfragen kommen gehäuft vor. Die Vorteile für die Unternehmen sind: Zeitersparnis und bessere Vergleichbarkeit mehrerer Kandidaten dadurch, dass alle dieselben Fragen erhalten und keine – wie oft beim Interview – vergessen wird.

- Assessment Centres

  Auch in Großbritannien werden Assessment Centres im Bewerbungsverfahren eingesetzt. Sie haben das Ziel herauszufinden, wie sich die Kandidaten in der Praxis verhalten. Diesem Zweck dienen verschiedene Übungen:

- Group Exercises
- One-to-One Interviews
- Selection Tests
- Presentations
- In-Tray Exercises
- Role Plays

Hinweis!

Sie können durchaus vor einem Vorstellungsgespräch in der Firma anrufen und fragen, ob einer dieser Tests bei der Bewerbung verwendet werden wird oder nicht.

Allgemeine Tipps für Interviews

Vor jedem Vorstellungsgespräch sollten Sie Ihre Hausaufgaben machen. Dazu gehört:

- Ihre Fähigkeiten, Eigenschaften, Interessen und beruflichen Erfolge festzuhalten;
- sich über den Tätigkeitsbereich und die Firma eingehend zu informieren, denn im Interview will man wissen, ob Sie zu dem Job passen und was Sie dem Unternehmen zu bieten haben;
- eine überzeugende Begründung dafür zu liefern, warum Sie in England bzw. Irland arbeiten möchten;
- eine Liste geschickter und wichtiger Fragen vorzubereiten.

Drei Fragen werden in jedem Vorstellungsgesprächen unausgesprochen im Vordergrund stehen:

- Warum kommen Sie zu uns?
- Was können Sie für uns tun?
- Warum sollten wir gerade Sie nehmen?

Zeigen Sie vor allem Ihre positive Einstellung zum Unternehmen und Ihre ausgeprägte Motivation. Beschreiben Sie, mit welchen Ihrer Qualifikationen Sie der Firma besonders dienen könnten. Jeder Unternehmer hat das Ziel, Gewinn zu machen, und will wissen, was Sie dazu beitragen können. Zeigen Sie deshalb, wie sich Ihre Aktivitäten in der Vergangenheit bereits ausgezahlt haben. Dieses Potenzial ist für die neue Firma von besonderem Interesse. Bringen Sie in Ihren Antworten Zahlen, die diese Entwicklungen belegen, und konkrete Beispiele unter.

Auch Ihr Auftreten spielt eine große Rolle. Denken Sie daran: Der erste Eindruck zählt. Freundlichkeit, Selbstbewusstsein, Redegewandtheit, gepflegtes Äußeres (Neatness) – das alles gehört dazu.

Häufig weisen mehrere Bewerber gleich gute Qualifikationen auf. In solchen Fällen ist die Persönlichkeit des Einzelnen ausschlaggebend. Zum Erfolg tragen weiche Faktoren wie Begeisterungsfähigkeit, Verlässlichkeit, Engagement, Entscheidungsfähigkeit, Initiative und Anpassungsfähigkeit in hohem Maße bei. Diese Fähigkeiten muss Ihnen Ihr Gegenüber spätestens am Ende des Vorstellungsgesprächs zutrauen.

Begrüßen Sie Ihre Gesprächspartner mit einem festen Händedruck und behalten Sie stets Augenkontakt zu Ihrem Gegenüber. Sprechen Sie jeden mit Namen an. In England kommt man schneller zum Vornamen in der Anrede als in Deutschland. Trotzdem ist diese Gepflogenheit von unserem eher kumpelhaften Gebrauch des „Du" zu unterscheiden. Halten Sie also im Vorstellungsgespräch Distanz und reden Sie Ihr Gegenüber nie mit dem Vornamen an. Es sei denn, er bittet ausdrücklich darum. Titel werden übrigens in englischsprachigen Ländern häufig weggelassen.

Tipp!

Wenn Sie etwas nicht verstanden haben, fragen Sie einfach mit einem Lächeln nach, aber ohne sich dafür zu entschuldigen. Benutzen Sie Floskeln wie:

- *Do you mean that ... ?*
- *I didn't understand that. Could you explain it once more?*

Und stellen Sie möglichst viele offene Fragen mit Fragewörtern wie:

How ...? Why ...? In what ways ...?

Welche Utensilien Sie mitnehmen sollten

- Ihren Lebenslauf,
- einen Terminkalender,
- etwas zu schreiben,
- Visitenkarten,
- Aktentasche,
- Auflistung der Referenzen,
- Unternehmensinformationen,
- Liste mit eigenen Fragen,
- die vorangegangene Korrespondenz.

Unternehmensrecherchen zur Vorbereitung

Bevor Sie in ein Vorstellungsgespräch gehen, sollten Sie gut über das Unternehmen informiert sein. Dabei helfen:

- Recherchen in Bibliotheken,
- Lektüre der Firmenprospekte und Geschäftsberichte,
- Networking-Kontakte,
- Onlineinfos,
- Gespräche mit Angestellten vor Ort.

Je besser Sie informiert sind, desto eher werden Sie das Interesse des Gesprächspartners wecken können. Natürlich müssen Sie nicht die vollständige Firmengeschichte kennen, aber die wichtigsten Produkte und Firmenziele sollten Ihnen geläufig sein. Machen Sie sich also Stichpunkte:

- zur Produktpalette,
- zum Dienstleistungsangebot,
- zur Anzahl der Angestellten,
- zum Ruf der Firma,
- zur Konkurrenz,
- zur Unternehmensphilosophie,
- zum Einstellungsverfahren,
- zu den Geschäftsberichten,
- zu den Umsätzen,
- zu Aufgaben in der Zukunft und wichtigen Trends,
- zu aktuellen Presseberichten.

Mit Hilfe des Internets können Sie heute so schnell und einfach wie noch nie Informationen über Unternehmen einholen, um sich auf Ihre schriftliche oder mündliche Bewerbung vorzubereiten und wesentliche Details über die Firma zu erfahren. Firmengeschichte, Umsätze, Bilanzen, Presseartikel, Ansprechpartner – all diese Angaben helfen Ihnen weiter, den richtigen Eindruck zu hinterlassen. Nicht jede Homepage ist allerdings gleich gut aufgebaut und benutzerfreundlich strukturiert. Ein ausgezeichnetes Beispiel für eine Firmenseite ist etwa:

- Shell
  www.shell.com

  Diese Site enthält nicht nur Informationen über das Unternehmen, sondern auch detaillierte Angaben zum generellen Bewerbungsverfahren und zu den gewünschten Qualifikationen der Kandidaten in der Sparte „Jobs and Careers".

Eine hervorragende Informationsquelle für die Unternehmensrecherche sind natürlich auch Onlinezeitungen und Firmenlexika, die man immer auch noch einbeziehen sollte. Schauen Sie doch mal unter folgenden Sites nach:

- Financial Times
  http://news.ft.com/home/rw

  Mit „Business Life" halten Sie sich leicht über die neusten Entwicklungen auf dem Laufenden. Auch unter dem Stichwort „Companies" können Sie aktuelle Nachrichten über einzelne Firmen und Trends auf dem Arbeitsmarkt aufrufen.

- ThomWeb, Thomson Directories
  www.thomson-directories.co.uk

  Über Thomson finden Sie Informationen zu über zwei Millionen Firmen. Mit dem Business Finder können Sie für Sie relevante Daten aufrufen und nach dem Namen des Unternehmens, der Branche, der Stadt oder auch den verschiedenen Unternehmenskategorien auswählen. „Education", „Food" und „Health" gehören beispielsweise dazu.

- Hoover's Online United Kingdom
  www.hoovers.co.uk

  Hoovers Online United Kingdom ist eine besonders ergiebige Quelle für Unternehmensdaten. Hier sind weltweit über 65 000 Firmen erfasst. Zu den Unternehmen und Branchen können Sie Informationen unter „Research Industries and Companies" abrufen.

  Detailliertere Angaben („Profiles") stehen nur Abonnenten der Site gegen Gebühr zur Verfügung.

- YELL.COM
  http://yell.co.uk

  Das Businessverzeichnis der „*Yellow Pages*" darf natürlich in dieser Liste nicht fehlen. Sie können Ihre Suchbegriffe unter:

  - „I am looking for"
  - „Or a company called"
  - „Located in"

  eingeben. Beispielsweise ergab „Boots" in London ganze 60 Treffer. Sie können auch einen Stadtplan (Map) sowie eine Website dazu aufrufen.

Typische Interviewfragen

Im Folgenden finden Sie eine Reihe von Interviewfragen, auf die Sie sich vorbereiten sollten. Das allein genügt aber nicht. Der Arbeitgeber ist weniger an zurechtgelegten Antworten als vielmehr an konkreten Beispielen für Ihre Reaktionsschnelligkeit, die mehr über Ihre gute Ausbildung und weitreichende Arbeitserfahrung aussagt, interessiert. Bei allen Antworten sollten Sie auch darauf achten, dass nicht Ihre Person, sondern die Bedürfnisse der Firma im Mittelpunkt stehen. Nennen Sie nicht nur die Verantwortungsbereiche, in denen Sie tätig waren, sondern auch die Ergebnisse Ihrer bisherigen Arbeit in Zahlen. Nach dem Motto:

> „I have some experiences that relate closely to what you are doing. I would like to tell you about them ..."

Beschreiben Sie Ihre Leistungen möglichst lebendig, damit Ihr Gesprächspartner sich auch noch nach mehreren Gesprächen daran erinnert und sich vielleicht für Sie entscheiden kann.

Nützliche Vokabeln, die Sie in Ihren Antworten unterbringen sollten, sind: dependable, reliable, flexible, hard-working.

Fragen, wie die folgenden, sind häufig und können auch Ihnen gestellt werden. Überlegen Sie vorher, welche Antwort Sie geben könnten. Beispielsweise:

- Tell me (all) about yourself.
- What kind of person are you?
- How would your co-workers describe you?
- What were your favourite courses at school?
- Have you had any additional training since you left college?
- Why did you choose this field?
- Can you tell me why there are these gaps in your work history?

- What is your greatest weakness?
- How do you perform under pressure?
- How do you respond to criticism?

- What are your main strengths?
- What motivates you the most?
- What type of work do you like to do best?

- Why do you want to work for this company?
- How did you hear about the job opening?
- What do you know about this job or company?
- What salary did you have in mind?

- Have you ever done this kind of work before?
- Why should I hire you?
- What do you think you can bring to this company?
- Do you consider yourself a team player?
- Can you assume a leadership role?

- Where do you hope to be five years from now?
- How do you plan to achieve your goals?

- Tell me about a difficult situation where you took the initiative.
- Can you give an example of a problem you encountered in your previous job and how you solved it?
- What would you do about our problems if you were the president of our company?

- Are you willing to relocate?
- Are you willing to take risks?
- What level of responsibility do you feel comfortable with?

- What are your hobbies?
- Do you do any volunteer work?

Kritische Fragen

Arbeitgeber dürfen keinen Bewerber bezüglich Rasse, Alter, Geschlecht, Ehestand, Gesundheit oder Religion diskriminieren, deshalb dürfen nur Fragen gestellt werden, die sich auf die Stelle beziehen. Dennoch sollte man darauf vorbereitet sein, dass im Vorstellungsspräch auch oben genannte Aspekte zur Sprache kommen. Werden Sie also gefragt, ob Sie verheiratet sind und Kinder haben, so wäre beispielsweise eine mögliche Antwort, dass für Kinderbetreuung gesorgt ist und Sie der Firma voll zur Verfügung stehen. Es steht Ihnen zu, die Antwort zu verweigern, das wird aber ein sehr schlechtes Licht auf Sie werfen.

Fragen, die Sie selbst stellen können

Vor dem Gespräch sollten Sie sich überlegen, welche Fragen Sie selbst stellen wollen. Schließlich möchten Sie so viel wie möglich über die Besonderheiten und Bedingungen des Jobs herausfinden. Hier eine Auswahl möglicher Fragen:

- What is the history of the position?
- Why is the position open?
- How do you recruit your staff?

- What combination of skills or attributes is needed to be successful in the job?
- I would like to know about your products.
- What plans do you have for the next years?
- What are the responsibilities and budget accountabilities of the position?
- To whom will I be reporting?
- How many people will I be supervising?
- May I see the job description for this position?
- Could you describe your management style?
- What do you like about your company?
- How would you describe the overall work atmosphere?
- What are the employee benefits?
- Is there a training period?
- Can I talk to one or two people in the department?
- How can I contribute to your team?
- When will a decision be made about this position?
- Is there anything else you need to know about me?

TIPP!

Sie möchten gut vorbereitet in ein Job Interview gehen - und vorher trainieren, sich möglichst souverän auf Englisch zu präsentieren? Dann nutzen Sie die zahlreichen Kommentare und vor allem die englischen Musterantworten aus dem „Bewerbungshandbuch Englisch" (ebenfalls im ILT-Europa-Verlag erschienen. ISBN: 978-3-930627-11-0)

3.7 Gehaltsverhandlungen (Negotiations)

Gehaltsaspekte sollten Sie erst am Ende des Interviews diskutieren, wenn Sie sich sicher sind, dass Sie der Kandidat Nummer eins für die Firma sind und gern dort arbeiten möchten. Auf keinen Fall sollten Sie selbst auf das Thema „Gehalt" zu sprechen kommen. Es ist aber wichtig, vor dem Vorstellungsgespräch herauszufinden, ob die Firma in der Regel mit sich verhandeln lässt oder nicht – bzw. was sie durchschnittlich für bestimmte Positionen zu zahlen bereit ist. Um beurteilen zu können, ob der potenzielle Arbeitgeber Ihnen ein interessantes Angebot macht, sollten Sie sich also vorher unbedingt über die Durchschnittsgehälter in Ihrer Branche informiert haben. Auch in diesem Zusammenhang hilft das Internet weiter, beispielsweise unter:

- Totaljobs.com
  www.totaljobs.com

  Mit dem „Salary Checker" lassen sich branchenspezifische Durchschnittsgehälter abrufen, unter anderem für:

  - Accountancy,
  - Human Resources,
  - Catering and Hospitality,
  - Marketing,
  - IT,
  - Sales,
  - Secretarial,
  - Travel.

  Auf diese Weise findet man beispielsweise heraus, dass ein „Management Accountant" mit einem Gehalt von 32000 Pfund rechnen kann.

Wenn Sie nach Ihren Gehaltsvorstellungen gefragt werden, nennen Sie keine konkrete Summe. Betonen Sie als Erstes, wie sehr Sie die Arbeit interessiert: „This job/organization is exactly what I am looking for." Fügen Sie dann hinzu, dass Sie sich vorab informiert hätten. Erklären Sie, dass Sie herausgefunden hätten, dass Berufstätige mit Ihren Qualifikationen und Erfahrungen zwischen ... und ... Pfund verdienten. Nennen Sie möglichst nicht Ihr früheres bzw. derzeitiges Gehalt!

- „What is the range you have in mind?"
- „Tell me what you have in mind as a package ..."

Fragen Sie nach dem Einstiegsgehalt sowie nach der Entwicklung innerhalb von drei bis fünf Jahren. Oder bitten Sie während der Gehaltsverhandlungen bereits um einen Termin für ein zweites Gespräch, z. B. in sechs Monaten, in dem man über mögliche Beförderungen sprechen kann. Vergessen Sie nicht, auch nach verschiedenen Extras zu fragen: „Are there any benefits that I would receive in addition to the salary?" Diese könnten beispielsweise sein:

- Health Insurance,
- Life Insurance,
- Dental Insurance,
- Disability Insurance.

Following up

Vergessen Sie am Schluss des Vorstellungsgesprächs auf keinen Fall, sich für den Termin zu bedanken und fragen Sie, wann Sie mit der Entscheidung rechnen können: „When may I expect to hear from you?" Zeigen Sie noch einmal Ihr Interesse für die Firma und die Position:

- „I am genuinely interested in your organization."
- „I am very enthusiastic about pursuing this position."
- „I am looking forward to hearing from you because the job seems perfect to me."

Es kann sein, dass es zwei bis drei Vorstellungsgespräche gibt. Das erste Interview dient meistens der Vorsondierung. Ihr Ziel muss es also sein, zur zweiten Runde eingeladen zu werden. Lehnen Sie ein Angebot nie vor Beendigung der Vorstellungsgespräche ab, weil einige Ihrer Vorstellungen nicht erfüllt zu sein scheinen. Bitten Sie sich stets Bedenkzeit aus:

- „I would like to consider your offer and get back with you within three days"

und entscheiden Sie dann.

Schicken Sie ein bis zwei Tage danach ein Dankesschreiben. Bedanken Sie sich für den Termin, für gute Tipps, für die Zeit, die für Sie aufgewendet wurde. Schreiben Sie den Brief per Hand, am besten auf Papier mit Ihrem persönlichem Briefkopf. Die individuelle Anrede ist wichtig, achten Sie auf die richtige Namensschreibung. Mit einem solchen Schreiben bringen Sie sich dem Arbeitgeber noch einmal positiv in Erinnerung.

Sie können natürlich auch anrufen und fragen, wann die Entscheidung fällt:

- „When will the decision be made?"
- „I'm really very interested in the job. Can you tell me where you are in the hiring process and when I can expect a response from you?"
- „Can I call, if I don't hear from the company by Friday?"
- „I am calling to check on how far along in the interviewing process you are."

Es kann erfahrungsgemäß lange dauern, bis Sie eine Antwort erhalten: mit bis zu zwei Wochen nach dem Vorstellungsgespräch ist zu rechnen.

4 Schlüsselwörter zum britischen Bildungswesen

Die einzelnen Ausbildungsgänge, Schulbezeichnungen und Abschlüsse sind in allen EU-Ländern sehr unterschiedlich und nicht einfach zu vergleichen. Sie unterscheiden sich erheblich von denen, die man aus dem eigenen Schul-/Hochschulsystem kennt. Dieses Kapitel ist daher als Hilfestellung gedacht, um eine Vorstellung davon zu entwickeln, welche Schulform welcher in England entspricht. Das wird allen helfen:

- die eigene Ausbildung ins britischen System einzuordnen,
- bzw. umgekehrt die Abschlüsse britischer Bewerber richtig einzuschätzen.

Tipp!
Um die Bewertung der Zeugnisse bei internationalen Bewerbungen besser verständlich zu machen, sollten Arbeitssuchende ihre Zeugnisse übersetzen und beglaubigen lassen.

4.1 Schulen und Schulabschlüsse

In England besteht eine Schulpflicht von fünf bis 16 Jahren. Das Schulsystem ist in drei Phasen gegliedert:

- Primary Education (im Alter von fünf bis elf Jahren)
- Secondary Education (zwölf bis 16 Jahre)
- Tertiary Education (ab 16 Jahre)

Im Alter von 16 können die Schüler in England und Wales auf Sixth Form Colleges oder Tertiary Schools gehen, um dort – mit mindestens zwei A-Levels - die Hochschulreife zu erlangen. In Nordirland und einigen Regionen des Vereinigten Königreichs gibt es auch Grammar Schools und Secondary Modern Schools.

Auch an den Further Education Colleges können die Schüler nach Beendigung der Secondary Education weiterlernen: Entweder sie entscheiden sich dort für eine Vollzeit- oder Teilzeit-Berufsausbildung (Vocational Courses) oder sie arbeiten auf A-Levels hin. (Es gibt übrigens auffallend große Unterschiede zwischen England, Wales, Schottland und Nordirland, was das Schulwesen betrifft.)

- Primary Schools

  Damit bezeichnet man die Grundschulen.

- Secondary Schools

  Hier kann man am Ende der Sekundarstufe I den GCSE-Abschluss erwerben oder darauf aufbauend den A-Level-Abschluss (in der Sekundarstufe II, von 16 bis 18 Jahren).

- Comprehensive Schools

  Sie entsprechen den deutschen Gesamtschulen. Gymnasien (Grammar Schools genannt) gibt es nur noch in einigen Regionen des Vereinigten Königreichs.

- Public Schools (Independent Schools)

  Das sind Privatschulen, die von der Grundschule (Primary School) bis zu den A-Level Kursen führen können. Berühmte Public Schools sind beispielsweise Eaton und Harrow.

- Colleges of Further Education

  Dies sind Schulen, die auf der Sekundarstufe I aufbauen und zu berufsbezogenen Abschlüssen (General National Vocational Qualifications und Vocational A Levels) bzw. zur Hochschulreife führen. In diese Rubrik gehören folgende Schultypen:

  - Colleges of Further Education,
  - Colleges of Technology,
  - Colleges of Agriculture/Horticulture,
  - Sixth Form Colleges,
  - Tertiary Colleges.

- General Certificate of Secondary Education (GCSE)

  Entspricht dem Abschluss der Sekundarstufe I an deutschen Schulen. Die GCSEs sind Einzelfachprüfungen, etwa fünf davon würden der Mittleren Reife in Deutschland entsprechen.

- GCE Advanced Level (A-Level)

  Dieser Abschluss entspricht dem der deutschen Sekundarstufe II. Er wird nach zweijährigem A-Level-Kurs erworben. Briten erreichen ein Jahr eher als die Deutschen die Hochschulreife. Man braucht mindestens zwei, für einige Studiengänge drei A-Levels, um ein Universitätsstudium aufnehmen zu können.

- AS Level (Advanced Subsidiary Qualification)

  Eine zusätzliche Qualifikation zum A-Level. Sie entspricht einem halben A-Level. Damit sollen Schüler motiviert werden, mehr Fächer zu belegen als nur zwei bis drei A-Level-Kurse.

- (General) National Vocational Qualifications (G)NVQs)

  Abschlüsse in berufsbezogenen Ausbildungslehrgängen (z. B. in den Bereichen Touristik, Gesundheitswesen, Bau, Internet), die auf unterschiedlichen Niveaus (drei bis fünf) angeboten werden.

- Vocational A-Levels

  Dies sind im Prinzip GNVQs auf A-Level-Ebene. Die Abschlüsse werden von vielen Universitäten als Hochschulreife anerkannt.

4.2 Hochschulen und Hochschulabschlüsse

Zu den Hochschulen gehören zwei Arten von Einrichtungen:

- Universities
- Colleges of Higher Education.

Die Colleges of Higher Education bieten verstärkt Studiengänge an, die mit Berufsverbänden und Kammern vereinbart sind. Sie bereiten daneben aber auch auf akademische Abschlüsse, wie den „Bachelor“ vor.

Hinweis!

Kammern und Berufsverbände spielen bei der Festlegung der Curricula und Durchführung der Prüfungen eine bedeutende Rolle im britischen Hochschulwesen. In einigen Fällen genügt das Hochschulexamen alleine nicht, um in den Beruf einzusteigen, vielmehr müssen die Absolventen zusätzliche Kurse belegen und Prüfungen bei den entsprechenden Kammern ablegen. Dies trifft zum Beispiel auf Anwälte zu.

Das britische Hochschulsystem ist dadurch gekennzeichnet, dass es in zwei Bereiche gegliedert ist: „Undergraduate Studies“ bzw. „Graduate Studies“. Undergraduate Studies führen nach drei bis vier Jahren zu einem ersten Hochschulabschluss. Graduate Studies bereiten auf höhere Hochschulabschlüsse vor. Ein erster Universitätsabschluss ist der BA. Ein „Graduate“ ist jemand, der einen BA-Titel erworben hat. Beispiele für Hochschulabschlüsse:

- First Degrees (Erste akademische Grade)
  - Bachelor's Degree (BA),
  - BA (Bachelor of Arts),
  - BSc (Bachelor of Science),
  - Master's Degree in Schottland (MA),
  - Diploma of Higher Education (DipHE).
- Higher National Diplomas (HND)/Higher National Certificates (HNC)

  Diese berufsqualifizierende Abschlüsse stehen am Ende zweijähriger Kurse an Colleges of Further Education oder Universitäten.
- Higher Degrees (auf Postgraduierten-Niveau)
  - Master's Degree,
  - MA (Master of Arts),
  - MSc (Master of Science),
  - MPhil (Master of Philosophy).

  Beziehungsweise:
  - Postgraduate Diploma
  - Doctorate (Doctor of Philosophy: PhD oder DPhil). Den PhD kann man nach zirka drei Jahren Studium nach dem MA erwerben.

Die meisten britischen Studenten legen „First Degrees" ab und stehen damit dem Arbeitsmarkt sehr viel früher zur Verfügung, als die Hochschulabsolventen auf dem Kontinent.

- Honours

  Man unterscheidet zwischen „Honours" und „Ordinary". Das „Honours Degree" ist spezialisierter und hat einen höheren akademischen Wert. Die Ergebnisse der Honours Degrees lauten:
  - First Class,
  - Upper Second Class,
  - Lower Second Class,
  - Third Class,
  - Fail.
- Sandwich Courses

  Sie beinhalten einen Wechsel von Vollzeitstudium und Betriebspraktika. Diese spielen eine große Rolle im englischen Hochschulwesen: Die Studiengänge umfassen teilweise auch Terms of Practical Experience, zum Teil werden sie von Firmen gesponsert. Gerade in den Ingenieurwissenschaften und den Wirtschaftsstudiengängen, den Business Studies, ist das der Fall.

4.3 Informationsquellen für Studienaufenthalte

- Department for Education and Skills
  Public Enquiry Unit
  Sanctuary Buildings
  Great Smith Street
  London SW1P 3BT
  Telefon: (0044-8700) 002288
  www.dfes-uk.co.uk

- German Academic Exchange
  Service (DAAD)
  34 Belgrave Square
  London SW1 2QB
  Telefon: (0044-20) 72351736
  Telefax: (0044-20) 72359602
  www.daad.de/london

- Deutscher Akademischer Austauschdienst
  Kennedyallee 50
  53175 Bonn
  Telefon: (0228) 8820
  Telefax: (0228) 882444
  www.daad.de

- The National Academic Recognition Information Centre
  Ecctis Ltd.
  Oriel House
  Oriel Road
  Cheltenham GL50 1XP
  Telefon: (0044-870) 990 4088
  Telefax: (0044-870) 990 1560
  www.ecctis.co.uk

- British Council Germany
  Hackescher Markt 1
  10178 Berlin
  Telefon: (030) 3110990
  Telefax: (030) 31109920
  www.britishcouncil.de

- British Council
  10, Spring Gardens
  London SW1A 2BM
  Telefon: (0044-20) 79308466
  Telefax: (0044-20) 7389 6347
  www.britishcouncil.org

4.4 Internetadressen zum Thema „Bildungswesen"

- British Council
  www.britishcouncil.org

  In der Rubrik „Study in the UK" wird alles Wesentliche zum Thema „Studienaufenthalt im Vereinigten Königreich" anschaulich erklärt.

- UCAS
  www.ucas.co.uk

  UCAS steht für „Universities and Colleges Admissions Service". Unter dieser Adresse finden Sie eine Fülle von Links, Tipps für die Zulassung zu Universitäten und gesonderte Hinweise für ausländische Studienbewerber („International Students").

- Department for Education and Skills
  www.dfes.gov.uk/links.shtml

  Die Link-Liste des Erziehungsministeriums führt zu relevanten Adressen, wie:

  - British Council,
  - Department of Trade and Industry,
  - Joint Council for General Qualifications.

- Universities UK
  www.universitiesuk.ac.uk/members

  Diese Site bietet Ihnen eine Auflistung aller Universitiäten des Vereinigten Königreichs inklusive der Namen ihrer Rektoren.

- Prospects
  www.prospects.ac.uk

  Informiert über Studien- und Arbeitsmöglichkeiten ausländischer Interessenten, beispielsweise:

  - Why study in the UK?
  - Working in the UK
  - Understanding the UK Higher Education System.

5 Administratives

Das Vereinigte Königreich ist Mitglied der EU. Es umfasst England, Schottland, Wales und Nordirland. Arbeitssuchende aus Deutschland werden wie nationale Arbeitssuchende behandelt. Sie haben dieselben Rechte, was Einstellungs- und Arbeitsbedingungen, Bezahlung, Sozialversicherung und Fortbildung betrifft. Das Aufenthaltsrecht erstreckt sich auch auf Familienangehörige.

5.1 Aufenthaltsrecht

EU-Bürger können bis zu sechs Monaten im Vereinigten Königreich bleiben und dort nach Arbeit suchen. Sollten sie einen Job gefunden haben, können sie sich um eine Aufenthaltsgenehmigung bemühen, dies ist aber nicht obligatorisch.

Eine Aufenthaltsgenehmigung (Residence Permit) kann man beantragen, indem man ein entsprechendes Formular besorgt (beim Job Centre, Home Office oder der örtlichen Polizeidienststelle) und es mit zwei Passfotos und dem Pass an das Home Office schickt.

- The Home Office
  Immigration and Nationality Department
  Lunar House
  40, Wellesley Road
  GB-Croydon
  Surrey CR9 2BY
  Telefon: (0044-8706) 067766
  www.homeoffice.gov.uk

Eine Arbeitserlaubnis benötigen Sie in Großbritannien nicht, es sei denn Sie möchten auf der Isle of Man oder auf den Kanalinseln arbeiten. Informationen erhalten Sie dort über die im Folgenden genannten Stellen:

für die Isle of Man.

- Overseas Labour Section
  Employment Division
  Department of Trade and Industry
  Hamilton House
  Peel Road
  Douglas, Isle of Man IM1 1PJ
  Telefon: (0044-1624) 682390
  Telefax: (0044-1624) 682388

für Jersey.

- Customs and Immigration Service
  Maritime House
  La Route du Port Elisabeth
  St. Helier
  Jersey JE1 1JD
  Telefon: (0044-1534) 833833
  Telefax: (0044-1534) 833834
  www.immigration.gov.je

für alle anderen Kanalinseln.

- Chief Immigration Officer
  Immigration and Nationality Department
  White Rock
  New Jetty
  St. Peter Port
  Guernsey GY1 3WJ
  Telefon: (0044-1481) 741420
  Telefax: (0044-1481) 723442

5.2 Arbeitsrecht

Das Arbeitsrecht ist in Großbritannien weniger reglementiert als beispielsweise in Deutschland. Es gibt allerdings schriftliche Vereinbarungen zwischen Arbeitgebern und Arbeitnehmern, die so genannten „Statements", in denen die Rechte und Pflichten individuell festgelegt werden. Darauf haben alle Berufstätigen Anspruch, die mehr als acht Stunden pro Woche und länger als einen Monat arbeiten.

Es empfiehlt sich aber, insbesondere für die Managementebene, daneben auf einem schriftlichen Arbeitsvertrag zu bestehen. Dieser muss folgende Punkte enthalten:

Name des Arbeitgebers/ Arbeitnehmers	employer/employee
Beginn der Beschäftigung	date when employment begins
Arbeitsplatz	place of work
Titel der Tätigkeit	job title/description
Lohn	rate of pay
Arbeitszeit	hours of work
Urlaubsanspruch	holiday entitlement

Kündigungsfristen	length of notice to be given by employer/employee
Krankengeld	sickness/injury pay
Rentenpläne	pension schemes

Etwaige Änderungen müssen schriftlich festgelegt werden.

Zum Thema „Arbeitsrecht“ sind bei den Job Centres und Employment Services Materialien erhältlich, z. B. die DTI-Broschüre: „Written Statement of Employment Particulars“.

Sie können diese Informationen bei der folgenden Stelle erhalten:

- Department of Trade and Industry
  Response Centre
  1, Victoria Street
  London SW1H 0ET
  Telefon: (0044-20) 72155000
  Telefax: (0044-20) 72150105
  www.dti.gov.uk

Wie ein „Statement of Employment Particulars“ aussieht, können Sie sich auch auf der Website des DTI ansehen – und zwar in der Sparte „Employment Matters“. Im Internet finden Sie darüber hinaus beim DTI eine ganze Reihe von interessanten Factsheets zu den Themen:

- Working Time Regulations,
- National Minimum Wage,
- Part-Time Work,
- Employment Act,
- Equality.

Am besten schlagen Sie im „A-Z of Employment“ nach, um zu den verschiedenen Informationen zu gelangen.

Übrigens!

Nach dem Race Relations Act von 1976 und dem Sex Discrimination Act von 1975 ist eine Diskriminierung – auch am Arbeitsplatz – auf Grund des Geschlechts oder ethnischer Zugehörigkeit untersagt. Diese Tatsache ist im Zusammenhang mit Bewerbungsverfahren von ausländischen Bewerbern bedeutsam.

5.3 Sozialversicherung

Die EU hat zahlreiche Informationsschriften und Broschüren über die Sozialversicherung und medizinische Versorgung in der Gemeinschaft veröffentlicht. Diese sind bei den örtlichen Arbeitsämtern in Deutschland erhältlich. Wer in Großbritannien erwerbstätig ist, ist auch sozialversicherungspflichtig. Dazu gehört, dass man beim örtlichen Sozialamt eine Sozialversicherungsnummer (National Insurance Number) beantragt. Wer weniger als 75 Pfund pro Woche verdient, ist von den Beiträgen für die Sozialversicherung befreit. Die Arbeitnehmer zahlen generell 10 Prozent ihres Bruttoeinkommens. Der Beitrag wird direkt vom Gehalt abgebucht.

Generell wird empfohlen, dass Arbeitssuchende aus Deutschland von ihrer Sozialversicherung ein ausgefülltes E-301-Formular mitbringen und es dort der Behörde vorlegen. Aus der Sozialversicherung werden Geldleistungen bei Arbeitsunfähigkeit, Arbeitslosigkeit, Mutterschaft, Alter und Witwenschaft gewährt. Der Anspruch auf solche Leistungen ist in der Regel beitragsabhängig. Informationen erhalten Sie bei den lokalen Jobcenters und den Büros der Social Security. Die „Social Security" umfasst die Sozialversicherung und den staatlichen Gesundheitsdienst.

Der Staatliche Gesundheitsdienst (National Health Service, NHS) gewährleistet die ärztliche, zahnärztliche und augenärztliche Versorgung, die generell für Bürger des UK kostenlos ist. Auch Bürger eines anderen EU-Landes haben Anspruch auf die Leistungen des NHS (gemäß gegenseitigen Abkommen, Reciprocal Agreements). Im Gegensatz zu Deutschland wird im Vereinigten Königreich das staatliche Gesundheitssystem über Steuern finanziert.

Einzelheiten zur Versicherungsfragen innerhalb der EU erfährt man beim

- Department of Health
  Richmond House
  79, Whitehall
  London SW1A 2NS
  Telefon: (0044-20) 7210 4850
  www.dh.gov.uk

Auf der oben genannten Website können Sie sich zum Beispiel das Merkblatt für „Overseas Visitors" ansehen – und insbesondere den Artikel „Are you visiting the United Kingdom?" herunterladen.

- Department for Work and Pensions
  Correspondence Unit
  Room 112
  The Adelphi
  1-11, John Adam Street
  London WC2N 6HT
  Telefon: (0044-20) 7712 2171
  Telefax: (0044-20) 7712 2386
  www.dwp.gov.uk

Die Website des Arbeitsministeriums ist übersichtlich gegliedert. Insbesondere die Sparte „Services and Benefits“ ist für Arbeitsuchende interessant. Sie umfasst Aspekte wie:

- Working Age
- Pensions and Retirement
- Families and Children
- Applying for a National Insurance Number (NI)

Wer in zwei oder mehr Ländern der Europäischen Union arbeitet, kann seine Beiträge zur Rentenversicherung kombinieren. Auskünfte über die Altersversorgung erhält man schon in Deutschland bei folgenden Institutionen:

- Deutsche Rentenversicherung (ehemals BfA)
  10704 Berlin
  Telefon: (0800) 3331919
  Telefax: (030) 86527379
  www.deutsche-rentenversicherung-bund.de

- Bundesverwaltungsamt
  Eupener Str. 125
  50933 Köln
  Telefon: (01888) 3584999
  Telefax: (01888) 3584829
  www.bva.bund.de

Weitere interessante Internetadressen zum Rententhema sind:

- The Pension Service
  www.pensionguide.gov.uk

  Die Site wird vom Arbeitsministerium (Department for Work and Pensions) betrieben. Sie ist übersichtlich gegliedert in:

- I am planning ahead.
- I am approaching retirement.
- I am retired.
- State Pension Forecast.
- Useful Links (im „Resource Centre").

- Britische Botschaft in Deutschland
  www.britischebotschaft.de

  Das Merkblatt „Leben und Arbeiten im Vereinigten Königreich" enthält alles Wissenswerte mit weiterführenden Adressen und Links.

5.4 Steuern

Über Besonderheiten zum Thema „Steuern" können Sie sich in England bei den lokalen Finanzämtern erkundigen. Die Adressen findet man in den Yellow Pages.

Die zuständige Steuerbehörde in England ist HMRC:

- HM Revenue and Customs
  Centre for Non-Residents
  Benton Park View
  Newcastle upon Tyne NE98 1ZZ
  Telefon: 0044-191 2037010
  www.hmrc.gov.uk

Alles Wissenswerte zum Thema „Steuern im Vereinigten Königreich" können Sie schon in Deutschland in Erfahrung bringen: Sehen Sie sich auf der Site von HMRC die entsprechenden Sparten an:

- Self Assessment
- Tax Credits
- National Insurance
- Taxback

Auch Formulare und Merkblätter können Sie herunterladen.

Wer sich im Steuerjahr mehr als 183 Tage im Vereinigten Königreich aufhält, gilt als ortsansässig (Resident) und muss Steuern zahlen. Diese werden üblicherweise direkt vom Lohn abgebucht und an das Finanzamt abgeführt, nachdem die Arbeitnehmer eine Steuernummer erhalten haben (PAYE Code).

Es gibt in Großbritannien drei Steuertarife, nämlich von der Höhe des Einkommens abhängig:

- Starting Rate: 10%
- Basic Rate: 22%
- Higher Rate: 40%

Wenn Sie sich detailliert informieren wollen, können Sie die Onlinedienste der HMRC-Behörde nutzen oder lokale Finanzämter in Großbritannien kontaktieren.

An dieser Stelle muss natürlich auf die Doppelbesteuerungsabkommen hingewiesen werden, die es auch zwischen Großbritannien und Nordirland und Deutschland gibt. Demnach zahlen die deutschen Arbeitnehmer generell dort Steuern, wo sie Gehälter und Löhne verdienen, d. h. sie werden nicht doppelt belastet.

Hinweis!

Unser Team hat bis zur letzten Minute vor der Drucklegung recherchiert und all diejenigen Internetadressen ausgewählt, die uns empfehlenswert erschienen. Da es im Netz täglich neue Adressen bzw. ständig Adressänderungen gibt, kann dieses Buch unmöglich vollständig sein oder die aktuelle Situation widerspiegeln.

Damit wir aber Neuerungen möglichst zeitgleich berücksichtigen können, mailen Sie bitte dem Verlag, wenn Sie feststellen, dass sich Adressen oder Inhalte geändert haben und wenn Sie interessante neue Sites entdecken.

6 Nützliche Adressen für Arbeitsaufenthalte in Großbritannien

In Großbritannien

- Botschaft der Bundesrepublik Deutschland
  Embassy of the Federal Republic of Germany
  23, Belgrave Square
  London SW1X 8PZ
  Telefon: (0044-20) 7824 1300
  Telefax: (0044-20) 7824 1449
  www.london.diplo.de

- Generalkonsulat der Bundesrepublik Deutschland
  16, Eglinton Crescent
  Edinburgh EH12 5DG
  Telefon: (0044-131) 337 2 323
  Telefax: (0044-131) 346 1 578

- German Chamber of Industry and Commerce
  Mecklenburg House
  16, Buckingham Gate
  London SW1E 6LB
  Telefon: (0044-20) 7976 4100
  Telefax: (0044-20) 7976 4101
  www.germanbritishchamber.co.uk

- Schweizer Botschaft London
  Embassy of Switzerland
  16-18 Montagu Place
  London W1H 2BQ
  Telefon: (0044-20) 7616 6000
  Telefax: (0044-20) 7724 7001
  www.eda.admin.ch/london

- Swiss Business Hub UK
  c/o Embassy of Switzerland
  16-18 Montagu Place
  London W1H 2BQ
  Telefon: (0044-20) 7616 6000
  Telefax: (0044-20) 7724 7001

- Generalkonsulat Edinburgh
  Consulate General of Switzerland
  255 C Colinton Road
  Edinburgh EH14 1DW
  Scotland
  Telefon: (0044-131) 441 4044
  Telefax: (0044-131) 441 7238

- Österreichische Botschaft London
  Austrian Embassy London
  18, Belgrave Mews West
  London SW1X 8HU
  Telefon: (0044-20) 7344 3250
  Telefax: (0044-20) 7344 0292
  www.aussenministerium.at/london

- Kulturforum
  18, Belgrave Mews West
  c/o Österreichische Botschaft
  Telefon: (0044-20) 7344 3259
  Telefax: (0044-20) 7225 0470
  www.austria.org.uk/culture

- The British Council
  10, Spring Gardens
  London SW1A 2BN
  Telefon: (0044-20) 7930 8466
  Telefax: (0044-20) 7839 6347
  www.britishcouncil.org

- Department for Work and Pensions
  Correspondence Unit
  The Adelphi
  1–11 John Adam Street
  London WC2N 6HT
  Telefon: (0044-20) 7972 8000
  Telefax: (0044-20) 7962 8647
  www.dwp.gov.uk

- Department of Health
  Richmond House
  79 Whitehall
  London SW1A 2NS
  Telefon: (0044-20) 7210 4850
  www.dh.gov.uk

- Department of Trade and Industry
  Response Centre
  1 Victoria Street
  London SW1 0ET
  Telefon: (0044-20) 7215 5000
  Telefax: (0044-20) 7215 0105
  www.dti.gov.uk

- Department for Education and Skills
  Sanctuary Buildings
  Great Smith Street
  London SW1P 3BT
  Telefon: (0044-870) 001 2345
  (0044-870) 000 2288
  Telefax: (0044-19) 2879 4248
  www.dfes.gov.uk

- Recruitment and Employment Confederation (REC)
  15 Welbeck Street
  London W1G 9XT
  Telefon: (0044-20) 7009 2100
  Telefax: (0044-20) 935 4112
  www.rec.uk.com

In Deutschland

- Auswärtiges Amt
  Werderscher Markt 1
  10117 Berlin
  Telefon: (0188) 8170
  www.auswaertiges-amt.de

- Britische Botschaft
  Wilhelmstraße 70-71
  10117 Berlin
  Telefon: (030) 204570
  Telefax: (030) 20457 579
  www.britischebotschaft.de

- Bundesverwaltungsamt
  Informationsstelle für Auswanderer und Auslandstätige
  Eupener Str. 125
  50933 Köln
  Telefon: (0188) 8358 4999
  Telefax: (0188) 8358 4829
  www.bva.bund.de

- Deutscher Akademischer Austauschdienst (DAAD)
  Kennedyallee 50
  53175 Bonn
  Telefon: (0228) 882 0
  Telefax: (0228) 882 444
  www.daad.de

- Europäisches
  Berufsberatungszentrum
  Partnerland Großbritannien
  Arbeitsamt Bremen
  Doventorsteinweg 48-52
  28195 Bremen
  Telefon: (0421) 1782103
  Telefax: (0421) 1781564
  www.europaserviceba.de

- InWEnt
  Friedrich-Ebert-Allee 40
  53113 Bonn
  Telefon: (0228) 4460 0
  Telefax: (0228) 4460 1766
  www.inwent.org

- The British Council
  Information Centre
  Hackescher Markt 1
  10178 Berlin
  Telefon: (030) 01801451450
  Telefax: (030) 31109920
  www.britishcouncil.de

- Zentralstelle für
  Arbeitsvermittlung (ZAV)
  Villemombler Str. 76
  53123 Bonn
  Telefon: (0228) 713 0
  Telefax: (0228) 713 1188
  www.arbeitsagentur.de

Britische Generalkonsulate

- Generalkonsulat der
  Britischen Botschaft
  Wilhelmstr. 70-71
  10117 Berlin
  Telefon: (030) 20457 0
  Telefax: (030) 20457 579
  www.britischebotschaft.de/en/consular/berlin

- Generalkonsulat der
  Britischen Botschaft
  Bürkleinstraße 10
  80538 München
  Telefon: (089) 211090
  Telefax: (089) 21109166
  www.britischebotschaft.de/en/consular/munich/index.htm

- Generalkonsulat der
  Britischen Botschaft
  Yorckstraße 19
  40476 Düsseldorf
  Telefon: (0211) 94480
  Telefax: (0211) 486 329
  www.britischebotschaft.de/en/consular/duesseldorf

In der Schweiz und in Österreich

- Britische Botschaft
  British Embassy
  Thunstrasse 50
  3005 Bern
  Telefon: (0041-31) 3597700
  Telefax: (0041-31) 3597701
  www.britishembassy.ch

- Britische Botschaft
  British Embassy
  Jauresgasse 12
  1030 Wien
  Telefon: (0043-1) 716130
  Telefax: (0043-1) 716132999
  www.britishembassy.at

Bewerben und Arbeiten in Frankreich

F

1 Arbeitssuche in Frankreich

1.1 Der französische Arbeitsmarkt

Wie in Europa generell, sind auch in Frankreich bestimmte Berufssparten auf dem Arbeitsmarkt besonders gefragt. Dazu gehören: IT-Experten, Ingenieure, Bilanzbuchhalter und vor allem Arbeitnehmer aus der Dienstleistungsbranche (Hotel- und Gaststättengewerbe oder Gesundheitswesen). Auch mehrsprachige Sekretärinnen sind gefragt. Die bedeutendsten Wirtschaftsgebiete in Frankreich befinden sich in und um Paris, Lyon, Marseille/Aix-en-Provence und Lille. Dort sind die Chancen am größten und die meisten Unternehmen angesiedelt.

Ganz gleich aber, aus welcher Branche Sie kommen, Sie müssen in jedem Fall ausgezeichnete Französischkenntnisse mitbringen, wenn Sie sich Chancen auf einen Arbeitsplatz ausrechnen wollen. Verschüttete magere Schulkenntnisse genügen nicht und ein längerer Aufenthalt im Land ist beinahe unerlässlich.

Kompetente Aussagen über aktuelle Trends auf dem Arbeitsmarkt finden Sie im Internet unter:

- ANPE
  www.anpe.fr

  Dies ist die Seite der nationalen Arbeitsverwaltung. Hier können Sie zu einzelnen Regionen Frankreichs Arbeitsmarkttrends abrufen, beispielsweise für die Region Calais und erfahren, in welchen Bereichen welche Leute gesucht werden. „Les secteurs qui recrutent dans le Calaisis.“ Beachten Sie auch ANPE's Trendmesser für den Arbeitsmarkt auf dieser Site: „Le baromètre de l'emploi“, der die aktuellen Zahlen mit denen des Vorjahrs vergleicht.

1.2 Arbeitssuche von Deutschland aus

Zentralstelle für Arbeitsvermittlung

Arbeitssuchende, die sich für eine Auslandstätigkeit interessieren, können sich schon in Deutschland an die Zentralstelle für Arbeitsvermittlung wenden:

- Zentralstelle für Arbeitsvermittlung, ZAV
  Villemombler Straße 76
  53123 Bonn
  Telefon: (0228) 713 0
  Telefax: (0228) 713 1111
  www.arbeitsagentur.de

Die ZAV vermittelt folgende Berufsgruppen ins Ausland:

- beruflich qualifizierte Fach- und Führungskräfte, deutsche Führungskräfte an internationale Organisationen,
- jüngere Arbeitnehmer (zwischen 18 und 30 Jahren) für sprachliche und berufliche Fortbildungsmaßnahmen im Ausland (z. B. Krankenpfleger, Sekretärinnen, Speditionskaufleute, Hotel- und Gaststättenpersonal und Facharbeiter),
- Studenten und Abiturienten, die Ferienjobs in den Sparten Tourismus, Hotel- und Gaststättengewerbe etc. suchen.

Die ZAV trägt also dazu bei, dass dem deutschen und internationalen Arbeitsmarkt mit der Zeit immer mehr auslandsfähige und -erfahrene Mitarbeiter zur Verfügung stehen werden. Nachzulesen in der Informationsboschüre:

- „Jobs und Praktika im Ausland“

Die Zeitung „Markt und Chance“, die bei allen deutschen Arbeitsämtern ausliegt, führt ebenfalls ausländische Stellenanzeigen an.

Die Bundesanstalt für Arbeit hat übrigens eine „Infohotline Europa“ eingerichtet. Unter der Telefonnummer 0180-52222023 können Sie Ihre Fragen zum Thema „Lernen, Studieren, Arbeiten in Europa“ loswerden.

EURES

Schon von zu Hause aus können Sie sich bei den örtlichen Arbeitsämtern über Stellenangebote in Frankreich informieren, sofern diese im EURES-Netz inseriert werden. EURES, European Employment System, ist die Antwort der EU auf die Anforderungen des gemeinsamen europäischen Arbeitsmarkts. Die EURES-Zentren arbeiten in einem Datenverbund mit den nationalen Arbeitsämtern zusammen. Auch private Vermittlungsagenturen sind angeschlossen. Das Netz umfasst über 500 EURES-Berater, die europaweit über offene Stellen sowie die Lebens- und Arbeitsbedingungen im Gastland informieren. Die Internetadresse von EURES lautet: http://ec.europa.eu/eures/

Aktuelle Stellenangebote können Sie auf der Website unter „EURES Jobsearch" abrufen. Im Monat unserer Recherche gab es zahlreiche Jobofferten für Frankreich in der Datenbank, darunter:

2450 Jobangebote in der Sparte „Personalbezogene Dienstleistungsberufe",
114 Stellen im Bereich „Biowissenschaftler und Mediziner" und
365 Jobs für „Physiker, Mathematiker und Ingenieurwissenschaftler"

Über Möglichkeiten der Arbeitssuche in Frankreich berät in Deutschland:

- Europäisches Berufsberatungszentrum
  Arbeitsamt Rastatt
  Karlstraße 18
  76437 Rastatt
  Telefon: (07222) 93 0234
  Telefax: (07222) 93 0153

Die deutsch-französische Handelskammer

Die deutsch-französische Auslandshandelskammer ist eine viel versprechende Informationsquelle, wenn es um die Arbeitssuche in Frankreich geht. Zum einen erhalten Sie dort Einblick in das Mitgliederverzeichnis und erfahren, welche deutschen Unternehmen in Frankreich engagiert sind (Répertoire des entreprises allemandes en France). Zum anderen hilft die AHK auch bei der Vermittlung von Praktika weiter.

- La Chambre Franco-Allemande de Commerce et d'Industrie
  18, rue Balard
  75015 Paris
  Telefon: (0033-1) 40 58 35 35
  Telefax: (0033-1) 45 75 47 39
  www.francoallemand.com

Deutsch-Französisches Jugendwerk

Als weitere deutsche Einrichtung, die bei der Vorbereitung von Arbeitsaufenthalten in Frankreich hilft, ist folgende zu nennen:

- Deutsch-Französisches Jugendwerk
  Molkenmarkt 1
  10179 Berlin
  Telefon: (030) 2887 570
  Telefax: (030) 2887 57 88
  www.dfjw.org

Die Beschreibung der verschiedenen Programme des Deutsch-Französischen Jugendwerks finden Sie im Internet. Dort ist die Rubrik „Twens“ untergliedert in:

- Französisch lernen,
- in Frankreich arbeiten,
- Aus- und Fortbildung,
- Frankreich-Infos.

Beachten Sie die Austauschprogramme in der beruflichen und außerschulischen Bildung sowie die ausführliche Liste von Au-Pair-Organisationen in der Rubrik „In Frankreich arbeiten“. Die Informationen zum Thema „Praktikum in Frankreich“ sind ebenfalls lesenswert.

1.3 Arbeitssuche in Frankreich

In Frankreich hat die Agence Nationale pour l'Emploi, ANPE, die staatliche Arbeitsverwaltung, das Vermittlungsmonopol. ANPE ist mit seinen 730 Zweigstellen daher auch für ausländische Bewerber die wichtigste Kontaktadresse.

- Agence Nationale pour l'Emploi
  Le Galilée
  4, rue Galilée
  93198 Noisy-le-Grand, Cedex
  Telefon: (0033-1)49 31 74 00
  www.anpe.fr

Die Adressen der ANPE-Zweigstellen entnehmen Sie den Telefonbüchern oder dem Internet. Sobald Sie einen Wohnsitz in Frankreich gefunden haben, können Sie sich direkt an eines der lokalen ANPE-Büros wenden. Es empfiehlt sich, dort persönlich vorzusprechen. Gute Französischkenntnisse machen sich hier einmal mehr bezahlt. In Straßburg und Metz hat ANPE auch deutsch-französische Vermittlungsbüros eingerichtet.

Der größte Teil der Arbeitsvermittlungen durch ANPE betrifft Stellen für Arbeiter und Angestellte auf den unteren Ebenen. Unter „ANPE – Services

Spécialisés“ können Sie im Telefonbuch allerdings auch verschiedene Berufssparten finden, für die ANPE besondere Dienste anbietet:

- Ingénieurs et cadres
- Professions artistiques
- Hôtellerie etc.

Auf der Website von ANPE finden Sie neben Stellenangeboten Tipps für Bewerbungsmodalitäten und umfassende Details zum Arbeitsmarkt. Diese Informationen können Sie auch auf Englisch abrufen. Die Site bietet ebenfalls einen E-Mail-Service an und zwar unter „Recevoir les offres par e-mail“.

Trotz des staatlichen Vermittlungsmonopols gibt es auch in Frankreich private Vermittlungagenturen, Cabinets de recrutement, die im Auftrag von Firmen Personal suchen dürfen sowie andere Büros, die Leiharbeit vermitteln.

Hochschulabsolventen

Ähnlich wie in Deutschland spielt in Frankreich das Studienfach bei der Arbeitssuche eine große Rolle. Kunsthistoriker hätten demnach auch in Frankreich weniger Chancen, in Industrie und Handel Arbeit zu finden, als beispielsweise in England. Allerdings: Grundsätzlich gelten alle Abschlüsse der Grandes Écoles – unabhängig von der Studienrichtung – als gutes Sprungbrett für berufliche Karrieren. Viele französische Arbeitgeber ziehen die Absolventen der Grandes Écoles den Universitätsabsolventen aus Frankreich und dem Ausland vor. An den Grandes Écoles gibt es daher auch Arbeitsvermittlungsstellen, die exklusiv für Absolventen dieser Schulen tätig sind.

Die Universitäten veranstalten vielfach Personalmessen (Salons de recrutement) – ähnlich wie in Deutschland und Großbritannien. Die Namen und Termine solcher Rekrutierungsmessen finden Sie in der Zeitschrift „Les Echos SUP“, die an Kiosken erhältlich ist, sowie im Internet. Sowohl Studenten als auch Graduierte werden von den Universitäten bei der Arbeitssuche unterstützt, insbesondere ist man ihnen bei der Vermittlung von Praktika (Stages) behilflich.

Hochschulabsolventen sollten auch nicht versäumen, Stellenanzeigen in Zeitungen zu studieren und spontane Bewerbungen an die Unternehmen zu versenden, die für sie von Interesse sind.

Hinweis!

Akademiker müssen wissen, dass der Herbst der beste Zeitpunkt für eine Bewerbung ist, da dann die meisten Stellen besetzt werden.

Apec

Die Association pour l'Emploi des Cadres (APEC) ist eine nicht-staatliche Organisation, die Führungskräfte vermittelt, darunter insbesondere Ingenieure, Techniker und Manager.

- Association pour l'Emploi des Cadres
  51, boulevard Brune
  75014 Paris
  Telefon: (0033-1) 40 52 20 00
  www.apec.fr

Die APEC hat in Frankreich 46 regionale Filialen. Ausländische Akademiker, die schon in Frankreich beschäftigt sind oder vorhaben, dort zu arbeiten, können Mitglied werden. Die APEC informiert über den Arbeitsmarkt und berät sowohl Arbeit suchende Cadres (Führungspersonal), als auch Hochschulabsolventen vom Niveau BAC + 3 an aufwärts.

Die APEC sichtet Bewerbungen und trifft eine Vorauswahl für die Firmen, die sich an diese Agentur wenden. Sie hilft nicht nur Unternehmen bei der Suche von Personal und berät Führungskräfte bei der Karriereplanung, sie stellt darüber hinaus auch ausgezeichnete Untersuchungen zum Arbeitsmarkt – auch einzelner Regionen – zusammen.

Über die APEC kann auch eine Reihe sehr hilfreicher, informativer Zeitschriften, Broschüren, Dokumentationen und Bücher bezogen sowie eine Datenbank zu Stellenanzeigen abgerufen werden.

„*Le Courrier-Cadres*" ist im Abonnement erhältlich. Die Zeitschrift wendet sich jedoch ausschließlich an Führungskräfte. Jede Woche findet man dort rund 1 000 Anzeigen sowie entsprechende Hintergrundinformationen. Zu beziehen bei:

- APEC Editions
  B.P.91
  75662 Paris Cedex 14

Neben „*Le Courrier-Cadres*" sollten Sie für Stellen aus dem technischen Bereich auch Zeitschriften wie „*L'Usine Nouvelle*" oder „*Le Moniteur*" zu Rate ziehen.

Osiandersche Buchhandlung Konstanz GmbH
Kanzleistraße 5
78462 Konstanz
Steuernummer: 86115/96376 FA Tubingen
Telefon: 07531-2823780
Fax: 07531-2823792
Email: konstanz@osiander.de
Amtsgericht Stuttgart Handelsregister B 380491
Geschäftsführer: Christian, Heinrich und
Hermann-Arndt Riethmüller

Barzahlungsquittung
Konstanz Kasse 2
11.06.2008 16:12 Beleg: 134

Pos Artikel Art-Nr	Anz	E-Preis	MwSt	Betrag
1 Mod. Antiquariat 7% L WG930	1	4,00	1	4,00

Gesamtbetrag: 4,00

Enthaltene Mehrwertsteuer:

7,0% (1):	0,26
19,0% (2):	0,00
Netto-Warenwert:	3,74

Wir danken für Ihren Einkauf
www.osiander.de

Eine spezielle Abteilung von APEC ist die Association pour l'Emploi des Cadres, Ingénieurs, Techniciens de l'Agriculture et de l'Agroalimentaire (APECITA), die ausschließlich für die Zielgruppen der Ingenieure und Führungskräfte in der Landwirtschaft zuständig ist.

- APECITA
  1, rue du Cardinal Mercier
  75009 Paris
  Telefon: (0033-1) 44 53 20 20

Private Vermittlungsagenturen

Es gibt in Frankreich zahlreiche Vermittlungsbüros, so genannte „cabinets de recrutement" und „chasseurs de têtes". Entsprechende Adressen und Informationen bekommen Sie bei:

- Syndicat du Conseil en Recrutement (SYNTEC)
  3, rue Léon Bonnat
  75016 Paris
  Telefon: (0033-1) 44304990
  www.syntec-recrutement.org

sowie in diversen Nachschlagewerken.

Im Internet hilft Ihnen die Site Hobsons.fr weiter, wenn es um die Suche nach Vermittlungsagenturen geht. Eine Auflistung von rund 100 Adressen können Sie in der Rubrik „Les Top Recruteurs" nach den Kriterien „Niveau" und „Secteur" durchforsten:

- Hobsons.fr
  www.hobsons.fr

Die Personalberater suchen vor allem Arbeitnehmer aus dem mittleren und höheren Management sowie hoch spezialisierte Experten und geben in Zeitungen entsprechende Annoncen auf. Ihnen stehen aber auch Karteien zur Verfügung, in denen Adressen von Interessenten gesammelt sind, die sich mit spontanen Bewerbungen an diese Agenturen gewendet haben. Viele Büros spezialisieren sich auf bestimmte Berufssparten.

Wenn Sie sich im Internet einen Eindruck davon verschaffen wollen, was Personalvermittlungsagenturen zu bieten haben, sehen Sie sich folgende Sites an:

- Michael Page
  www.michaelpage.fr

- ABG Conseils
  www.abg.asso.fr

- IDG Conseils
  www.idgconseil.com

Zeitarbeit (Intérim)

Die Aktivitäten der privaten Vermittlungsagenturen sind in Frankreich nicht nur auf die Stellenvermittlung für leitende Angestellte und Führungskräfte beschränkt. Sie dürfen auch Zeitarbeit vermitteln. Auf diesem Gebiet gibt es viele Agenturen, deren Adressen Sie in den Branchenbüchern (pages jaunes) der Region finden, in der Sie arbeiten möchten.

Um von einer dieser Agenturen vermittelt zu werden, braucht man eine Sozialversicherungsnummer, die bei der lokalen Caisse d'Assurance Maladie ausgestellt wird. Zeitarbeit wird seit einiger Zeit in allen Branchen vermittelt, übrigens auch an leitende Angestellte, die für eine begrenzte Frist im Rahmen von Projekten arbeiten möchten.

Einige Interimagenturen in Frankreich:

- Manpower France
  www.manpower.fr

- Adecco
  www.adecco.fr

- Kelly Services
  www.kellyservices.fr

Zeitarbeit für junge Leute und Studenten vermittelt:

- Centre d'Information Jeunesse
  www.cidj.com

Tipp!

Versäumen Sie es bei Ihren Bewerbungen auf gar keinen Fall, Ihr Networking auszubauen. Versuchen Sie, hilfreiche Kontakte zu knüpfen, um sich bei französischen Unternehmen direkt bewerben zu können (vgl. Kapitel 3.4 Die spontane Bewerbung).

Auch Berufsverbände können Ihnen bei der Suche nach wichtigen Ansprechpartnern weiterhelfen. Eine sehr ergiebige Liste von Links zu Verbänden aller Art finden Sie im Internet bei Assofrance, „Le moteur de recherche des associations françaises". Sie können die Datenbank nach den Kriterien Kategorie, Region und Schlüsselwörtern durchsuchen.

- Assofrance
  www.assofrance.net

1.4 Stellenanzeigen

Stellenangebote können Sie bereits in deutschen Zeitungen finden: Die *„Frankfurter Allgemeine Zeitung" (FAZ), „Die Zeit", „Süddeutsche Zeitung", „Die Welt"* sowie *„Markt und Chance"*, das bei den Arbeitsämtern ausliegt, sind die wichtigsten Blätter. In Frankreich sind die folgenden Zeitungen und Zeitschriften für die Stellensuche attraktiv:

a) Nationale Tageszeitungen

- *„Les Echos"* www.lesechos.fr
- *„Le Figaro"* www.lefigaro.fr
- *„France-Soir"* www.francesoir.fr
- *„Libération"* www.liberation.fr
- *„Le Monde"* www.lemonde.fr
- *„La Tribune"* www.latribune.fr

Tag des Erscheinens

- Montag: *„Le Figaro", „France-Soir", „Le Parisien", „Libération"*
- Dienstag: *„Les Echos", „Le Monde Économie"*
- Mittwoch: *„Le Parisien", „Télérama", „Carrières et Emplois"*
- Donnerstag: *„L'Express", „L'Usine Nouvelle", „Le Moniteur du Commerce, International (MOCI)", „Le Nouvel Observateur"*
- Freitag: *„Libération", „Informatique Magazine"*

b) Regionale Tageszeitungen

Sie spielen eine besondere Rolle bei der Stellensuche, auch Angebote für das mittlere Management und für Führungskräfte in Unternehmen werden Sie hier finden. Oftmals fahren die Firmen zweigleisig und annoncieren in der lokalen und überregionalen Presse. Hier einige Beispiele für die größten regionalen Zeitungen:

- *„Voix du Nord“*
- *„Dernières Nouvelles d'Alsace“*
- *„Midi Libre“*
- *„Nice-Matin“*
- *„Sud-Ouest“*
- *„Ouest France“*

c) Wochen- und Monatszeitschriften

- *„L'Express“*
- *„Le Nouvel Observateur“*
- *„L'Expansion“*
- *„Le MOCI“*

d) Spezialpresse

Hier muss man unterschiedliche Ausrichtungen unterscheiden, wie beispielsweise:

- für Recht und Wirtschaft — *„Entreprise & Carrières“*,
- für technische Berufe — *„L'Usine Nouvelle“*,
- für Tourismus — *„L'Echo Touristique, Hôtellerie“*
- für Pharmazie — *„Le Moniteur de Pharmacies et des Laboratoires“*.

Weitere Zeitungen und Fachzeitschriften finden Sie im Presseverzeichnis:

- Annuaire de la Presse Francophone sur le Web
  www.annupresse.com

Stil und Layout der Stellenanzeigen

Die Annoncen sind normalerweise so groß, dass sie leicht wahrgenommen werden können und vom Layout her interessant gestaltet. Eine Position wird detailliert mit ihren Aufgabenfeldern beschrieben, die Firma und das Gehalt allerdings meist weniger ausführlich. Im Allgemeinen bezeichnen die Stellenanzeigen in Frankreich genau die Bildungsabschlüsse, und sogar die Institution, an der die Bewerber studiert haben sollten. Dies ist aber nicht wörtlich zu nehmen, vielmehr soll damit hauptsächlich das Niveau der Ausbildung beschrieben werden.
Ihnen wird sicher auffallen, dass viele Stellenanzeigen Abkürzungen für Schul- und Hochschulabschlüsse nennen. Wir haben schon davon gesprochen.

Hier zwei Beispiele:

- BAC + 2 = DEUG, nach zweijährigem Studium, z. B. BTS und DUT,
- BAC + 3 = Licence nach drei Universitätsjahren.

(Vgl. dazu Kapitel 4 des Frankreichteils. Den Schlüssel für die Auflösung sollten Sie nutzen, um Ihren eigenen Abschluss dazu in Bezug zu setzen.)

1.5 Arbeitssuche und Bewerbung per Internet

Das Internet bietet auch für die Arbeitssuche in Frankreich eine Fülle von Möglichkeiten. Sie können:

- Stellenangebote aus Online-Zeitungen oder Jobbörsen aufrufen,
- Kontakte zu potenziellen Arbeitgebern knüpfen,
- Ihr Networking ausbauen,
- nach Informationen über Unternehmen suchen,
- sich an Diskussionsforen beteiligen,
- Tipps für die Arbeitssuche und Bewerbung abrufen,
- sich direkt per Internet bewerben.

Wesentlicher Vorteil der Onlinestellensuche ist vor allem, dass Sie schon von Deutschland aus aktiv werden und eine Menge von Vorabinformationen abrufen können, wenn Sie anstreben, in Frankreich zu arbeiten. Das Internet arbeitet rund um die Uhr, sieben Tage in der Woche, d. h. Sie sind nicht an die Büro- und Arbeitsstunden Ihrer Ansprechpartner gebunden. Und: Sie erkennen sofort, wie aktuell ein Angebot ist. Zudem erreichen Sie per Internet nicht mehr nur Firmen aus der Hightechbranche, sondern finden Stellenanzeigen aus allen Bereichen. Hier gibt es ausgezeichnete Quellen für Ihre Recherche (meistens reicht schon die Homepage der Firma) und häufig können Sie sich direkt per E-Mail bei den Firmen bewerben.

Aber Vorsicht!

Auch wenn alles sehr leicht und schnell gehen kann, machen Sie nichts, ohne ausreichende Sorgfalt walten gelassen zu haben. Seien Sie genauso präzise bei der Formulierung Ihres Lebenslaufs, Kurzprofils und Begleitschreibens, das Sie online verschicken wie im klassischen Bewerbungsverfahren.

Es gibt in Frankreich mittlerweile mehr als 300 Onlinestellenmärkte. Wir haben einige Jobsites ausgewählt, die uns besonders gut gefallen, und diese für Sie kurz kommentiert. Sie können zwischen relativ großen allgemeinen Onlinejobbörsen oder kleineren branchen- und berufsspezifischen bzw. regionalen Jobsites wählen.

Allgemeine Jobsites

- ANPE
  www.anpe.fr

  Die Site der französischen Arbeitsverwaltung bietet alles, was das Bewerberherz begehrt, und zwar im „Espace candidats". Hier finden Sie:

  - Stellenangebote,
  - eine Liste von Unternehmen, die Mitarbeiter einstellen,
  - Tipps für die Arbeitssuche und
  - eine CV-Datenbank.

  Kriterien für die Stellensuche sind unter „tous les critères" die Stichwörter: Region, Qualifikation, Berufserfahrung, Art der Anstellung, gewünschte Gehaltsspanne sowie Schlüsselwörter (mots clés).

- Association Bernard Gregory
  www.abg.asso.fr

  „Offres d'Emploi pour Jeunes Docteurs en Sciences et en Sciences Humaines et Sociales" ist die Site überschrieben. Sie ist auf die Vermittlung junger promovierter Wissenschaftler spezialisiert. Hier finden Sie neben Stellenangeboten Informationen über die „Concours de Recrutement", Bewerbungsverfahren und Vorschläge für Dissertationsthemen. Denken Sie daran: Sie müssen sich registrieren lassen, um die CV-Datenbank nutzen zu können. Interessant ist die detaillierte Vermittlungsstatistik von ABG.

- APEC
  www.apec.asso.fr

  Die Site bezeichnet sich als „Le Site pour l'Emploi des Cadres". Schon auf der Homepage werden aufschlussreiche aktuelle Angebotszahlen genannt, am Tag unserer Recherche z. B.:

  - 2780 Offres jeunes diplômés
  - 12800 Offres cadres.

  Die Kriterien für die Suche in der Stellendatenbank sind vielfältig. Die Gliederung ist wie folgt aufgesplittet:

  - Funktion,
  - Bereich,
  - Region,
  - Berufserfahrung,
  - Gehaltsminimum und
  - Textrecherche.

  In der Sparte „Les tendances du marché" finden Sie aktuelle Informationen über den Arbeitsmarkt.

- Cadres Online
  www.cadresonline.com

  „L'Emploi des Cadres" ist das Motto der Site. Zu ihren Diensten gehören Stellenangebote, eine CV-Datenbank und Tipps für die Arbeitssuche (inklusive CV, Begleitschreiben und Besonderheiten für Vorstellungsgespräche). Mehr als 7.500 Stellenangebote aus 24 führenden französischen Zeitungen werden hier veröffentlicht. Ihre persönliche Jobsuche können Sie spezifizieren nach den Kriterien Funktion, Berufsfeld, Ort und Schlüsselwörter. Für Ihre Unternehmensrecherchen ist die Sparte „Les entreprises qui recrutent" hilfreich. Unter dem Stichwort „Le Coaching" finden Sie eine Fülle von Informationen rund um das Thema Arbeitssuche, beispielsweise über

  - Tests,
  - CV, Entretiens,
  - Salaire,

- Formation,
- Vos droits.

- CIDJ
  www.cidj.asso.fr

  CIDJ steht für „Centre d'Information et de Documentation Jeunesse". Die Site ist nicht nur ergiebig für junge Leute, die an einer französischen Universität studieren möchten, sondern auch für alle, die Praktika suchen oder in Frankreich jobben möchten. CIDJ und ANPE bieten beispielsweise Ferienjobs („Jobs d'été") an. Die Sparte „Venir en France" wendet sich speziell an ausländische Studenten. Auch die Informationen zum Thema Arbeitsrecht sind lesenswert: „Connaître ses droits et devoirs professionnels".

- Hobsons.fr
  www.hobsons.fr

  Hobsons.fr zählt zu den attraktivsten Websites, die wir im Rahmen der Recherche für das Frankreichkapitel unseres Buchs unter die Lupe genommen haben. Das Motto der Site ist „Choisir ses Études, Réussir sa Carrière".

  Sie können die Stellenangebote nach Branche, Region und Schlüsselwörtern durchforsten oder einen E-Mail-Service nutzen. Hilfreich für die Arbeitssuche in Frankreich sind darüber hinaus die Rubriken „Les Top Recruteurs" sowie „Les offres d'emploi en région". Aktuelle Trends auf dem französischen Arbeitsmarkt werden unter „L'Actualité" beschrieben. Tipps für die Erstellung der Bewerbungsunterlagen und die Vorbereitung auf Vorstellungsgespräche runden in der Sparte „Conseils Emploi" das Angebot der Site ab.

- EMail-Job
  www.emailjob.com

  Suchkriterien für die Stellendatenbank (Offres) sind:

  - Rubrik,
  - Region,
  - Schlüsselwörter (mot-clé).

  Die Site bietet auch einen E-Mail-Dienst „Mon Emailjob" an, mit dessen Hilfe Sie Ihr Profil eingeben und sich entsprechende Angebote schicken lassen können. Hilfreich für Ihre Arbeitsuche in Frankreich sind ebenfalls die Rubriken „Annuaire des Sociétés" und „Les entreprises qui recrutent".

- Emploi.com
  www.emploi.com

  Im „Espace candidat" findet man:

  - eine praktische CV-Datenbank,
  - Stellenangebote sowie
  - einen E-Mail-Service.

  Die Jobangebote lassen sich nach den Kriterien Jobtitel, Ort, Schlüsselwörter, Berufserfahrung und Art der Anstellung durchforsten.

- Keljob
  www.keljob.com

  Dies ist ein Jobroboter, „un moteur de recherche d'emploi". Er durchsucht gleichzeitig rund 1500 Sites und zirka 70000 Stellenangebote. Die Jobdatenbank können Sie nach folgenden Kriterien durchsuchen:

  - Region,
  - Unternehmen,
  - Art des Vertrags,
  - Berufsfeld und
  - Schlüsselwörter.

  Ein E-Mail-Service („Alerte Mail") übernimmt auch die Suche für Sie, nachdem Sie Ihr Berufsprofil eingegeben haben. Interessant ist auch die Sparte „Les entreprises qui recrutent".

- L'Etudiant
  www.letudiant.fr/emploi.html

  In Kooperation mit CadresOnline bietet L'Etudiant Jobs, Praktika und Informationen für Studenten und Hochschulabsolventen an. Die Stellensuche können Sie nach folgenden Kriterien eingrenzen:

  - Funktion,
  - Schulbildung,
  - Bereich,
  - Region und
  - Schlüsselwörter.

  Wenn Sie sich für Praktika interessieren, sollten Sie die Sparte „Stages – Mode d'emploi" beachten. Sie enthält nicht nur Tipps für die Praktikumssuche, sondern auch Informationen über seine Durchführung: Rechte und Pflichten von Praktikanten, die Bezahlung – alle relevanten Themen werden angesprochen.

Berufsbeschreibungen finden Sie in der Rubrik „Les métiers par secteur". Sollten Sie Fragen zum Studium in Frankreich haben, lesen Sie nach unter „Ètudes".

- Monster France
  www.monster.fr

  „Leader Mondial de l'Emploi sur Internet", heißt es auf der Homepage. Monster gehört nicht nur in den USA, sondern inzwischen auch in Europa zu den großen Jobsites. Für Frankreich gab es beispielsweise zum Zeitpunkt unserer Recherche 23 000 Stellenangebote, abzurufen nach den Kriterien:

  - Region,
  - Art der Anstellung,
  - Branche
  - und Eingabe von Schlüsselwörtern.

  Für die Stellensuche können Sie auch den E-Mail-Service nutzen: „My Monster". Die Sparte „Conseils Carrière" sollten Sie auf keinen Fall übersehen: Hier finden sich Tipps für die Arbeitssuche und Bewerbung en masse. Die Rubriken „Recherche d'emploi" und „Salaires et contrats" haben uns besonders gut gefallen.

- Stepstone France
  www.stepstone.fr

  Stepstone gehört zu den großen internationalen Onlinestellenmärkten. Die Jobangebote für Frankreich können Sie nach den folgenden Kriterien durchsuchen:

  - Kategorie,
  - Unternehmen,
  - Region und
  - Schlüsselwörter.

  Darüber hinaus stehen Ihnen eine CV-Datenbank und ein E-Mail-Service („MyStepstone") zur Verfügung. Auch die Artikel zum Thema „Arbeitssuche" möchten wir Ihnen ans Herz legen, z. B. zu den Aspekten CV, Arbeitsvertrag und Probezeit. Diese finden Sie unter „Conseils de Carrière".
  Wie bei den meisten Datenbanken von Lebensläufen gibt es auch bei Stepstone verschiedene Stufen der Anonymität: welche, das können Sie unter „Vie privée" nachlesen.

Tipp!

Sie wollen weitersuchen? Dann geben wir Ihnen noch zwei Adressen an die Hand, die es in sich haben:

- *Action-emploi*
  www.action-emploi.net

Die Site bezeichnet sich als „le portail de l'emploi et du monde du travail". Links führen zu Stellenangeboten von 170 Sites, davon 30 „niveau cadre".

- *Optioncarrière.com*
  www.optioncarriere.com

Hier können Sie mit einem Klick mehr als 250 Sites nach Jobangeboten durchforsten. Die Suche ist möglich nach den Kriterien „branche d'activité", „type de fonction", „free lance et consultants" sowie „stages".

Spezifische Jobsites

Auf Branchen oder einzelne Regionen spezialisierte Stellenmärkte sind zwar meist weniger umfangreich als die großen allgemeinen Jobsites, dafür aber oft sehr ergiebig. Im Folgenden führen wir einige Beispiele auf, die uns gut gefallen haben.

- Les villages emploi
  www.lve.fr

  „Le Premier Site Emploi 100 % Marketing & Commercial". Diese Site ist spezialisiert auf die Bereiche „Vente & Marketing" sowie „Technique et Ingénierie" und „Comptabilité". Sie können die Stellenangebote nach Jobtitel und Ort durchsuchen oder einen E-Mail-Service in Anspruch nehmen.

- Graphic Jobs
  www.graphic-jobs.com

  Die Site wendet sich gezielt an Arbeitssuchende aus den Bereichen Multimedia, Grafik, Design, Druckgewerbe und Marketing. Im Espace Candidat werden folgende Dienste angeboten:

  - Stellendatenbanken,
  - CV-Datenbank sowie ein
  - Forum de l'emploi.

In der Sparte „Fiches métiers“ finden Sie detaillierte Berufsbeschreibungen aus der Branche. „Actualité Grafique“ informiert über die Themen „Emploi“, „Salaires“, „Entreprises“ sowie „Technologie“.

- Lerucher
  www.lerucher.com

  Diese Site präsentiert sich als „Leader dans le Grand Sud“. Sie wendet sich insbesondere an Studenten, Hochschulabsoventen und Führungspersonal. Arbeitssuchende haben die Möglichkeit,

  - ihren Lebenslauf in die Datenbank einzugeben,
  - sich per E-Mail-Service Angebote schicken zu lassen,
  - virtuelle Messen zu besuchen, auf denen sich Unternehmen im Internet präsentieren,
  - und natürlich die Stellendatenbank zu durchsuchen (unter: „Consultez les offres“).

  Darüber hinaus können Sie in der Sparte „Carrière“ vielfältige Tipps für die Arbeitsuche abrufen, beispielsweise zu den Aspekten Einstellungstests und Jobmessen sowie Unternehmen ausfindig machen, die einstellen.

- Qualisteam
  http://fr.qualisteam.com

  „Le Portail de la Banque et de la Finance“, so bezeichnet sich diese Site. Die Sparte „Emploi“ hat viel zu bieten. Zum Beispiel:

  - Déposez votre CV,
  - Consultez les offres,
  - Optimisez votre CV.

  Neben den Stellenangeboten finden Sie aktuelle Nachrichten. Auch die Auflistung französischer Banken könnte für Arbeitssuchende von Interesse sein.

- Erecrut
  www.erecrut.com

  Die Site beschreibt sich als „Nummer Eins“ der Hightech-Jobsites. Ihre Schwerpunkte sind Vertrieb und Marketing. Die Stellenangebote können Sie nach den Kriterien Berufsfeld, Region und Art der Anstellung durchsuchen. Natürlich gibt es auch einen E-Mail-Service (agent d'alerte).

Regionale Jobsites

Wenn Sie schon genau wissen, in welcher Gegend Frankreichs Sie gerne arbeiten möchten, sollten Sie die regionalen Onlinestellenmärkte einer genauen Betrachtung unterziehen. Sie sind zwar kleiner, könnten aber dennoch das richtige Jobangebot für Sie enthalten.

Hier drei Sites als Beispiele:

- RegionsJob.com
  www.regionsjob.com

  „Les meilleures offres d'emploi dans votre région" ist das Motto der Site. Sie bietet Links zu anderen lokalen Onlinestellenmärkten:

  - NordJob,
  - OuestJob,
  - SudOuestJob,
  - EstJob,
  - RhôneAlpesJob.

- SudOuestJob
  www.sudouestjob.com

  Die Site bietet folgende Dienste:

  - Les entreprises qui recrutent,
  - Les offres d'emploi,
  - SudOuestjobAlert,
  - CVthèque.

  Die Stellenangebote können Sie nach den Kriterien Funktion, Qualifikation und Stadt durchforsten.

- Toulouse-Emploi.com
  www.toulouse-emploi.com

  „Véritable carrefour de l'emploi". Geben Sie einfach die Sparte ein, für die Sie sich interessieren, um die Stellendatenbank zu durchforsten. Mit „Choisissez votre rubrique" werden Sie dazu aufgefordert. Eine Site speziell für die Regionen Toulouse/Midi-Pyrénées.

Nützliche Seiten für die „Praktikumssuche"

Praktika spielen auch in Frankreich eine besondere Rolle, sie sind für die spätere berufliche Laufbahn sehr wichtig. Deshalb pflegen die französischen Universitäten auch häufig gute Beziehungen zu Unternehmen, die

Praktikumsplätze zur Verfügung stellen. Im allgemeinen Teil des Buchs (vgl. Kapitel 4) haben wir bereits auf Praktikumsvermittlungen hingewiesen, hier nun einige Internetadressen, die sich speziell den Praktika in Frankreich widmen.

- CIDU
  www.cidu.de

  Diese Site des Institut Francais Deutschland ist sehr hilfreich: Sie umfasst Informationen über die Praktikumssuche, die Bewerbung, die Finanzierung, rechtliche Aspekte und natürlich relevante Internetadressen, das alles ist zu finden unter „Leben“ und „Praktika“.

- L'Etudiant
  www.letudiant.fr

  Die Site enthält eine Reihe von Praktikumsangeboten, die nach den Kriterien Sektor, Funktion und Schlüsselwörter durchsucht werden kann, am Tage unserer Recherche waren es 950 „Offres de Stages“. Hilfreich ist auch die Sparte „Vos droits“.

- Kapstages
  www.kapstages.com

  Eine ergiebige Site: Am Tag unserer Recherche bot sie insgesamt 18000 Praktikumstellen an und enthielt 5600 Lebensläufe. Die Sparte „Étudiants" bietet zwei Vorgehensweisen an:

  - Trouvez un stage,
  - Découvrez les entreprises qui recrutent.

  Sie können alle Informationen übrigens auch auf Deutsch abrufen. Die Vorteile von Kapstages werden in dem Artikel „Dix bonnes raisons de choisir Kap'stages“ beschrieben.

- CIDJ
  www.cidj.com

  Besonders aufschlussreich ist die Rubrik „Trouver votre stage“. Sie vermittelt alle wichtigen Informationen: von der Suche eines Praktikums bis hin zu den üblichen Pflichten und Rechten eines Praktikanten sind die relevanten Besonderheiten behandelt.

- Deutsch-Französische Industrie- und Handelskammer
  www.francoallemand.com

  Auch die Deutsch-Französische Auslandshandelskammer vermittelt an französische Unternehmen und Institutionen deutsche Praktikanten. Informationen dazu auf dieser Website unter „Praktika-Angebote/Offres de stage".

Hinweis!

Weitere Adressen, die für die Praktikumsuche interessant sind, finden Sie im ersten Teil des Buchs. (vgl. Kapitel 4)

1.6 Praktikum an der Rezeption in einem 5-Sterne Hotel in Monaco

Ein Erfahrungsbericht von Stephanie Porbeck

Zu Beginn möchte ich erst einmal die Gründe ansprechen, warum ich ein Hotelpraktikum absolviert habe: Ich studiere seit Januar 2004 an der „Hotelschool The Hague" in den Niederlanden. Dort sind zwei Pflichtpraktika von je sechs Monaten vorgesehen. Um einen Praktikumsplatz zu finden, können die Studenten sich aus einer von der Schule zusammengestellten Liste bestimmte Hotels aussuchen, bei denen sie sich dann bewerben sollten. Zunächst musste ich mich entscheiden, wo ich überhaupt hin wollte. Meine Wahl fiel auf Südfrankreich, vorzugsweise das Languedoc oder die Provence.

Das erste Jobinterview mit einer Hotelkette lief recht gut, aber ich bekam nie eine Zu- oder Absage. Offensichtlich hatte die Hotelkette lediglich meine Schule informiert, aber niemals mich persönlich dass ich den Platz nicht bekomme – wie ich später erfuhr. Die Absage war ein Rückschlag, womit ich nicht gerechnet hatte: Ich fuhr für ein Wochenende nach Hause, um Abstand zu gewinnen, Freunde zu treffen und alles Mögliche andere zu tun, um bloß nicht an meine Auslandspläne denken zu müssen. Ausgerechnet an diesem Wochenende klingelte bei meinen Eltern das Telefon: Meine Mutter kam ins Zimmer, weckte mich und hielt mir mit dem Kommentar: „Da ist ein Anruf aus Frankreich", den Telefonhörer hin. Der Anrufer entpuppte sich als der Assistant Front Office Manager eines Hotels in Monte Carlo. So ging ich also komplett unvorbereitet in ein Telefoninterview mit meinem zukünftigen Praktikumshotel. Die Schule hatte wieder vergessen, mich darüber zu informieren, dass mein Lebenslauf auch an dieses Hotel geschickt worden war. Aber es klappte auch so und am nächsten Abend erhielt ich dann die Bestätigung, dass ich den Praktikumsplatz hatte.

Nun ging also die Vorbereitung los: Brauche ich ein Visum? Was muss ich alles mitnehmen? Bekomme ich das Essen vom Hotel oder muss ich es selbst bezahlen? Wo werde ich wohnen? Zur Klärung dieser und aller weiteren Fragen wurde mir eine Kontaktperson aus der Personalabteilung des Hotels zugewiesen und außerdem die Möglichkeit gegeben, mich an die Praktikumskoordinatorin aus der „Hotelschool The Hague" zu wenden.

Die Arbeit in Monaco war eine komplett neue Erfahrung, da ich zuvor nur in kleinen Dreisternehotels und höchstens zweiwöchige Praktika absolviert hatte. Die Sprache stellte keine Barriere dar, da ich ein bilinguales Abitur – Französisch und Deutsch – abgelegt hatte. Untergebracht war ich im Hotel selbst. Weil ich meine Ankunftszeit zuvor mit der Rezeption, an der ich auch arbeiten würde, abgesprochen hatte, wurde ich schon erwartet.

Bei meiner Ankunft meldete ich mich also dort und bekam meinen Zimmerschlüssel. Ich wurde sehr freundlich empfangen und das Wichtigste wurde mir kurz erklärt. Am nächsten Tag – ich hatte noch frei – wurde ich dann allen Mitarbeitern an der Rezeption vorgestellt und erhielt detaillierte Informationen über das Hotel, außerdem meine Uniform (nicht gerade modisch, aber praktisch) und meinen Arbeitsplan.

In den ersten Wochen musste ich mich zunächst mit dem Computerprogramm, den Hotelzimmern, dem Hotelbetrieb als Ganzem und den wichtigsten Leuten vertraut machen. Nach vier Wochen fand ich mich dann soweit allein im Hotel zurecht, dass ich schon die ankommenden Gäste auf ihre Zimmer begleiten durfte. Das Schwierigste daran war, sofort zu wissen, wo sich das jeweilige Zimmer genau befand, da das Hotel aus fünf Flügeln bestand, die nicht miteinander verbunden waren. Daher musste man neuen Gästen immer sehr genau den Weg erklären, nebenbei noch auf den SPA-Bereich, das Restaurant und die Bar hinweisen und die „Carte d'Or" erklären, mit der man in verschiedenen Restaurants die Ausgaben auf die Hauptrechnung schreiben lassen konnte. Jeder bekam ein Heftchen, in dem sich die Zimmerschlüssel in Form einer Magnetkarte sowie ein Hotelplan befanden, damit sich der Gast auch allein orientieren konnte.

Nachdem ich die ersten „Prüfungen" bestanden hatte und auch keiner der Gäste sich beschwerte, machte mir die Arbeit richtig Spaß: Ich kam mit einer Menge von Leuten in Kontakt, musste mit verschiedenen Sprachen jonglieren und immer wieder den vielen Italienern erklären, dass ich leider kein Italienisch spreche, obwohl ich schon sechs Wochen in Monaco sei. Italienisch ist dort nämlich wegen der Nähe zur Grenze schon fast als zweite Landessprache zu bezeichnen. Nach einiger Zeit durfte ich dann auch Gäste auschecken, ihnen also die Rechnung fertig machen und kassieren. Da ich keine eigene Kasse hatte und auch keine wollte, lief alles per Log-in und die Kasse eines Kollegen.

Mein normaler Arbeitsalltag bestand im Allgemeinen aus den bisher geschilderten Tätigkeiten. Ich musste zwar auch die Autorisationen für Kreditkarten einholen, allgemeine Büroarbeit, die selbstverständlich ist.

Ich hatte das Glück – oder das Pech – von Januar bis Juli 2005 in Monaco zu sein, in einer Zeit, in der dort sehr viel los war: Fürst Rainier lag in einer Klinik, die über einen Hintereingang mit dem Hotel verbunden war, was uns Polizeibewachung an allen Türen bescherte. Leider verstarb er kurze Zeit später, weshalb alle im Hotel dann auch für eine Woche Trauerflor trugen. In ganz Monaco herrschte aber nicht nur deshalb große Aufregung. Es fanden während meines Aufenthalts die Tennis Open, die Poker-Weltmeisterschaft, das Formel-1-Rennen und der Rosenball statt. Alles große Events, die die unterschiedlichsten Gäste ins Hotel führten. Die meisten von ihnen waren sehr nett, es gab aber auch sehr anspruchsvolle und komplizierte Gäste, die sich über alles Mögliche beschwerten.

Monaco ist auch bekannt für seine Casinos und da diese zur selben Kette wie mein Praktikumshotel gehörten, übernachteten einige der Casinobesucher auch bei uns. Sie waren eigentlich mit Abstand die unkompliziertesten Gäste. Die meisten kannten das Hotel schon sehr gut und waren sehr freundlich, oft wussten sie auch besser Bescheid als ich.

Am meisten Freude machten die Aufenthalte des AS Monaco. Vor jedem Heimspiel kam die ganze Mannschaft ins Hotel, inklusive Arzt und Trainer, und hat sich dort auf das Spiel am nächsten Tag vorbereitet. Morgens bereiteten wir die Schlüssel vor – alle Zimmer waren immer im selben Flügel – und legten sie an der Rezeption aus. Dort nahmen die Spieler sie sich dann weg und gingen selbständig hoch. Für uns Rezeptionisten bedeutete ihr Besuch also kaum Aufwand.

Stress herrschte ansonsten besonders dann im Hotel, wenn sehr große Gruppen ankamen oder abreisten. Und richtig anstrengend wurde es, als die „Hitch"-Promotiontour bei uns Halt machte: Will Smiths PR-Berater und Sicherheitsleute trafen schon einen halben Tag vorher bei uns ein und hielten alle auf Trab: „Wohin führt die Treppe?" „Wieso ist der Aufzug nicht auch von hier zugänglich?" „Kann das Zimmer anders aufgeteilt werden?"... Wir waren froh, als der ganze Spuk ein Ende hatte, wenn die Zeit auch sehr spannend war.

Von Prominenten sah man sonst aber erstaunlicherweise kaum etwas, es sei denn, man arbeitete gerade dort, wo sie auf dem Weg zu ihrem Zimmer vorbei mussten. Ich finde es auch richtig, dass alle Personen der Öffentlichkeit, die in ein Hotel kommen, ihre Privatsphäre haben und deshalb habe ich sie immer so selbstverständlich und normal behandelt wie alle anderen Gäste auch.

Nach einem halben Jahr Arbeit an der Rezeption war ich trotz der Erlebnisse auch froh, wieder meine Koffer zu packen und nach Hause fahren zu können. Die Erfahrung möchte ich zwar nicht missen und jeder, der hört, wo ich mein Praktikum gemacht habe, bekommt große Augen, aber für mich hat Monaco seither seinen Reiz ein bisschen verloren: Es ist ein winziges Fürstentum, man muss lange suchen, um etwas Grün zu finden und die Preise sind viel zu hoch für Normalsterbliche, weil die Monegassen alle sehr reich sind. Freizeitbeschäftigungen gibt es auch nicht viele: Die Museen, den Botanischen Garten und die Geschäfte kennt man schnell auswendig. Genauso wie den Stadtplan: Man kann Monaco innerhalb eines Tages einmal von rechts nach links und oben nach unten erwandern.

Als Tipp für diejenigen, die ein Praktikum in Monaco machen wollen, kann ich nur sagen, dass man auf jeden Fall gut Französisch und einigermaßen Italienisch sprechen können sollte. Und Englisch wird heutzutage sowieso vorausgesetzt, wenn man in einem Hotel arbeiten will.

Es ist einfach, ein Praktikum in Monaco zu bekommen, da dort fast nur mit Saisonkräften gearbeitet wird. Sucht man einen Job für längere Zeit, würde ich jedoch zu einem anderen Ort raten, da es im Fürstentum erlaubt ist, hintereinander drei bis fünf befristete Arbeitsverträge abzuschließen und dann erst muss entschieden werden, ob man jemanden übernimmt. Das trägt nicht gerade zum guten Arbeitsklima bei und viele sind sehr enttäuscht, wenn sie auch nach der dritten Verlängerung noch keinen festen Vertrag bekommen. Trotzdem ist Monaco ein Praktikum wert, denn die Erfahrungen, die man dort sammelt, sind sehr nützlich. Man lernt sehr viel über das Funktionieren eines international bedeutenden Hotels.

Auf dieses halbe Jahr zurückblickend muss ich sagen, dass es zwar eine schöne Zeit dort war, ich aber dennoch nicht zurückgehen möchte. Denn die Aufstiegschancen in dem Hotel, in dem ich war, sind sehr gering und man muss wohl lange an der Rezeption bzw. im Housekeeping arbeiten, bevor man befördert wird.

2 Deutsch - französische Formulierungshilfen

2.1 Bausteine für die schriftliche Bewerbung

Auf diesem Wege möchte ich mich um die Stelle als ... bewerben.	Par cette lettre, j'aimerais poser ma candidature au poste de ...
Ich habe Ihre Anzeige in ... gelesen und bewerbe mich um die Stelle als ...	J'ai lu votre annonce parue dans ... et je désire poser ma candidature pour l'emploi de ...
Ich antworte auf die o. a. Anzeige.	Je réponds à l'annonce citée en référence.
Ich beziehe mich auf Ihre Anzeige in ...	Je me réfère à votre annonce parue dans ...
Sie suchen einen neuen .../eine neue ...	Vous recherchez un nouveau .../ une nouvelle ...
Diese Stelle interessiert mich.	Cet emploi m'intéresse.
Ich bewerbe mich um die Stelle als ...	Je sollicite l'emploi en qualité de ...
Ich habe von Herrn XY gehört, dass Sie einen neuen Buchhalter suchen.	M. XY m'a appris que vous recherchiez un nouveau comptable.
Hiermit möchte ich anfragen, ob Sie eine freie Stelle für einen Schaufensterdekorateur haben.	Je vous écris pour savoir si vous auriez un emploi de libre pour un étalagiste.

Angaben zur Person

Ich bin am ... geboren.	Je suis né(e) le ...
Ich bin ... Jahre alt.	J'ai ... ans.
Ich bin ledig.	Je suis célibataire.
Ich bin verheiratet und habe zwei Kinder.	Je suis marié(e) et père/mère de deux enfants.

Schulbildung

Ich habe von 1977 bis 1987 die ... Schule besucht.	J'ai fréquenté l'école ... de 1977 à 1987.
Hauptschule	école secondaire élémentaire
Realschule	collège
Gymnasium	lycée/lycée technique
Gesamtschule	collège/lycée d'enseignement supérieur
Handelsschule	école de commerce
Berufsschule	école professionnelle/école d'apprentissage
1990 bestand ich das Abitur	En 1990, j'ai obtenu le baccalauréat.
Nach dem Abitur ...	Après le baccalauréat ...
Ich erwarb 1982 den Abschluss zu ...	En 1982, j'ai obtenu mon diplôme de ...
Als Zivildienstleistender arbeitete ich in einem städtischen Altenheim.	En tant qu'objecteur de conscience, j'ai fait mon service civil et j'ai travaillé dans une maison de retraite municipale.
Von ... bis ... absolvierte ich den Wehrdienst.	De ... à ... j'ai fait mon service militaire

Beruflicher Werdegang

Von 1990 bis 1992 machte ich eine Lehre bei ...	De 1990 à 1992, j'ai fait un apprentissage de ... chez ...
Ich absolvierte eine Lehre zum ...	J'ai obtenu le CAP de ...
Ich habe Wirtschaftswissenschaften an der Universität Hamburg studiert.	J'ai fait des études d'économie à l'université de Hambourg.
1990 erwarb ich das Diplom zum ...	En 1990, j'ai obtenu le diplôme de ...
Von 1973 bis 1982 arbeitete ich als ... bei ...	De 1973 à 1982, j'ai travaillé comme ... chez ... (en qualité de) ..

Ich habe an der VHS Französisch-Kurse besucht und das Zertifikat Wirtschaftsfranzösisch erworben.	J'ai suivi des cours de français à la „Volkshochschule"(école pour tous) et obtenu le certificat de français commercial.
Verkaufserfahrungen habe ich seit drei Jahren bei der derzeitigen Firma gesammelt.	J'ai acquis trois ans d'expérience dans le secteur des ventes au sein de l'entreprise où je travaille.
Während mehrerer Praktika im In- und Ausland konnte ich mir vielseitige Kenntnisse aneignen.	Lors de plusieurs stages en RFA et à l'étranger, j'ai pu acquérir des connaissances diversifiées.
Ich konnte mir auf diesem Gebiet wertvolle Kenntnisse aneignen.	J'ai pu acquérir dans ce domaine des connaissances précieuses.
Zurzeit bin ich als ... bei ... beschäftigt.	En ce moment je travaille en tant que ... chez ...
Ich bin augenblicklich Leiter der Marketingabteilung.	Actuellement, je dirige le service de marketing.
Es ist mir stets gelungen, die Mitarbeiter zu motivieren.	C'est avec succès que j'ai toujours su motiver mes collaborateurs.
In den letzten fünf Jahren war ich für ... verantwortlich.	Ces cinq dernières années, j'étais responsable de ...
Ich bin in ungekündigter Stellung bei ...	A présent, je travaille chez ...
Zu meinen Aufgaben gehört es, ...	Il est de mon ressort de ...

Veränderungsgründe

Ich möchte mich gerne verändern.	J'aspire à un changement de situation/J'aimerais changer de travail.
Ich suche eine Stelle mit mehr Verantwortung.	Je cherche un poste qui me permettrait de prendre plus de responsabilités.
Ich möchte Erfahrungen im Ausland sammeln.	J'aimerais acquérir de l'expérience à l'étranger.

Mein Mann wird in Frankreich arbeiten, deshalb suche auch ich dort eine interessante Tätigkeit.	Mon mari a trouvé une situation en France, c'est pourquoi à mon tour j'y cherche une activité intéressante.
Ich möchte mit einem Auslandspraktikum die Möglichkeiten nutzen, die das Lingua-Programm bietet.	A l'aide d'un stage à l'étranger, j'aimerais profiter des possibilités qu'offre le programme Lingua.
In meiner Firma gibt es in absehbarer Zeit für mich keine Aufstiegsmöglichkeiten.	Bientôt, dans mon entreprise il n'y aura plus aucune possibilité d'avancement pour moi.

Kurzlebenslauf

Ich füge einen Kurzlebenlauf bei.	Je vous joins un curriculum vitae.
Einen Überblick über meinen beruflichen Werdegang entnehmen Sie bitte dem beigefügten CV.	Le curriculum vitae ci-joint vous permettra d'obtenir un aperçu sur ma carrière professionnelle.
Aus dem beigefügten CV geht hervor, dass ich langjährige Erfahrungen mitbringe.	Je possède une longue expérience, comme vous le montre mon curriculum vitae ci-joint.
Informationen über meine Qualifikation entnehmen Sie bitte den beigefügten Unterlagen.	Dans les pièces ci-jointes, vous trouverez des informations supplémentaires sur mes qualifications.
Den chronologischen Ablauf meiner Ausbildung entnehmen Sie den beigefügten Unterlagen.	Les pièces ci-jointes vous donneront le déroulement chronologique de ma formation.

Anlagen

In der Anlage übersende ich Ihnen ...	Comme document(s) supplémentaire(s) je vous envoie ...
Ich füge ... bei:	Veuillez trouver ci-joint:
– einen tabellarischen Lebenslauf	– un curriculum vitae
– beglaubigte Kopien des Abiturzeugnisses und des Diplomzeugnisses	– les copies certifiées de mon baccalauréat et de mes diplômes

Schlussfloskeln

Ich würde gerne zu einem Vorstellungsgespräch kommen.	Je vous serais reconnaissant(e) de m'accorder un entretien.
Ich stehe Ihnen gerne zu einem Vorstellungsgespräch zur Verfügung.	Je suis évidemment à votre entière disposition pour un entretien éventuel.
Über Ihre Einladung zu einem Vorstellungsgespräch würde ich mich sehr freuen.	Cela me ferait grand plaisir de recevoir de votre part une invitation à un entretien.
Ich sehe Ihrer Antwort mit Interesse entgegen.	C'est avec un grand intérêt que je me réjouirais de recevoir une réponse.
Über eine positive Antwort würde ich mich sehr freuen.	Je serais très heureux/(se) de recevoir une réponse positive de votre part.
Bitte geben Sie mir Gelegenheit zu einer persönlichen Vorstellung.	Ce serait très gentil de votre part de bien vouloir me permettre de me présenter.
Ich würde mich sehr freuen, wenn ich in Ihrem Unternehmen ein Praktikum absolvieren könnte.	Je serais très heureux/se si vous me permettiez de faire un stage dans votre entreprise.
Der frühestmögliche Einstellungstermin ist der ...	Je pourrais commencer au plus tôt le ...
Es würde mich freuen, mit Ihnen alle weiteren Fragen persönlich erörtern zu können.	Je serais très heureux/se de pouvoir compléter ces informations de vive voix.
Ich könnte mich schnell einarbeiten.	Je pourrais me mettre au courant rapidement.
Ich glaube, gut in Ihr Team zu passen.	Je pense convenir à votre équipe.
Mit freundlichen Grüßen	Je vous prie d'agréer, Monsieur le Directeur, ma considération distinguée. Je vous prie d'agréer, Madame, Messieurs/Mesdames, l'expression de mes sentiments distingués.

2.2 Vorstellungsgespräche meistern

Was Sie während eines Vorstellungsgesprächs wahrscheinlich gefragt werden, ist in Folgendem zusammengestellt.

Warum haben Sie ... studiert?	Pourquoi avez-vous fait des études de ...?
Wie viel Berufserfahrung bringen Sie mit?	Quelles ont été jusqu'à présent vos activités professionnelles?
Könnten Sie uns Ihren bisherigen beruflichen Werdegang kurz beschreiben?	Pourriez-vous nous faire un bref résumé de vos activités professionnelles jusqu'à ce jour?
Welchen Posten haben Sie in der derzeitigen Firma?	Quel poste occupez-vous actuellement?
Mit welchen Unternehmen arbeiten Sie zusammen?	Avec quelles entreprises travaillez-vous?
Welches Gebiet interessiert Sie am meisten?	A quel secteur vous intéressez-vous le plus?
Warum möchten Sie sich verändern?	Pourquoi aspirez-vous à un changement?
Ist Ihre Familie mit dem Umzug einverstanden?	Est-ce que votre famille est prête à déménager?
Ist Ihre Frau berufstätig?	Est-ce que votre femme travaille?
Wie alt sind Ihre Kinder?	Quel âge ont vos enfants?
Wie viele Mitarbeiter hat Ihre jetzige Abteilung?	Quel est le nombre d'employés dans votre service actuel?
Welche Aufgaben, meinen Sie, kommen in unserer Firma auf Sie zu?	Comment envisagez-vous votre travail dans notre entreprise?
Warum interessieren Sie sich gerade für unser Unternehmen?	Pourquoi vous intéressez-vous spécialement à notre entreprise?
Wie sind Sie auf uns gekommen?	Qu'est-ce qui vous a poussé à vous adresser à nous?
Wie stellen Sie sich Ihre Arbeit vor?	Comment envisagez-vous votre travail? / Quelle idée vous faites-vous de votre futur travail?

Kommen Sie auf eine Anzeige in der Zeitung hin?	Venez-vous à la suite de l'annonce parue dans le journal?
Sind Sie vom Arbeitsamt an uns verwiesen worden?	Est-ce que c'est l'agence de l'emploi qui vous envoie?
Welche Gehaltsvorstellungen haben Sie?	A quel salaire pensez-vous ?
Was sind Ihre Stärken/Schwächen?	Quel est votre point fort/faible?
Verfügen Sie über ein Auto?	Avez-vous une voiture?
Treiben Sie Sport?	Vous faites du sport?
Waren Sie in der Schulzeit jemals Klassensprecher?	Pendant votre scolarité, avez-vous été chef de classe?
Sind Sie gern zur Schule gegangen?	Est-ce que vous avez aimé aller à l'école?
Haben Sie in den Semesterferien gearbeitet?	Est-ce que vous avez travaillé pendant vos vacances universitaires/ scolaires?
Haben Sie einen Führerschein?	Est-ce que vous avez le permis de conduire?

Die beiden folgenden Fragen sind in Frankreich nicht gestattet und müssen daher nicht beantwortet werden. Allerdings: Überlegen Sie, welche Schlüsse Ihr Gegenüber möglicherweise aus Ihrem Schweigen ziehen könnte.

Sind Sie schwanger?	Est-ce que vous êtes enceinte?/ Attendez-vous un enfant?
Leben Sie mit einem Partner zusammen?	Vivez-vous avec quelqu'un?

Mögliche Fragen des Bewerbers/der Bewerberin

Warum ist die Stelle frei geworden?	Pourquoi est-ce que ce poste est vacant?
Wie sieht das künftige Aufgabengebiet aus?	Pouvez-vous me parler du domaine qui sera de mon ressort?

Welche Schwerpunkte hat der Bereich?	Quels sont les domaines importants de ce service?
Welche Verantwortung ist mit der Stelle verbunden?	Quelles responsabilités sont-elles liées à ce poste?
Welche Aufstiegschancen bietet diese Position?	Est-ce que ce poste a des chances d'avancement?
Welche Weiterbildungsmöglichkeiten gibt es in Ihrer Firma?	Quelles possibilités de formation professionnelle votre entreprise offre-t-elle?
Haben Sie Niederlassungen im Ausland?	Avez-vous des filiales à l'étranger?
Wie ist die Arbeitszeit geregelt?	De quelle façon le temps de travail est-il réglé?
Gibt es gleitende Arbeitszeit?	Avez-vous un horaire variable?
Ist der Arbeitsplatz mit öffentlichen Verkehrsmitteln zu erreichen?	Est-il possible d'utiliser les transports en commun pour aller au travail?
Gibt es eine feste Mittagspause?	Y a-t-il une pause fixe à midi?
Haben Sie eine Werkskantine?	Avez-vous une cantine?
Wären Sie so freundlich, mit mir eine Werksführung zu machen?	Auriez-vous l'amabilité de bien vouloir me laisser faire le tour de l'entreprise?
Welche betrieblichen Sozialleistungen gibt es:	Quels avantages sociaux votre entreprise offre-t-elle:
- Essenzuschläge, *- Altersversorgung,* *- Zusatzversicherung,* *- Fahrtkostenzuschläge?*	- Chèques-repas, - Assurance vieillesse, - Assurance complémentaire, - Prime de trajet?
Wie ist die Urlaubsfrage geregelt?	Comment la question des vacances est-elle réglée?
Wie lange dauert die Probezeit?	Combien de temps dure la période à l'essai?
Könnte ich einen Tag Bedenkzeit erhalten?	Pourriez-vous m'accorder une journée de réflexion?

Haben Sie noch irgendwelche Fragen an mich?	Avez-vous encore d'autres questions à me poser?
Bis wann kann ich mit einer Antwort rechnen?	Quand puis-je escompter une réponse?
Ich danke Ihnen für das Gespräch.	Je vous remercie de cet entretien.
Ich würde sehr gern in Ihrem Unternehmen arbeiten.	Je serais très heureux/se de pouvoir travailler dans votre entreprise.

3 Bewerbungspraktiken

3.1 Der französische Lebenslauf (Curriculum Vitae)

Auch in Frankreich gibt es nicht den Standardlebenslauf, also müssen Sie Ihren persönlichen CV selbst zusammenstellen und gestalten. Jeder Personalleiter wird es zu schätzen wissen, wenn Ihr Lebenslauf trotz einiger zugrunde liegender Regeln einen persönlichen Stil aufweist.

In Frankreich selbst werden Sie die Berater von ANPE und APEC beim Abfassen des Lebenslaufs unterstützen können.

Der französische Lebenslauf fällt kurz und bündig aus (niemals mehr als zwei Seiten lang). Er nimmt vor allem Bezug auf die in der Stellenanzeige genannten Kompetenzen und Qualifikationen. Wichtiges wird unterstrichen oder durch Großbuchstaben hervorgehoben, um sofort die Aufmerksamkeit darauf zu lenken. Die einzelnen Unterabschnitte sind deutlich voneinander getrennt. Der Lebenslauf wird mit PC geschrieben, aber meist ist ein handgeschriebener Begleitbrief beigefügt. Übrigens: In Frankreich spielen graphologische Gutachten eine wesentlich größere Rolle als in Deutschland.

Oben links auf dem Bogen werden Name, Adresse sowie die Telefonnummer des Bewerbers angegeben. Bitte beachten Sie, dass niemals der Begriff „Curriculum Vitae“ darüber stehen sollte.

Das übliche Format des Papiers ist A4.

Man unterscheidet in Frankreich zwischen zwei Arten von Lebensläufen:

- dem CV antichronologique und
- dem CV thématique, d. h. dem funktionalen Lebenslauf, der Arbeitsschwerpunkte in den Mittelpunkt stellt.

Im Allgemeinen enthält der französische tabellarische Lebenslauf die Rubriken, die unten aufgelistet sind.

Fiche d'identité (Angaben zur Person)

Der Vorname wird als erstes aufgeführt, dann folgt der Nachname, der in Großbuchstaben geschrieben wird. Mit der Telefonnummer sollten Sie die Zeiten nennen, zu denen Sie am besten zu erreichen sind. Vergessen Sie nicht, die deutsche Vorwahl anzugeben (0049) und nennen Sie auch Ihre E-Mail-Adresse, wenn Sie eine haben.

Üblicherweise werden Alter, Familienstand, Kinderzahl folgendermaßen zusammengefasst:

- 28, marié/e, un enfant (trois ans).

Das Alter kann auch am Ende des Lebenslaufs unter dem Punkt „Divers" angegeben werden, vor allem, wenn man älter ist.

Schlüsselqualifikationen

Die Angaben dazu sind fakultativ. Sie stehen in einem papiernen Lebenslauf üblicherweise in einem Rahmen in der Mitte der Seite, direkt unter der Adresse. Damit sollten besondere Qualitäten des Bewerbers hervorgehoben werden, z. B.

BTS Secrétaire trilingue	Directeur Financier 5 ans d'expérience

Formation (Ausbildung)

Dieser Abschnitt sollte folgende Daten enthalten:

- Schulbildung mit Angabe des Abschlusses und des Abschlussjahres, z. B.
  - 1984 Abitur (Baccalauréat), Lycée de Kiel (R.F.A.).

- Weiterführende Ausbildung wie Lehre, Lehrgänge, Studium folgen; hier werden ausschließlich die höchsten Abschlüsse angegeben, z. B.
  - 1984–1990 Université, Hanovre (R.F.A.), diplôme d'ingénieur
  - 2002 Doctorat ingénieur, Université de Grenoble, Institut de Mécanique, „Comportement d'un pieu chargé dans un milieu cohérent".

- Die höheren Universitätsabschlüsse werden ergänzt durch Spezialgebiete wie z. B. das Thema der Doktorarbeit (Thèse).

- Praktika sind jeweils mit Angabe der Zeiten und Abschlüsse aufzuführen. Sind bestimmte Praktika (Stages) für die Bewerbung von besonderem Interesse, sollte man Details über Inhalt, Dauer, Ort und Firmennamen samt der Adresse angeben. Dies ist besonders bei jungen Bewerbern wichtig, z. B. Hochschulabsolventen, die noch nicht viel Berufserfahrung mitbringen.
  - „Stage de deux mois au Laboratoire Europharm, Paris. Essais sur bancs d'amortisseurs".

  Dies kann so festgehalten und herausgestellt werden. Zeugnisse (rapports/certificats) über Praktika werden gemeinhin der Bewerbung nicht beigefügt; man sollte sie aber zum Vorstellungsgespräch mitnehmen. Praktika spielen in einem französischen Lebenslauf eine sehr große Rolle, da sie Bestandteil des Ausbildungswesens sind. Häufig werden Stellen mit ehemaligen Praktikanten besetzt.

Neuerdings findet man auch Beispiele, in denen die Ausbildung erst an dritter Stelle beschrieben wird, d. h. im Anschluss an „Expérience". Dies gilt vor allem für Bewerber, die schon lange arbeiten und deren letzte Stelle inhaltlich gut zu der Annonce passt. Bei der Angabe Ihrer Bildungsabschlüsse sollten Sie sich übrigens auf die höchsten beschränken.

In französischen Bewerbungen spielen die Namen der besuchten Hochschulen übrigens eine größere Rolle als in Deutschland. Gilt Ihre Universität als bedeutsam, so stellen Sie das auch heraus.

Langues (Sprachkenntnisse)

Sprachkenntnisse werden in einem französischen CV für die Fertigkeiten Lesen, Schreiben und Sprechen in den Kategorien Muttersprache, sehr gut, gut sowie Basiskenntnisse angegeben.

- „Langue maternelle",
  „bilingue",
  „courant",
  „bonne maîtrise",
  „notions"

bzw.
„lu",
„parlé",
„écrit"

sind die entsprechenden Ausdrücke im Französischen. Schreiben Sie auch dazu, ob Sie Ihre Französischkenntnisse im Ausland erworben haben, z. B.:

- Deux mois à Montpellier.

Oder an welchen Institutionen, z. B.:

- Institut Français Cologne.

Übrigens!

Ausländische Bewerber müssen gute Französischkenntnisse vorweisen, um sich überhaupt Chancen für ihre Bewerbung ausrechnen zu können. Stellen Sie erst sicher, dass das der Fall ist, sonst vergeben Sie eine gute Chance.

Expérience / Parcours professionnel (Angaben zur Berufserfahrung)

Dies ist der bedeutendste Abschnitt eines Lebenslaufs. Er sollte nach den persönlichen Angaben an zweiter oder dritter Stelle stehen. Ob die Daten in chronologischer Reihenfolge oder von der Gegenwart in die Vergangenheit aufgelistet werden, ist im Wesentlichen von der Länge und der Art der Berufserfahrung abhängig. Lässt sich ein Zusammenhang zwischen der Anzeige und der letzten Stelle herstellen, nennt man zuerst die aktuellen Posten. Auch bei einer langjährigen beruflichen Laufbahn empfiehlt es sich, mit der letzten Position zu beginnen. Für den deutschen wie für den französischen Lebenslauf gilt: Berufliche Erfahrungen, die für den angestrebten Posten von Belang sind und dem Profil für den gesuchten Stelleninhaber entsprechen, sind hervorzuheben.

Sie sollten in dieser Sparte möglichst genaue Angaben machen. Nennen Sie die Anzahl der Mitarbeiter in Ihrer Abteilung, geben Sie etwa an, um wie viel Prozent Sie die Umsätze erhöhen konnten und für welchen Etat Sie verantwortlich waren.

Vergessen Sie nicht, die Abkürzungen der Firmennamen auszuschreiben, auch wenn Sie annehmen, dass die Namen bekannt sind. Die Posten, die man inne hatte, sollten folgendermaßen beschrieben werden:

Dauer	z. B. „Juillet 1999 à Juin 2002“
Arbeitgeber	Firma XY, u. U. mit Schwerpunkten und Anzahl der Angestellten bzw. Umsatzzahlen
Titel des Postens	z. B. „Comptable“

Verantwortungsbereich	Verantwortlich für das Projekt XY (finanzieller Rahmen)
Realisierung	Persönliche Leistungen bei wichtigen Projekten, nach Möglichkeit mit Zahlen z.B. „Croissance annuelle du service après-vente de 15 %."

Es empfiehlt sich, in der Beschreibung der beruflichen Aktivitäten positive Verben auszuwählen. Solche wie:

> acheter, augmenter, contrôler, coopérer, améliorer, commercialiser, contribuer à, développer, diriger, encadrer, établir, étudier, fabriquer, gérer, négocier, programmer, produire, réaliser, recruter, renforcer, vendre.

Angaben zu Berufserfahrungen könnten also folgendermaßen aussehen:

2000–2003 Durand-Consulting, Marseille

Secrétaire du directeur général

- Secrétariat courant, téléphone
- Accueil de la clientèle
- Tenue des agendas
- Organisation des réunions
- Suivi des fiches techniques
- Création de tableaux : statistiques commerciales

1998-2002 Mécasol, Lille

Directeur des ventes

- Effectif : 50 personnes
- Croissance annuelle du service après-vente de 15 %
- Ouverture de nouveaux marchés en Allemagne

Übrigens!

Auf keinen Fall sollte im Lebenslauf der Grund genannt werden, warum man die alte Stelle verlassen will. Das Wort „chômage" (Arbeitslosigkeit) sollte auch nicht auftauchen, auch wenn Sie es sind. Die Zeiten der Arbeitslosigkeit umschreibt man am besten, indem man Weiterbildungsmaßnahmen und andere Aktivitäten nennt, die den Lebenslauf auffüllen.

Divers (Verschiedenes)

Dieses Kapitel ist für die französischen Arbeitgeber von großem Interesse, um Bewerber und z. B. deren Teamfähigkeit und Sozialverhalten besser einschätzen zu können. Auch Hobbys und Reisen werden aus diesem Grund an dieser Stelle aufgezählt.

Im Wesentlichen besteht dieser Abschnitt aus drei möglichen Teilen:

- Angaben zur Person wie Alter und Ehestand,
- Beschreibung von Hobbys und Clubzugehörigkeiten, auch Militärdienst,
- Verfügbarkeit, weil man eine Stelle umgehend oder nicht umgehend antreten kann.

Zusätzlich können Sie Vorteile nennen wie:

- Permis de conduire (Führerschein),
- Connaissances informatiques (PC-Kenntnisse).

Objectifs de carrière/ Objectifs professionnels (Berufliche Ziele)

Während dieser Part in Deutschland in das Anschreiben gehört, steht er in Frankreich, ähnlich wie in England, direkt im Lebenslauf. Im französischen CV werden die persönlichen Ziele kurz und knapp dargestellt, häufig auch durch Großbuchstaben hervorgehoben.

- Occuper un Poste de Responsable Marketing dans le Secteur Bancaire

- Trouver un Stage de trois mois dans les domaines du Marketing et de la Communication

Die Berufsperspektiven werden vom Bewerber selbst in der Regel aus den bisherigen beruflichen und akademischen Schwerpunkten entwickelt.

Références (Referenzen)

Referenzen spielen in einem französischen Lebenslauf keine Rolle. Es zählt eher, welche Schulen und Universitäten man besucht hat. Sie sollten Referenzen sowie Zeugnisse und Arbeitszeugnisse daher erst auf Anfrage nachreichen oder zum Vorstellungsgespräch mitnehmen.

Foto

Ein Foto sollte man nur beifügen, wenn ausdrücklich in der Anzeige darum gebeten wird.

Tipps für die Infosuche im Internet!

Sie suchen weitere Ratschläge für die Gestaltung eines französischen Lebenslaufs? Im Internet finden Sie unter der folgenden Adresse Infos zu allen wichtigen Aspekten:

- *Monster.fr*
  www.monster.fr
  Die Rubrik „Conseils carrière" bietet Tipps in Hülle und Fülle.

Elektronische Lebensläufe

Auch in Frankreich werden Lebensläufe immer häufiger per E-Mail verschickt. Die meisten Jobsites, Personalberatungen und viele Unternehmen bieten die Möglichkeit, Lebensläufe online in die Datenbanken einzugeben, beispielsweise bei folgenden Firmen ist das möglich:

- L'Oréal
  www.loreal.fr
- Bouygues Construction
  www.bouygues.com
- Assurances AXA
  http://recrute.axa.fr

Auf den französischen Unternehmensseiten finden Sie Stellenangebote meistens unter „Recrutement" oder „Ressources humaines" und dort klicken Sie dann die Buttons „Postulez (spontanément)" oder „Posez votre candidature" an.

Statt sich selbst nach Jobs umzusehen, können Sie aber auch E-Mail-Agenten nutzen, wie etwa bei:

- Monster France
  www.monster.fr
  „My Monster" ist der E-Mail-Service, der es ermöglicht, Ihre CV's zu verschicken, indem Sie Ihr Profil in das elektronische Formular eingeben. Dabei spielen Schlüsselwörter (mots-clé) eine besondere Rolle und sind deshalb sorgfältig auszuwählen.

3.2 Musterlebensläufe

Unsere Musterlebensläufe und Redewendungen werden Ihnen hoffentlich reichlich Anregung für die optimale Formulierung und überzeugende Gestaltung Ihres eigenen CVs geben. Nutzen Sie sie geschickt als Anhaltspunkte für eine erfolgreiche Präsentation Ihres persönlichen Profils und die Formulierung Ihrer individuellen Bewerbung. Denn es kommt stets darauf an, dass Sie Ihre Vita überzeugend zusammenstellen und vollständig vorlegen. Natürlich sollten sich Ihre Angaben zur Person, zu Ihrer Ausbildung und Berufserfahrung möglichst gezielt auf das Profil der ausgeschriebenen Stelle beziehen und die dort geforderten Besonderheiten aufgreifen.

Tipp!

Auf der Webseite von CEDEFOP finden Sie den „europäischen Lebenslauf", ein Format, das von der EU-Kommission allen Unternehmen und Bewerbern ans Herz gelegt wird. Mit diesem einheitlichen Lebenslauf sollen Angaben zu den Qualifikationen und Berufserfahrungen der Bewerber aus den verschiedenen EU-Staaten leichter verglichen und bewertet werden können.

Die Formulare in den verschiedenen EU-Sprachen lassen sich leicht herunterladen. Wir haben sie deshalb hier nicht abgedruckt.

- *Europass*
  http://europass.cedefop.europa.eu

Jean-Pierre GRESILLON
6, square le Périer
69289 Lyon
Téléphone: (00.33) 478.38.01.02 (dom)
(00.33) 472.40.03.04 (bur)

né le 26 juin 1970
marié – deux enfants (trois ans, huit mois)

INGENIEUR D'AFFAIRES

Compétences:
- négociation commerciale, développement de clientèle
- recherche et développement de produits
- assurance qualité
- analyse physico-chimique des matériaux

Domaines d'expertises:
- plastiques et polymères
- colles et adhésifs
- cartes à puces, pistes magnétiques

EXPERIENCE PROFESSIONNELLE

2001 à ce jour — Société EUROTEC (Lyon)

Ingénieur d'affaires

Vente et conseils techniques pour l'ensemble des produits de contrôle d'accès et d'identification des personnes, en particulier systèmes de personalisation graphique (digitalisation d'images)

1996 – 2000 — Société ALPHA (Grenoble)

Ingénieur de développement de procédés

Étude et fabrication des cartes à puce:
- Recherche et qualification des matières de base de la carte

- Mise en place des spécifications d'achats et de fabrication
- Assurance qualité chez les fournisseurs
- Formation et assistance de l'équipe de production (augmentation de 10 % de la productivité)

1994 – 1996 Société INTERTEC (Lyon)

Technicien de laboratoire

Responsable du contrôle qualité des produits entrant dans la fabrication de matériel électronique (circuits imprimés et cartes céramiques multicouches)
- Interface technique avec les fournisseurs, les services achats et les équipes de production
- Développement et utilisation de techniques d'analyse physico-chimiques

FORMATION INITIALE ET COMPLEMENTAIRE

- BTS Chimie
- INGENIEUR, formation interne BULL et cours CNAM: Mémoire: „Maîtrise et contrôle des matières premières de la carte CP8"

Stages:
- Prospection de nouveaux clients
- Les adhésifs, le collage, le contrôle
- Les méthodes physiques d'analyses des polymères

Langues:
- Français: langue maternelle
- Anglais: lu, écrit, parlé
- Espagnol: notions

DIVERS

- Voyages dans de nombreux pays (Afrique, Europe)
- Tennis, golf

Christa PFEIFFER
44444 Dortmund, R. F. A.
Tél.: (0049-231) 1234 5678

née à Glücksburg
le 29 septembre 1981
célibataire
Nationalité: allemande

FORMATION

1987 – 1991	Heine-Grundschule à Hankensbüttel (école primaire)
1991 – 1997	Max-Planck-Realschule à Flensburg Realschulabschluß (diplôme de fin de scolarité 1° cycle)
1997 – 2000	Apprentissage de „Kauffrau für Groß- und Außenhandel“ (Agente commerciale pour le commerce extérieur en gros) auprès de la société HEMPEL Import/Export GmbH & Co KG à Hambourg

EXPERIENCE PROFESSIONNELLE

2000 à ce jour	Spedition Schmittke (Transports) à Dortmund - chargée de l'accueil des clients - correspondance en langue anglaise - organisation des transports

FORMATION PROFESSIONNELLE

1998	Certificat d'anglais commercial auprès de: International Language School Hambourg
1999	Cours supérieur de français accéléré (quatre semaines à Grenoble)
Depuis 2000	Cours de traitement de texte et de présentation aux universités populaires de Dortmund et Hambourg (Cours de base, Word, Excel, PowerPoint)

3.3 Der Begleitbrief (La lettre de candidature/la lettre de motivation)

Die Bewerbungsunterlagen bestehen in Frankreich aus dem Lebenslauf und dem Begleitbrief. Referenzen und Zeugnisse werden – wie schon gesagt – nicht beigefügt. Das Begleitschreiben ist kurz, nicht länger als eine Seite. Meistens wird in den französischen Stellenanzeigen ein handgeschriebenes Anschreiben für ein graphologisches Gutachten der Kandidaten gewünscht („manuscrite" bedeutet „handgeschrieben"). Dafür benutzen Sie möglichst einen Füller und schwarze Tinte.

Links oben nennen Sie bitte Ihren Namen und die Adresse mit Telefonnummer und die Zeiten, zu denen Sie am besten zu erreichen sind. Zwei Leerzeilen darunter sollte die Referenznummer der Zeitungsannonce erscheinen.

Rechts schreiben Sie das Datum hin und darunter vermerken Sie die Adresse der Firma, bei der Sie sich bewerben. Beispielsweise: „Zu Händen des/der Zuständigen", sprich: „À l'attention de Madame XY"/„à mention de Monsieur XY". Es ist wichtig, dass Sie vorher herausfinden, wer für Personalfragen zuständig ist und so den Verantwortlichen beim Namen anreden können. Sollte es Ihnen nicht gelingen, diesen ausfindig zu machen, beginnen Sie Ihr Schreiben mit der Anrede „Messieurs", oder mit „Madame, Monsieur". Wenn Sie in der Anschrift einen Namen nennen, brauchen Sie diesen allerdings nicht in der Anrede zu wiederholen. Dann genügt einfach „Monsieur" bzw. „Madame".

Für das französische Begleitschreiben gilt das gleiche wie für jede deutsche oder englische Version. Im ersten Teil sollten Sie Bezug auf die Anzeige nehmen, beispielsweise:

- „C'est avec grand intérêt que j'ai pris connaissance de votre annonce parue sur internet service http://www.emploi.com"
- „J'ai lu dans 'Le Monde' daté du 3 avril 2003, que vous recherchiez un ingénieur. Ma candidature pourrait vous intéresser."

Im zweiten Teil nennen Sie Ihre Kompetenzen. So könnten Sie schreiben:

- „Vous noterez que mon expérience professionnelle est en rapport étroit avec la fonction que vous proposez."
- „Je suis trilingue (anglais, français et allemand)."
- „J'ai acquis de réelles compétences dans tous les aspects de promotion des ventes."

Und im dritten bitten Sie um ein Vorstellungsgespräch, beispielsweise mit den Worten:

- „Au cours de l'entretien que je serais très heureux d'obtenir, je pourrais vous donner de plus amples informations."
- „Pourrais-je vous appeler lundi prochain afin de convenir d'un rendez-vous?"
- Je serai heureux de commenter mon parcours professionnel lors d'un prochain entretien.

Sie schließen mit den üblichen Höflichkeitsformeln:

- „Recevez, Monsieur, l'expression de mes salutations distingués."
- „Je vous prie de croire, Monsieur, à l'assurance de mes sentiments distingués."

Tipp!

Bei Ihrem Bewerbungsschreiben sollten Sie sich unbedingt der Unterschiede in der Wahrnehmung von Höflichkeit in Frankreich und Deutschland bewusst sein. Die deutsche Art, höflich eigene Vorstellungen deutlich zu machen, wird auf der französischen Seite häufig als überheblich und unhöflich empfunden. Lassen Sie daher Ihren Bewerbungsbrief, wenn irgend möglich, von einem Muttersprachler daraufhin in Form bringen.

Es ist wichtig, den Zuständigen mit Ihrem Begleitschreiben davon zu überzeugen, dass Sie für das Unternehmen, bei dem Sie arbeiten möchten, ein Gewinn sein könnten. Je sorgfältiger Sie vorher recherchiert haben, desto besser wird Ihnen dies gelingen. Das Internet ist mit seinen Firmenlexika eine bewährte Informationsquelle. Auch die Unternehmenssites selbst bieten viele Informationen an.

Sie sollten sich mit diesem Anschreiben, genau wie mit dem Lebenslauf, in ein positives Licht rücken. Dabei helfen Ihnen die folgenden Verben und Substantive:

- acquérir: obtenir, suivre compléter, approfondir
- responsabilité: emploi, poste, activité, fonction
- réussir: améliorer, augmenter, accélérer, rentabiliser
- compétence: qualification, capacité, expérience
- négocier: réaliser, conclure un marché, vendre

In einem modernen französischen Begleitschreiben wird ein relativ einfacher Wortschatz gewählt, verzichten Sie also auf solche höflichen Schnörkel wie:

- „Je vous serais reconnaissant(e) de bien vouloir étudier ma candidature."

Und anstelle der Floskel „Veuillez trouver ci-joint mon CV" schreiben Sie einfach:

- „Mon C.V. vous donnera des informations sur ..."

Auf die Frage nach dem Gehalt sollten Sie in Ihrem Anschreiben nur eingehen, wenn dies in der Annonce ausdrücklich erwartet wird. Setzen Sie Ihre Wünsche nicht zu niedrig an – man wird sowieso versuchen, Sie herunterzuhandeln. Wenn Sie Angaben dazu machen, dann auf diese Weise: „Le salaire brut annuel et primes."

Bei der Einschätzung der Höhe des Gehalts helfen Ihnen entsprechende Artikel in den Fachzeitschriften, z. B. „L'Expansion" (www.lexpansion.fr) weiter. Auf der Website von L'Expansion können Sie sich in der Sparte „Carrière"/„Salaire" über Durchschnittsgehälter informieren.

Henriette MARCHAND

25, rue Victor Hugo

38125 SISTERON

Tél:04.76.45.87.14

Monsieur Yves Giroud

Directeur des Ressources Humaines

BIOTECH

66, rue Albert

21017 Dijon

Sisteron, le 29 Février 2004

V/REF.: L'annonce parue dans „Carrières et emplois" du 25/2/04

Monsieur le Directeur,

J'ai relevé avec intérêt l'annonce sous référence. La nature du poste proposé correspond à celle du poste que je recherche.

Secrétaire trilingue depuis cinq ans, je souhaite pouvoir élargir mes responsabilités au sein d'une entreprise de vocation et de taille européenne.

Mon expérience des trois dernières années couvre les secteurs service après vente et financier d'une PME. Le CV ci-joint vous donnera le résumé de ma carrière.

En espérant un entretien prochain, je vous prie d'agréer, Monsieur le Directeur, l'expression de mes sentiments distingués.

Henriette Marchand

P.J.: 1

3.4 Die spontane Bewerbung (La lettre de candidature spontanée)

Etwa ein Drittel der Einstellungen in Frankreich hat mit einer spontanen Bewerbung angefangen. Aber wer mit einer solchen unvermittelten Vorstellung Erfolg haben will, muss zunächst analysieren, welche Firmen für ihn wirklich interessant sind, und Informationen darüber zusammenstellen. Man schickt seine Unterlagen in einem solchen Fall dem Personalleiter oder Direktor, zum Beispiel an:

- „Le Directeur général"
- „Le Directeur du personnel" oder
- „Le Directeur des relations humaines."

Wichtig ist allerdings auch, den Namen des zuständigen Verantwortlichen herauszufinden, weil die Bewerbung sonst leicht unbeachtet bleibt. Einige Tage nach dem Versand der Bewerbungsunterlagen können Sie beim Unternehmen anrufen und nach einem Gesprächstermin fragen.

Hier ein paar Tipps zu Formalien, die uns als wichtig erscheinen. Die Adresse ist oben links geschrieben, das Datum rechts oben. Die Anschrift des Unternehmens sollten Sie zwei Zeilen unter dem Datum einfügen.

Im ersten Teil des Briefes sollten Sie begründen, weshalb es für Sie interessant wäre, im ausgewählten Unternehmen zu arbeiten. Sie können z. B. von dem guten Ruf, dem Erfolg des Unternehmens oder der überzeugenden Qualität der Produkte sprechen. Auch die Art und Weise, wie Sie auf die Firma aufmerksam wurden, sollten Sie nennen. Durch einen Zeitungsartikel, eine Messe, persönliche Kontakte oder über andere Wege haben Sie vielleicht von dem Unternehmen gehört.

Im zweiten Teil sollten Sie sich in kurzen prägnanten Sätzen vorstellen und auf spezielle Kompetenzen und relevante Berufserfahrungen aus Ihrem Lebenslauf hinweisen, die für Ihr Gegenüber von Interesse sein könnten. Zeigen Sie in diesem Zusammenhang, dass Sie sich über das Profil des Unternehmens sorgfältig informiert haben.

Im dritten Teil sollten Sie den Wunsch, zu einem Vorstellungsgespräch eingeladen zu werden, äußern. Danach beenden Sie den Brief mit einer der klassischen Redewendungen, vielleicht mit der Hoffnung auf eine baldige Antwort.

Hinweis!

Ein Foto wird in Frankreich der Bewerbung in der Regel nicht beigefügt. Sie brauchen auch keine Zeugnisse beizulegen, diese müssen Sie zum Vorstellungsgespräch mitnehmen.

Es empfiehlt sich, spontane Bewerbungen an private Vermittlungsagenturen (cabinets de recrutement) zu schicken, die jeweils Karteien von ihren Bewerbern anlegen und diese bei Bedarf hervorholen, sobald ein Arbeitgeber einen Mitarbeiter mit ihrem Profil sucht.

Persönliche Beziehungen spielen auch in Frankreich – bei einer spontanen Bewerbung – eine große Rolle: Es ist immer von Vorteil, wenn Sie entweder Personen anschreiben können, die Sie aus früheren Arbeitszusammenhängen kennen oder Kunden, Mitglieder Ihres Berufsverbands, private Bekannte, die zufällig im Unternehmen tätig sind, Exkommilitonen, Personen, die Sie von Messen kennen etc. Im Anschreiben zur Bewerbung können Sie Ihre Kontaktperson nennen, wenn diese damit einverstanden ist.

Adressen von interessanten Firmen in Frankreich finden Sie in folgenden Nachschlagewerken:

- „*Le Guide des entreprises, qui recrutent*“
  (L'Etudiant; erscheint jährlich),
- „*Kompass France*“ (erscheint jährlich),
- „*Le Bottin des Entreprises*“ (erscheint jährlich),
- „*Les 1 000*“ (Expansion, erscheint jährlich), im Internet abzurufen unter www.lexpansion.com in der Sparte „Fiches entreprises - les 1 000“.

Oder werfen Sie einen Blick in die gelben Seiten:

- Pages Jaunes
  www.pagesjaunes.fr
  Hier finden sich Adressen, E-Mail-Adressen, Telefon- und Faxnummern sowie Links zu den jeweiligen Websites. Motto der gelben Seiten: „Demandez, c'est trouvé.“

Sie können sich natürlich auch in französischen Referenzbibliotheken und bei der deutsch-französischen Auslandshandelskammer nach Informationsmaterialien und Nachschlagewerken umsehen.

- Centre de documentation économique
  bei der Industrie- und Handelskammer in Paris
  16, rue Chateaubriand
  75382 Paris
  www.ccip.fr

- Unité internationale APEC
  35, boulevard Brune
  75689 Parix Cedex 14
  www.apec.fr

- Agence française pour le développement international
  des entreprises
  10, avenue Iéna
  75116 Paris
  www.ubifrance.fr

- INSEE-Bibliothèque
  Institut National des Statistiques et des Études Économiques
  195, rue de Bercy
  75012 Paris
  www.insee.fr

- Chambre Franco-Allemande de Commerce et d'Industrie
  18, rue Balard
  75015 Paris
  www.francoallemand.com

Axel Wendt
Düsternbrookerweg 151
24111 Kiel
Tél.: (0049-431) 12.34.56.78
E-Mail: ax.wendt@yahoo.fr

Kiel, le 27 Mai 2006

Sofina
Service du Personnel
1–5, place du Concours
38047 Echirolles, Cédex
France

Monsieur le Directeur Général,

Les activités de votre société ainsi que sa réputation dans le domaine des projets alimentaires m'incitent à vous proposer ma collaboration.

Pour ma part, je suis consultant de la Commission des Communautés Européennes dans la cadre de son programme d'appui à la mise en oeuvre de la politique alimentaire du Cameroun.

Actuellement, je suis en train de terminer une étude sur les conditions techniques et financières de la dissolution de l'Administration Centrale des Céréales et de son remplacement par une société d'état chargée de la gestion de la réserve nationale de sécurité (voir C.V. ci-joint).

En espérant pouvoir vous rencontrer afin de vous donner de plus amples informations, je vous prie de croire, Monsieur le Directeur Général, à l'assurance de ma considération distinguée.

Axel Wendt

P.J.: 1

Christa Pfeiffer
Freiherr-vom-Stein-Straße 99
D-44444 Dortmund
R.F.A.
Tél.: (0049-231) 1234 5678

EURO-IMPORT
Service du personnel
111, place Victor Hugo
75001 Paris
France

Dortmund, le 05 juin 2006

Mesdames, Messieurs,

En me renseignant auprès de la Chambre de Commerce et d'Industrie de Dortmund sur les entreprises d'import-export exerçant à Paris, j'ai obtenu votre adresse.

Comme vous pouvez le relever dans mon curriculum vitae, j'ai une formation de „Import-/ Exportkauffrau“ (d'agente commerciale en import-export). Depuis trois ans, je travaille dans l'entreprise Schmittke à Dortmund. J'y suis chargée de la correspondance en langue anglaise et de l'accueil des clients. Je possède de bonnes connaissances dans le traitement de texte. Comme j'ai l'intention de suivre une formation complémentaire de secrétaire de langues étrangères à la Chambre de Commerce et d'Industrie, je voudrais bien travailler quelques années en France. Ainsi je pourrais parfaire mes connaissances linguistiques et accumuler des expériences dans une entreprise internationale.

En espérant que ma candidature vous intéressera, sachez que j'accepterais de venir à Paris pour un eventuel entretien.

En attendant, veuillez agréer, Mesdames et Messieurs, l'expression de mes sentiments respectueux.

Christa Pfeiffer

P.J.: 1

3.5 Das Vorstellungsgespräch (L'entretien d'embauche)

Vorbereitung

In Frankreich gelten in etwa dieselben Spielregeln für ein Vorstellungsgespräch wie in Deutschland, zum Beispiel, was die Wahl der Kleidung und die Erwartung bestimmter Verhaltensweisen betrifft. Mitnehmen sollten Sie zum Vorstellungsgespräch sowohl die Kopien der Schul- und Arbeitszeugnisse, Ihren Lebenslauf und Fotos, die gelungen und auf den Zweck abgestimmt sein müssen.

Viele praktische Tipps für die Vorbereitung, was die Formalia und Ihr Auftreten angeht, finden Sie übrigens in der Rubrik „Conseils carrière" unter „Entretiens" bei:

- Monster.fr
  www.monster.fr

Es ist unbedingt von Vorteil, wenn Sie sich vorher genaue Informationen über das Unternehmen (Produkte, Exportanteil, Position im französischen Markt etc.) beschafft haben. Solche Daten erhalten Sie etwa bei ANPE, APEC und in den Referenzbibliotheken der IHKs. Sie können ruhig auch die Firma vorher anschreiben und bitten, Ihnen Informationsbroschüren und Geschäftsberichte zuzusenden.

Besonders ergiebig ist natürlich das Internet, wenn Sie sich auf ein Vorstellungsgespräch vorbereiten müssen: Sehen Sie sich am besten direkt die Websites der Unternehmen an, für die Sie sich interessieren. Dort finden Sie alle wichtigen Informationen wie etwa auf der Site von Air France.

- Air France
  www.airfrance.com
  Die Homepage ist gegliedert in:
  - Air France Corporate
  - Air France Finance
  - Air France Emploi
  - Air France Cargo
  - Air France Industries
  - Air France Consulting

  Die Stellenangebote (Offres d'emploi) und Praktikumsangebote (Offres de stages) können Sie unter „Emploi" durchsuchen. Die Geschäftsberichte sind in der Sparte „Air France-KLM-Finance" aufgeführt, ebenso wie die Bilanz (Bilan consolidé).

Unter „Nos métiers“ finden Sie eine Fülle von Berufsbeschreibungen, inklusive prägnanter Keywords.

Darüber hinaus sind natürlich die Presseartikel, die im Netz über Ihr Wunschunternehmen zu finden sind, bedeutsam, weil sie über die reine Selbstdarstellung hinausgehen und unter Umständen auch kritische Töne äußern und Ihnen dann zu einem guten Gesamtbild verhelfen.

Firmendaten können Sie unter den folgenden Internetadressen aufrufen:

- Bottin.fr
  www.bottin.fr
  „L'annuaire des entreprises françaises“, so lautet die Überschrift. Die Unternehmen können Sie aufrufen nach den Kriterien:
  - Adresse,
  - Domaine d'activité,
  - Région.

- Kompass France
  www.kompass.fr
  Rufen Sie „Le portail des entreprises“ auf. Die Suche ist möglich nach:
  - L'activité,
  - Raison sociale,
  - Marque,
  - Secteur,
  - France/Continent/Pays

  Die Infos sind zum Teil kostenpflichtig.

Das Gespräch

Man kennt in Frankreich unterschiedliche Formen eines Vorstellungsgesprächs. Drei Typen kommen in der Praxis am häufigsten vor:

- L'entretien individuel
  Hier werden Sie nur vom Personalleiter interviewt, beziehungsweise von mehreren Personen nacheinander zu Ihrem Lebenslauf und Berufserfahrungen befragt.

- L'entretien collectif
  Mehrere Bewerber/innen werden zur selben Zeit zum Gespräch eingeladen. Manchmal wird ein Diskussionsthema, das nicht im Zusammenhang mit der Arbeit stehen muss, vorgegeben.

- L'entretien avec différents membres de l'entreprise
  Der Bewerber oder die Bewerberin wird von mehreren Personen gleichzeitig befragt. Das kommt übrigens relativ selten vor.

Denken Sie daran: Es kann durchaus mehrere Gesprächsrunden geben, bevor eine Entscheidung fällt. In jedem Fall sollten Sie sich auf einige typische Fragen gut vorbereiten. Dazu zählen die Antworten auf die Fragen:

- warum Sie in Frankreich arbeiten möchten,
- weshalb Sie sich gerade für diese Firma interessieren,
- was Sie an dem ausgeschriebenen Posten an meisten interessiert,
- oder auch, worin Sie Ihre Stärken und Schwächen sehen
- und vor allem, was Ihre Einstellung der Firma für Vorteile bringen würde.

Die Fragen während dieses Gesprächs können einerseits sehr präzise sein:

- „Quand serez-vous disponible?"

oder aber auch folgende allgemein gehaltene Aufforderung beinhalten:

- „Parlez-moi de vous."

Typische Fragen

Im Folgenden haben wir typische Fragen, die in den französischen Vorstellungsgesprächen aus langjähriger Erfahrung am meisten vorkommen, aufgelistet:

- Parlez-moi de votre expérience professionnelle.
- Parlez-moi d'un de vos échecs professionnels. Que vous a-t-il appris?
- Qu'est-ce que vous pensez pouvoir apporter à notre entreprise?
- Pourquoi souhaitez-vous travailler dans notre entreprise?
- Qu'est-ce qui a retenu votre attention dans l'annonce à laquelle vous avez répondu?
- Que connaissez-vous de notre société?
- Qu'est-ce qui vous motive le plus dans votre travail actuel?
- Comment imaginez-vous votre situation professionnelle dans un, trois, ou cinq ans?
- Quels sont vos objectifs à court et moyen terme?
- Aimez-vous travailler seul ou en équipe?
- Etes-vous capable de travailler sous pression?

- Quelles sont vos faiblesses?
- Pourriez-vous me donner un exemple où votre performance n'était pas à la hauteur de vos ambitions?
- Avez-vous connu des échecs dans votre carrière professionnelle?
- Comment réagissez-vous aux critiques?
- Sous quel délai pouvez-vous vous rendre disponible?
- Quels sont vos hobbies?
- Quel est le dernier livre que vous avez lu?
- Quelle rémunération souhaitez-vous?

Über das Gehalt wird in Frankreich im Vorstellungsgespräch offen gesprochen. Sie sollten sich deshalb auf die Frage nach Gehaltsvorstellungen gut vorbereiten. Einen allgemein gültigen Gehaltsspiegel, der als ungefähre Richtschnur gelten kann, finden Sie ein- bis zweimal pro Jahr in den Fachzeitschriften (z.B. *„L'Expansion"*, oder auch in den *„Fiches"* von APEC). Auch auf der Internetsite der Zeitschrift *„L'Expansion"*, in der Sparte „Carrière" unter „Salaires", können Sie regelmäßig Gehaltsspiegel für wichtige Positionen und interessante Branchen abrufen:

- L'Expansion
  www.lexpansion.com

Tipps für Gehaltsverhandlungen bietet auch die folgende Website:

- Lerucher.com
  www.lerucher.com
  Relevante Informationen finden Sie dort unter „Droits et demarches" in der Rubrik „Carrière".

Übrigens!

Persönlichkeits-, Intelligenztests und graphologische Gutachten sind in Frankreich häufig Bestandteil von Bewerbungsverfahren. Informationen dazu finden Sie im Internet, beispielsweise auf der Site von Studyrama im „Guide Pratique" unter „Les Tests du Recrutement":

- *Studyrama.com*
  www.studyrama.com

4 Schlüsselwörter zum französischen Bildungswesen

Ausbildungsgänge, Schulbezeichnungen, Abschlüsse sind in allen EU-Ländern sehr unterschiedlich und in ihrer Bedeutung nur schwer zu durchschauen. Sie unterscheiden sich in vielen Fällen wesentlich von den Bezeichnungen, die wir aus dem eigenen Schul-/Hochschulsystem kennen. Und daher ist es sehr wichtig, sich mit den Unterschieden vertraut zu machen. Dieses Kapitel gibt daher Hilfestellung:

- für deutsche Bewerber, die die eigene Ausbildung im französischen System einordnen wollen,
- für deutsche Arbeitgeber, die die Abschlüsse französischer Bewerber und Bewerberinnen richtig einschätzen möchten.

Um den Unternehmen Vergleiche und Bewertungen von Zeugnissen von ausländischen Bewerbern möglich zu machen und dadurch bestehende Hürden abzubauen, sollten Arbeitssuchende ihre Zeugnisse übersetzen und beglaubigen lassen.

4.1 Schulen und Universitäten

Ein Überblick über das französische Bildungssystem allgemein soll folgende Aufstellung bieten:

- École maternelle

  Sie entspricht in etwa dem Kindergarten in Deutschland.

- Enseignement élémentaire, Ecole primaire

  Diese Schulform ist mit der Grundschule in Deutschland gleichzusetzen. Der Schulbesuch fängt im Alter von sechs an und dauert bis elf Jahre.

- Collège

  Diese Schule besucht man von zwölf Jahren bis 16 Jahre (von der so genannten sixième zur troisième).

- Lycée

  Diese Schule entspricht dem deutschen Gymnasium und führt zum Abitur (Baccalauréat). Es gibt daneben noch das Lycée professionnel und das Lycée polyvalent, die eher auf praktische Berufe und Kurse vorbereiten.

- Université

  Jede/r mit einem ausreichend guten Baccalauréat in der Tasche kann eine Universität besuchen. Die französischen Universitäten – es gibt 72 – bieten ein breites Spektrum akademischer Fächer an, gegenüber den eher berufsbezogenen Grandes Écoles mit z. B. ihren Ingenieur- und Wirtschaftsstudiengängen. Über alle diese Einrichtungen informieren verschiedene Broschüren von CNOUS.

- Grandes Écoles

  Es gibt rund 300 solcher Hochschulinstitutionen, die vor allem Führungskräfte für Industrie, Handel und Verwaltung ausbilden. Man muss eine Eingangsprüfung in Konkurrenz mit anderen Mitwettbewerbern bestehen (Concours), um dort studieren zu können. Auf diese Zulassungsprüfungen bereiten zweijährige Studiengänge (classes préparatoires – CPGE) vor. Wenn man den „concours" nicht besteht, so erwirbt man allerdings mit dem zweijährigen Vorbereitungskurs trotzdem ein Diplom, den DEUG-Abschluss. Für Ausländer gelten dieselben Zulassungsbedingungen wie für Franzosen.

  Es gibt immer mehr Kooperationen zwischen den Grandes Écoles und ausländischen Universitäten. Interessenten sollten sich zunächst einmal an ihrer Universität danach erkundigen. Einige der berühmtesten Grandes Écoles sind übrigens die École Nationale d'Administration (ENA) und die École Nationale des Mines (ENM).

- Etablissement d'Enseignement Supérieur

  Zu diesen Hochschulinstitutionen gehören z. B. Kunst- und Musikhochschulen sowie Dolmetscherinstitute.

- IUT Institut Universitaire de Technologie

  Eine Hochschuleinrichtung, die zweijährige berufsbezogene Studiengänge anbietet, und zwar in kaufmännischen, technischen, sozialen und künstlerischen Bereichen. Ein Diplomabschluss wie DUT (bac + 2) steht am Ende.

- IUP Institut Universitaire Professionnalisé

  Das Institut Universitaire Professionnalisé entspricht der deutschen Fachhochschule und ist vergleichbar dem IUT. Studiengänge werden hier in den naturwissenschaftlichen, technischen und kaufmännischen Bereichen angeboten.

- STS Section de Techniciens Supérieurs

  Auch an dieser Hochschule können Diplomabschlüsse abgelegt werden.

4.2 Schulabschlüsse

Im Folgenden finden Sie die häufigsten in Frankreich möglichen Schulabschlüsse.

- CAP Certificat d'Aptitude Professionnelle

  Es entspricht dem Fachschulabschluss.

- BEP Brevet d'Études Professionnelles

  Dies ist ein Berufsfachschulabschluss.

- Bac Baccalauréat

  Abschlussprüfung der französischen Sekundarstufe II. Damit erwirbt man die Hochschulreife. Das Baccalauréat entspricht unserem Abitur. Es gibt folgende Formen:

– Bac Général	allgemeine Hochschulreife
– Bac Technicien	technisches Abitur
– Bac Professionnel	Fachabitur und eingeschränkte Hochschulreife

  In den Stellenanzeigen finden Sie häufig Formeln wie „Bac +2", „Bac+3" etc. Die zeigen an, wie viele Studienjahre nach dem Abitur vorausgesetzt werden. „Bac+2" bedeutet zum Beispiel ein DEUG oder entsprechendes Examen, „Bac+3" setzt eine Licence oder einen Diplomabschluss voraus.

- BT Brevet de Technicien

  Das ist das so genannte Technikerdiplom.

- BTS Brevet de Technicien Supérieur

  Technisch orientiertes Zertifikat, das man nach einem zweijährigen Grundstudium erwerben kann.

- DALF Diplôme Approfondi de Langue Française

  Nachweis von Französischkenntnissen, die für Ausländer für den Besuch französischer Hochschulen Bedingung sind. Dies erspart Ihnen den Sprachtest an der französischen Hochschule, bei der Sie sich bewerben.

4.3 Universitätsdiplome

- DEUG Diplôme d'Études Universitaires Générales

  Erfolgreiche Beendigung eines zweijährigen Grundstudiums an einer Universität oder eines entsprechenden Vorkurses einer Grande École. Es entspricht unserer Zwischenprüfung bzw. dem Vordiplom.

- DEUST Diplôme d'Études Universitaires Scientifiques Techniques

  Examen nach zweijährigem fachbezogenem Studium an einer Universität. Es stellt einen berufsqualifizierenden Abschluss dar. Danach verlassen viele schon die Universitäten und steigen in ihren Beruf ein. Beide, DEUG und DEUST, berechtigen zum Eintritt in die zweite universitäre Phase der Universitätsausbildung, das Hauptstudium (deuxième cycle).

- DUT Diplôme Universitaire de Technologie

  Dieses Diplom kann man nach Abschluss eines zweijährigen Kurzstudiengangs mit einem technisch oder wirtschaftlich orientierten Zweig erwerben. Es entspricht, ähnlich wie das BTS-Examen, in etwa dem Fachoberschulabschluss. Das DUT ist ein berufsqualifizierendes Examen, und es ermöglicht darüber hinaus, darauf aufbauend mit dem Hauptstudium zu beginnen.

- Licence (DEUG plus ein Jahr Hauptstudium)

  Die Licence ist ein Examen innerhalb der zweiten Studienstufe. Sie schließt das erste Jahr des Hauptstudiums mit einem Examen ab.

- Maîtrise (DEUG plus zwei Jahre Hauptstudium)

  In einigen Fachgebieten gibt es keine Licence, sondern nur die Maîtrise, beispielsweise die MST (Maîtrise de Sciences et Techniques). Dieser Abschluss entspricht dem Magister bzw. Diplom.

- DESS Diplôme d'Études Supérieures Spécialisées

  Dieses Abschlussexamen ist nach dem Erwerb einer Maîtrise und einem einjährigen Studium möglich.

- DEA Diplôme d'Études Approfondies

  Vorstufe zum Doktorandenstudium, DEA und DESS sind neben dem Doctorat die Abschlüsse der französischen Graduiertenstudiengänge.

- Filières médicales

  Dies sind spezifische Studiengänge und Abschlüsse für die Bereiche Medizin, Zahnmedizin und Pharmazie.

- Doctorat

  Den Doktortitel kann man nur an Universitäten erwerben. Die so genannte Thèse entspricht unserer Dissertation. Es gibt zwei Arten von Doctorat:

  - thèse de doctorat (Dissertation)
  - thèse de doctorat d'État (Habilitation).

- Stages

  Praktika spielen in der französischen Hochschulausbildung eine bedeutende Rolle, besonders die Grandes Écoles schreiben das Absolvieren von Praktika vor.

- Concours

  Dies sind (staatliche) Zulassungsprüfungen, ein Wettbewerb unter den Teilnehmern um Plätze für die verschiedenen Studiengänge. Solche Wettbewerbe spielen in Frankreich eine bedeutende Rolle bei der Vergabe von Studienplätzen und offenen Stellen.

4.4 Auskünfte zum Thema „Hochschulwesen"

Auskünfte über das französische (Hoch-)Schulwesen erteilen die französischen Botschaften, die Instituts Français und natürlich die Hochschulen sowie verschiedene andere Einrichtungen wie etwa:

- ONISEP
  Office Nationale d'Information sur les Enseignements
  et les Professions
  12, Mail Barthelemy Thimonier
  BP 86 Lognes
  77423 Marne-la-Vallée
  Telefon: (0033-1) 6480 3500

- Librairie de l'éducation
  13, rue du Four
  75006 Paris
  Telefon: (0033-1) 46345480
  www.onisep.fr

- CNOUS
  Centre National des Oeuvres Universitaires et Scolaires
  69, quai d'Orsay
  75007 Paris
  www.cnous.fr

  Diese Büros entsprechen dem Studentenwerk in Deutschland. CNOUS ist u. a. für ausländische Studenten zuständig. Es gibt 28 regionale Büros unter dem Titel CROUS.
  „Les services de la vie étudiante" ist das Motto der CNOUS-Site. Besonders hilfreich sind die Sparten „Liens" mit weiterführenden Links zum Thema „Studieren in Frankreich" sowie „Foire aux questions". Hier werden Antworten auf häufig gestellte Fragen gegeben.

- DAAD
  Deutscher Akademischer Austauschdienst
  www.daad.de/portrait/de/1.7.1.3.html

  Eine Fülle wichtiger Adressen finden Sie auf der Site des DAAD in der Sparte „Adressen, Links, Literatur".

- Education.gouv.fr
  www.education.gouv.fr

  Eine komplette Liste der französischen Hochschulen und der Grandes Ècoles sowie eine Fülle relevanter Informationen bietet die Site des französischen Bildungsministeriums.

- Hochschulkompass
  www.hochschulkompass.de

  Über deutsch-französische Hochschulkooperationen informiert die Site der Deutschen Hochschulrektorenkonferenz.

- Ministère de l'Education Nationale
  Bureau de l'Accueil, de la Mobilité
  et de l'Information Internationale
  110, rue de Grenelle
  75007 Paris
  Telefon: (0033-1) 5555 6590

  Das Ministerium ist als französische NARIC-Zentrale für die Anerkennung ausländischer Hochschulabschlüsse zuständig.

- CIDU Maison de France
  Kurfürstendamm 211
  10719 Berlin
  Telefon: (030) 88590286
  www.cidu.de

  CIDU steht für „Centre d'Information et de Documentation Universitaire". Dies ist das Informations- und Dokumentationszentrum der französischen Botschaft. Seit 1997 gibt es dieses Institut in Berlin – eine wahre Fundgrube für alle, die einen Studienaufenthalt in Frankreich vorbereiten möchten und allemal eine Reise in die Hauptstadt wert.

- Institut Français
  www.cidu.de/raeume/studieren/hochschule/content_hoch.html

  Die französischen Kulturinstitute beraten u. a. die deutschsprachigen Studenten, die in Frankreich studieren möchten, aber auch alle anderen, die sich für die französische Sprache und Kultur interessieren. Hilfreich ist zum Beispiel die gute schematische Übersicht über das Hochschulwesen, die Sie unter der oben genannten Internetadresse finden.

  Instituts Français gibt es übrigens in:
  Aachen, Berlin, Bonn, Bremen, Dresden, Düsseldorf, Erfurt, Erlangen, Essen, Frankfurt, Freiburg, Hamburg, Hannover, Heidelberg, Karlsruhe, Kiel, Köln, Leipzig, Mainz, München, Rostock, Saarbrücken, Stuttgart und Tübingen.

Links zu den Instituts Français finden Sie unter:

- Instituts Français
  www.kultur-frankreich.de

5 Administratives

5.1 Aufenthaltsrecht

In Frankreich können sich Bewerber und Bewerberinnen aus anderen EU-Ländern drei Monate lang nach Arbeitsmöglichkeiten umsehen, bevor sie sich um eine Aufenthaltsgenehmigung bemühen müssen. Die „carte de séjour“ wird bei der zuständigen Préfecture oder Mairie (Rathaus) beantragt. In Paris ist das:

- Préfecture de Paris
  9, boulevard du Palais
  75001 Paris
  (Service des ressortisants communautaires).

Die entsprechende „carte de ressortissant d'un état de la C.E.E.“ ist für fünf Jahre gültig und kann danach erneuert werden.

5.2 Arbeitsrecht

Grundsätzlich gilt: Für ausländische Arbeitnehmer sind dieselben gesetzlichen Regelungen gültig wie für die einheimischen.

Arbeitsvertrag

Es gibt in Frankreich verschiedene Arten von Arbeitsverträgen, den

• unbefristeten Vertrag	Le contrat à durée indéterminée (CDI),
• befristeten Vertrag	Le contrat à durée déterminée (CDD),
• Teilzeitvertrag	Le contrat de travail à temps partiel (CTT).

Es ist in Frankreich durchaus üblich, Arbeitsverträge mündlich abzuschließen. Allerdings gibt es stets eine schriftliche Einstellungsbestätigung: „La lettre d'engagement“, worin alles Wesentliche aufgeführt wird.

Laut Gesetz sind Arbeitsverträge in schriftlicher Form ausschließlich für Zeit-, Teilzeitarbeit und für Auszubildende erforderlich. In Form eines formlosen Briefs oder eines Vertrags ist die Vereinbarung möglich. Befristete Arbeitsverträge haben in den letzten Jahren in Frankreich zugenommen. Der Abschluss befristeter Verträge (Maximaldauer: 18 Monate) ist gesetzlich streng an bestimmte Kriterien gebunden wie z. B.:

- Notwendigkeiten von Saisonarbeiten,
- außergewöhnlicher Arbeitsanfall sowie
- das Ausfallen von fest angestellten Arbeitnehmern durch Krankheit.

Es ist ausländischen Bewerbern zu raten, sowohl bei befristeten als auch bei unbefristeten Arbeitsverhältnissen schriftliche Verträge abzuschließen, und zwar schon bevor sie in Frankreich eine Stelle antreten. Sie können unter Umständen auch einen Vertragstext in Ihrer Muttersprache wünschen oder – auf jeden Fall dessen Übersetzung.

Ein Arbeitsvertrag sollte folgende Punkte enthalten:

• Befristet/unbefristet	– déterminé/indéterminé
• Qualifikation	– qualification professionnelle
• Bezahlung	– rémunération
• Beschreibung des Postens	– poste attribué
• Funktion	– fonction
• Arbeitsort	– lieu de travail
• Arbeitszeit	– horaires de travail
• Probezeit	– période d'essai
• Tarifvertrag	– référence de la convention collective
• Einstellungsbeginn	– date d'embauche

Sowohl ANPE als auch APEC erteilen Ihnen weitere Auskünfte. Wichtige Hinweise zu diesem Thema finden Sie weiterhin in der Broschüre des Bundesverwaltungsamts *„Frankreich, Merkblatt Nr. 53, – Beilage A zum Merkblatt, Arbeitsrecht"*.

Im Internet bieten die folgenden Sites weitere Informationen:

- Travail-gouv.fr
  www.travail.gouv.fr

  Auf der Site des französischen Arbeitsministeriums können Sie verschiedene Informationsblätter und Formulare zum Thema „Arbeitsvertrag" herunterladen.

- Cadresonline.com
  www.cadresonline.com

  Eine Fülle praktischer Tipps für den Abschluss von Arbeitsverträgen finden Sie in der Rubrik „L'actualité" unter „Vos droits".

5.3 Sozialversicherung

Wenn Sie in Frankreich eine Arbeit aufnehmen, sind Sie grundsätzlich über die französische Sozialversicherung (URSSAF) versichert. Die Beiträge dazu werden direkt vom Gehalt abgezogen. Die „Sécurité Sociale" umfasst sowohl die Krankenversicherung als auch die Renten- und Familienkasse.

Ausländische Arbeitnehmer erhalten beim Antritt der Arbeit in Frankreich eine Sozialversicherungskarte. Kommen sie aus einem EU-Mitgliedsstaat, haben sie denselben sozialen Schutz wie die Franzosen. Es gibt allerdings zwischen Deutschland und Frankreich Absprachen, die es EU-ArbeitnehmerInnen auch erlauben, für eine begrenzte Zeit ihre Sozial- und Krankenversicherung im Heimatland beizubehalten.

Zu Besonderheiten in allen Fragen finden Sie Informationen in den bereits erwähnten Merkblättern des Bundesverwaltungsamts Köln:

- *„Beilage S zum Merkblatt 53, Frankreich"*,
- *„Soziale Sicherheit"*.

Das Internet ist eine ergiebige Informationsquelle zum Thema „Sozialversicherung". Hier eine wichtige Site:

- SOS-Net
  http://sos-net.eu.org
  „Droit des Étrangers" ist die relevante Rubrik dieser Site. Dort werden viele Fragen zur Arbeitslosigkeit, Sozialversicherung und zum Arbeitsrecht beantwortet.

- Sécurité Sociale
  www.securite-sociale.fr
  Hier finden Sie – differenziert nach verschiedenen Zielgruppen (wie z. B. étudiant, chômeur, salarié du commerce) – Antworten auf alle Fragen zur Sozialversicherung. Schwerpunkte sind:
  - La famille,
  - La maladie,
  - La retraite,
  - Les cotisations.

- Frankreich-Info
  www.botschaft-frankreich.de
  Die französische Botschaft gibt Merkblätter zu den Themen „Sozialversicherung" und „Krankenversicherung" heraus.

- Deutsche Rentenversicherung (ehemals BfA)
  www.deutsche-rentenversicherung-bund.de

  In der Rubrik „Häufig gestellten Fragen“ auf dieser Site werden verschiedene Aspekte der Rentenversicherung behandelt, beispielsweise die Frage, inwiefern im Ausland erworbene Rentenansprüche anerkannt und transferiert werden. Lesen Sie nach in der Rubrik „Beschäftigung in einem Mitglieds- / Einkommensstaat“.

5.4 Steuern

Welche Steuern zu entrichten sind, erfahren Sie in den „Centres des impôts“. Die Adressen finden Sie unter „Administration du Travail et de l'Emploi“ in den gelben Seiten (Pages Jaunes).

Zwischen Deutschland und Frankreich gibt es ein so genanntes Doppelbesteuerungsabkommen, um zu vermeiden, dass Arbeitnehmer in beiden Ländern zur Zahlung von Steuern herangezogen werden. Dieses Abkommen betrifft die Einkommens-, Vermögens-, Gewerbe- und Grundsteuer. Das Grundprinzip ist: Arbeitnehmer müssen grundsätzlich in dem Land die Steuern zahlen, in dem sie ihre Löhne und Gehälter verdienen. Sie sollten sich also schon vor Ihrer Abreise nach Frankreich über die Unterschiede und Gemeinsamkeiten in den Steuersystemen erkundigen. Hilfreich ist z. B. die Site der französischen Botschaft, insbesondere in der Rubrik „Leben und Arbeiten in Frankreich“:

- Französische Botschaft
  www.botschaft-frankreich.de

Weitere gute Informationen enthält die Broschüre:

„Frankreich, Merkblatt Nr. 53, Beilage A zum Merkblatt, Arbeitsrecht“, hrsg. vom Bundesverwaltungsamt Köln.

6 Nützliche Adressen für Arbeitsaufenthalte in Frankreich

In Frankreich

- Botschaft der Bundesrepublik Deutschland
  Ambassade Allemande
  13–15, avenue Franklin D. Roosevelt
  75008 Paris
  Telefon: (0033-1) 5383 4500
  Telefax : (0033-1) 4359 7418
  www.amb-allemagne.fr

Deutsche Generalkonsulate

- Consulat Général
  338, av. du Prado
  13295 Marseille Cedex 08
  Telefon: (0033-4) 9116 7520
  Telefax: (0033-4) 9116 7528
  www.marseille.diplo.de

- 337, bd. du Président Wilson
  33200 Bordeaux-Cauderau
  Telefon: (0033-5) 5617 1222
  Telefax: (0033-5) 5642 3265
  www.bordeaux.diplo.de

- 33, bd. des Belges
  69006 Lyon
  Telefon: (0033-4) 7269 9898
  Telefax: (0033-4) 7243 0694
  www.lyon.diplo.de

- 6, quai Mullenheim
  CS 100 30
  67084 Strassbourg Cedex
  Telefon: (0033-3) 8815 0340
  Telefax: (0033-3) 8875 7982
  www.strassburg.diplo.de

- Agence Nationale pour l'Emploi, ANPE
  4, rue Galilée
  93198 Noisy-le-Grand, Paris
  Telefon: (0033-1) 4931 7400
  www.anpe.fr

- Association pour l'Emploi des Cadres, APEC
  51, bd. Brune
  75014 Paris
  Telefon: (0033-1) 4052 2000
  Telefax : (0033-1) 4044 4094
  www.apec.fr

- Chambre Franco-Allemande de Commerce et d'Industrie
  18, rue Balard
  75015 Paris
  Telefon: (0033-1) 4058 3535
  Telefax : (0033-1) 4575 4739
  www.francoallemand.com

- Ministère de l'Éducation Nationale
  Direction des Affaires générales, internationales et de la Coopération
  110, rue de Grenelle
  75007 Paris
  Telefon: (0033-1) 5555 1010

- Centre d'Information et de Documentation Jeunesse, CIDJ
  101, quai Branly
  75015 Paris
  Telefon: (0033-1) 4449 1200
  Telefax: (0033-1) 4065 0261
  www.cidj.com

- Office franco-allemand pour la Jeunesse, OFAJ
  51, rue de l'Amiral Mouchez
  75013 Paris
  Telefon: (0033-1) 4078 1818
  Telefax : (0033-1) 4078 1888
  www.dfjw.org

- DAAD
  Office Allemand d'Echanges Universitaires
  24, rue Marbeau
  75116 Paris
  Telefon: (0033-1) 4417 0230
  Telefax : (0033-1) 4417 0231
  http://paris.daad.de

In Deutschland

- Botschaft der Französischen Republik in Deutschland (Konsularabteilung)
  Pariser Platz 5
  10117 Berlin
  Telefon: (030) 5900390-00
  Telefax: (030) 590039110
  www.botschaft-frankreich.de

- Französische Konsulate in Deutschland

  Poststr. 24
  40213 Düsseldorf
  Telefon: (0211) 828546 0
  Telefax: (0211) 828546 16

  Zeppelinallee 35
  60325 Frankfurt/Main
  Telefon: (069) 795096 0
  Telefax: (069)795096 46

  Am Ludwigsplatz 10
  66117 Saarbrücken
  Telefon: (0681) 9474 581
  Telefax: (0681) 9474 696

  Richard-Wagner-Str. 53
  70184 Stuttgart
  Telefon: (0711) 237470
  Telefax: (0711) 23747 38

  Heimeranstr. 31
  80339 München
  Telefon: (089) 419411 0
  Telefax: (089) 419411 23

- Französische Kulturinstitute
  www.kultur-frankreich.de
  Es gibt französische Kulturinstitute in den folgenden Städten: Aachen, Berlin, Bonn, Bremen, Dresden, Düsseldorf, Erfurt, Erlangen, Essen, Frankfurt, Freiburg, Hamburg, Hannover, Karlsruhe, Kiel, Köln, Leipzig, Magdeburg, Mainz, München, Rostock, Saarbrücken, Stuttgart, Tübingen.

- Deutsch-Französisches Jugendwerk
  Molkenmarkt 1
  10179 Berlin
  Telefon: (030)-2887570
  Telefax: (030)-28875788
  www.dfjw.org

  CIDU - Maison de France
  Dokumentationszentrum
  Kurfürstendamm 211
  10719 Berlin
  Telefon: (030) 88590286
  Telefax: (030) 88590287
  www.cidu.de

- Bundesverwaltungsamt
  Informationsstelle für Auswanderer und Auslandstätige
  Eupener Str. 125
  50933 Köln
  Telefon: (01888) 358 4999
  Telefax: (01888) 358 4879
  www.bva.bund.de

- Französische Handelskammer in Deutschland
  Lebacher Str. 4
  66113 Saarbrücken
  Telefon: (0681) 9963 0
  Telefax: (0681) 9963 111
  www.ccfa-saa.com

- Europäisches Berufsberatungszentrum
  Arbeitsamt Rastatt
  Karlstraße 18
  76437 Rastatt
  Telefon: (07222)-930234
  Telefax; (07222)-930158
  www.europaserviceba.de

- Auswärtiges Amt
  Werderscher Markt 1
  10117 Berlin
  Telefon: (01888) 170
  www.auswaertiges-amt.de

- Bundesagentur für Außenwirtschaft
  Agrippastr. 87
  50676 Köln
  Telefon: (0221) 2057 0
  Telefax: (0221) 2057 212
  www.bfai.de

- InWEnt
  Friedrich-Ebert-Allee 40
  53113 Bonn
  Telefon: (0228) 4460 0
  Telefax: (0228) 4460 1766
  www.inwent.org

- Deutscher Akademischer Austauschdienst (DAAD)
  Kennedyallee 50
  53175 Bonn
  Telefon: (0228) 882 0
  Telefax: (0228) 882 444
  www.daad.de

- Europäische Kommission
  Vertretung in der Bundesrepublik Deutschland
  Unter den Linden 78
  10117 Berlin
  Telefon: (030) 2280 2000
  Telefax: (030) 2280 2222
  www.eu-kommission.de

- Vertretung in München
  Erhardtstr. 27
  80331 München
  Telefon: (089) 242448 0
  Telefax: (089) 242448 15

- Vertretung in Bonn
  Bertha-von-Suttner-Platz 2-4
  53111 Bonn
  Telefon: (0228) 53009 0
  Telefax: (0228) 53009 50

- Zentralstelle für Arbeitsvermittlung (ZAV)
  Villemombler Str. 76
  53123 Bonn
  Telefon: (0228) 713 0
  Telefax: (0228) 7131 111
  www.arbeitsagentur.de

Schweizer Institutionen in Frankreich

- Schweizer Botschaft Paris
  Ambassade de Suisse
  142, rue de Grenelle
  75007 Paris
  Telefon: (0033-1) 49556700
  Telefax: (0033-1) 49556767
  www.eda.admin.ch/paris

- Schweizer Generalkonsulat
  Consulat Général de Suisse
  14, cours Xavier Arnozan
  33080 Bordeaux Cedex
  Telefon: (0033-5) 56 52 18 65
  Telefax: (0033-5) 56 44 08 65

- Schweizer Generalkonsulat
  Consulat général de Suisse
  4, Place Charles Hernu
  69616 Villeurbanne
  Telefon: (0033-4) 72 75 79 10
  Telefax: (0033-4) 72 75 79 19

- Schweizer Generalkonsulat
  Consulat général de Suisse
  7, rue d'Arcole
  13291 Marseille Cedex 6
  Telefon: (0033-4) 961014 10/11
  Telefax: (0033-4) 91 57 01 03

- Schweizer Generalkonsulat
  Consulat général de Suisse
  11, bd. du Président Edwards
  67083 Strasbourg, France
  Telefon: (0033-3) 88 35 00 70
  Telefax: (0033-3) 88 36 73 54

- Swiss Business Hub France
  Centre Suisse d'Affaires (CSA)
  c/o Ambassade de Suisse
  142, rue de Grenelle
  75007 Paris
  Telefon: (0033-1) 495567 85
  Telefax: (0033-1) 495567 86
  www.osec.ch

- Chambre de Commerce Suisse en France
  10, rue de Messageries
  75010 Paris
  Telefon: (0033-1) 48010077
  Telefax: (0033-1) 48010575
  www.ccsf.com

Französische Institutionen in der Schweiz

- Französische Botschaft
  Ambassade de France
  Schosshaldenstrasse 46
  3006 Bern
  Telefon: (0041-31) 359 21 11
  Telefax : (0041- 31) 359 21 91
  www.ambafrance-ch.org

- Französisches Generalkonsulat Genf
  Consulat général Genève
  2 cours des Bastions
  1205 Genève
  Telefon: (0041-22) 3190000
  Telefax : (0041-22) 3190071
  www.consulfrance-geneve.org

- Französisches Generalkonsulat Zürich
  Consulat général Zurich
  Signaustrasse 1
  8008 Zurich
  Telefon: (0041-1) 268 85 85
  Telefax: (0041-1) 268 85 00
  www.consulatfrance-zurich.org

- Chambre France Suisse pour le Commerce et l'Industrie
  5, route de Chêne
  1211 Genève 6
  Telefon: 0041-228490570
  Telefax: oo41-227350133
  www.cfsci.ch

Österreichische Institutionen in Frankreich

- Österreichische Botschaft
  Ambassade d'Autriche en France
  6, Rue Fabert
  F-75007 Paris
  Telefon: (0033-1) 4063 3063
  Telefax: (0033-1) 4555 6365
  www.aussenministerium.at/paris

- Konsularabteilung
  Section Consulaire
  Ambassade d'Autriche
  17, avenue de Villars,
  75007 Paris
  Telefon: (0033-1) 40 63 30 90
  Telefax: (0033-1) 45 55 63 65

- Generalkonsulat der Österreichischen Botschaft
  Consulat Général
  29, Avenue de la Paix
  67000 Strassbourg
  Telefon: (0033-388) 351 394
  Telefax: (0033-338) 251988

- Österreichisches Kulturforum
  17, avenue de Villars,
  F-75007 Paris
  Telefon: (0033-1) 47 05 27 10
  Telefax: (0033-1) 47 05 26 42
  www.fca-fr.com

- Ambassade d'Autriche
  Section Commerciale
  6, av. Pierre 1er de Serbie
  75116 Paris
  Telefon: (0033-1) 53230505
  www.austriantrade.org

Französische Institutionen in Österreich

- Französische Botschaft
  Ambassade de France
  Technikerstrasse 2
  1040 Wien
  Telefon: (0043-1) 502750
  Telefax: (0043-1) 5027 5168
  www.ambafrance-at.org

- Chambre de Commerce Franco-Autrichienne
  Am Heumarkt 10
  1030 Wien
  Telefon: (0043-1) 71147380
  Telefax: (0043-1) 7133981
  www.ccfa.at

Bewerben und Arbeiten in Italien

I

1 Arbeitssuche in Italien

1.1 Der italienische Arbeitsmarkt

Generell sind die Erfolgsaussichten, einen Arbeitsplatz zu finden, in Norditalien größer als in Süditalien. Und: Bewerber mit technischer oder wirtschaftlicher Berufsausbildung und -erfahrung haben am ehesten eine Chance, bei der Arbeitssuche fündig zu werden. Gute Aussichten bestehen aber auch in den Pflegeberufen. Auch (Aushilfs-) Personal für das Hotel-/Gaststättengewerbe und den Tourismus wird gesucht. Erste Voraussetzung für den Erfolg sind in jedem Falle gute Italienischkenntnisse.

Im Internet können Sie aktuelle Informationen über den italienischen Arbeitsmarkt abrufen unter:

- Ministero del Lavoro e delle Politiche Sociali
  www.welfare.gov.it

  In der Sparte „Studi e statistiche sul mercato del lavoro" finden Sie relevantes Datenmaterial wie Konjunkturindikatoren und Arbeitslosenzahlen. Auf dieser Site können Sie ebenfalls herausfinden, in welchen Branchen verstärkt Leute eingestellt werden - und zwar geordnet nach den einzelnen Regionen Italiens. So gab es beispielsweise zum Zeitpunkt unserer Recherche im Veneto ein bemerkenswertes Arbeitsplatzangebot für die folgenden Berufe:

  - kaufmännische Handelsvertreter,
  - Systemanalytiker,
  - Kellner, Köche,
  - Maschinenbauingenieure.

- EURES
  http://europa.eu.int/eures/main.jsp

  Natürlich ist auch die EURES-Site eine gute Informationsquelle. Beachten Sie insbesondere die Sparte „Infos zu Leben und Arbeiten". Von den verschiedenen nationalen Arbeitsverwaltungen werden hier Daten zum Arbeitsmarkt zusammengestellt. Sie können z. B. nachlesen, in welchen Bereichen es in Italien eine Nachfrage bzw. ein Überangebot an Arbeitskräften gibt.

1.2 Arbeitssuche von Deutschland aus

Arbeitssuchende, die sich für eine Auslandstätigkeit interessieren, können sich schon in Deutschland an die ZAV wenden und Informationen einholen:

- Zentralstelle für Arbeitsvermittlung (ZAV)
  Villemombler Straße 76
  53123 Bonn
  Telefon: (0228) 713-0
  Telefax: (0228) 713-1111
  www.arbeitsagentur.de

Die ZAV vermittelt in den folgenden Bereichen Interessenten ins Ausland. Es haben:

- beruflich qualifizierte Fach- und Führungskräfte eine Chance, die bei internationalen Organisationen arbeiten wollen,
- ebenso jüngere Arbeitnehmer (zwischen 18 und 30 Jahren), die zu allgemeinen sprachlichen und speziellen beruflichen Fortbildungsmaßnahmen ins Ausland wollen, z. B. Krankenpfleger/innen, Sekretärinnen, Speditionskaufleute, Hotel- und Gaststättenpersonal sowie Facharbeiter/innen,
- auch Ferienjobsuchende wie Studenten und Abiturienten (Tourismus, Hotel- und Gaststättengewerbe) werden vermittelt.

Die ZAV trägt somit entscheidend dazu bei, dass mit der Zeit immer mehr auslandserfahrene, fähige Mitarbeiter dem deutschen und internationalen Arbeitsmarkt zur Verfügung stehen. Nachzulesen in der Informationsbroschüre der ZAV:

„Jobs und Praktika im Ausland“.

In der Zeitung *„Markt und Chance“*, die bei allen Arbeitsämtern in Deutschland ausliegt, finden Sie auch ausländische Stellenanzeigen.

Die Europa-Hotline der Bundesagentur für Arbeit ist bei Fragen zu Jobs und Praktika unter 0180-5222023 zu erreichen.

EURES

Schon in Deutschland können Sie sich bei Ihrem örtlichen Arbeitsamt über Stellenangebote in Italien informieren, die im EURES-Netz inseriert sind. Denn EURES, das European Employment System, ist die Antwort der Europäischen Union auf die Anforderungen des gemeinsamen europäischen Arbeitsmarkts. Die EURES-Zentren arbeiten in einem Datenverbund mit den jeweiligen nationalen Arbeitsämtern zusammen. Auch private Vermittlungsagenturen sind ihnen angeschlossen. Das Netz geballter Beratungskompetenz umfasst über 500 EURES-Berater, die europaweit über offene Stellen und darüber hinaus über Lebens- und Arbeitsbedingungen im Gastland informieren. Die Internetadresse von EURES lautet:

www.europa.eu.int/jobs/eures

Stellenangebote können Sie auf der Website unter „EURESJobsearch" abrufen. Am Tag unserer Recherche fanden wir insgesamt 58 freie Stellen für Italien in der Datenbank, unter anderem für die folgenden Berufe:

4 Physiker, Mathematiker, Ingenieure,

6 Verkaufs-/Diensthilfskräfte.

http://europa.eu.int/eures/home.jsp?lang=de

Die Europäischen Berufsberatungszentren helfen Ihnen ausschließlich bei der Arbeitssuche im europäischen Ausland weiter. In Deutschland berät etwa das Arbeitsamt München über die Arbeitssuche in Italien:

- Europäisches Berufsberatungszentrum
  Arbeitsamt München
  Kapuziner Straße 26
  80337 München
  Telefon: (089) 51540
  Telefax: (089) 51546669

Die italienische Version der EURES-Dienste finden Sie übrigens unter:

- Eures Italien
  www.welfare.gov.it/eures

Die deutsch-italienische Handelskammer

Auch die deutsch-italienische Handelskammer ist Ihnen bei der Arbeitssuche behilflich. Für 25 Euro wird man Ihre Adresse in eine Datenbank aufnehmen, die allen Mitgliedsfirmen der Kammer zugänglich ist. Zusätzlich bekommt man die Möglichkeit, für diesen Obulus zwei Anzeigen im Mitteilungsblatt der Kammer aufzugeben.

- Camera di Commercio Italo-Germanica
  Via Napo Torriani, 29
  20124 Milano
  Telefon: (0039-02) 679131
  Telefax: (0039-02) 66980964
  www.ahk-italien.it

Im Internet können Sie genaue Informationen über die Dienstleistungen der Kammer aufrufen. Dazu gehören die Sparten:

- Marketingangebote,
- Recht, Steuern,
- Personalsuche,
- Berufsausbildung.

Die Kammer stellt für die angeschlossenen Unternehmen Kontakte zu den Arbeitssuchenden her. Rechtsreferendare haben übrigens die Möglichkeit, im Rahmen ihres Studiums und der geforderten Praktika an der deutsch-italienischen Auslandshandelskammer zu arbeiten. Vereinzelt werden Praktikumsplätze vergeben. Gegen eine Gebühr können auch Nichtmitglieder Adressen von interessanten Niederlassungen deutscher Unternehmen erfahren.

1.3 Arbeitssuche vor Ort

Die staatlichen Arbeitsämter

In Italien haben die nationalen Arbeitsämter (Ufficio Regionale/Provinciale del Lavoro) das Vermittlungsmonopol für Arbeiter und Angestellte. Sie sind auch für leitende Angestellte zuständig. Das bedeutet, dass sich alle Arbeitssuchenden, auch sämtliche EU-Bürger, beim Arbeitsamt einschreiben müssen. Nach Vorlage der notwendigen Dokumente (vgl. Kapitel 5) wird man in die „Lista dei disoccupati“ aufgenommen und erhält die so genannte „Cartolina rosa“. Ohne diese Karte kann keine Einstellung erfolgen.

Ist dieser administrative Teil erfüllt, ist für das Arbeitsamt theoretisch der Weg frei, eine Arbeitsstelle zu vermitteln. In der Praxis aber sind die Chancen, eine Stelle durch das Arbeitsamt vermittelt zu bekommen, sehr gering. Am größten sind die Aussichten noch für Arbeiter.

Sie bekommen vielleicht Ihrem Platz auf der Warteliste entsprechend irgendwann eine Stelle angeboten.

Besser, da erfolgversprechender, ist es, selbst nach einem Job zu suchen. Dies ist effizient mit ein wenig Engagement möglich! Der zukünftige Arbeitgeber muss Sie später lediglich beim Arbeitsamt als neuen Mitarbeiter melden.

Diese Anmeldung muß in jedem Fall im Ufficio di Collocamento (auch Ufficio Regionale oder Provinciale del Lavoro genannt) des Wohnorts vorgenommen werden. Die Adressen der örtlichen Arbeitsämter finden Sie übrigens in den Telefonbüchern. Im Internet finden Sie die Adressen der einzelnen Provinzen unter:

- Comuni Italiani.it
  www.comuni-italiani.it

Manche italienischen Arbeitsämter bieten auch Fortbildungskurse an, haben einen Telefonservice für offene Stellen oder helfen bei der Erstellung der Bewerbungsunterlagen. Erkundigen Sie sich genau über die speziellen Aktivitäten des für Sie zuständigen Arbeitsamts.

Den Berufsanfängern stehen in den staatlichen Arbeitsämtern übrigens die so genannten „Informagiovani" zur Verfügung. Es ist nicht notwendig, sich dort erst einmal registrieren zu lassen, um Stellenangebote einzusehen und an Auskünfte über vielerlei Themen wie Universitäten, kulturelle Veranstaltungen und Freizeitangebote heran zu kommen. Die Informagiovani versuchen, auf unbürokratischem Weg jungen Menschen durch das Bereitstellen von Informationen weiterzuhelfen.

Tipp!

An vielen italienischen Universitäten gibt es Arbeitsvermittlungsbüros, die mit dem nationalen Arbeitsamt kooperieren. Darüber hinaus sind auch Jobmessen attraktiv, die sich speziell an Hochschulabsolventen richten. Interessante Termine erfahren Sie aus der Tagespresse, dem Internet und an den Universitäten selbst.

Für die Arbeitssuche in Italien bieten sich folgende Möglichkeiten an:

- Vermittlung durch Freunde, Kollegen und Bekannte,
- Arbeitssuche und Bewerbung per Internet,
- Inanspruchnahme privater Vermittlungsagenturen,
- Bewerbung auf Stellenanzeigen in den Printmedien,
- Veröffentlichung eines Stellengesuchs in der Presse,
- Spontane Bewerbungen bei italienischen Unternehmen.

Weitere Informationen über die Arbeitssuche in Italien können Sie beim Ministero del Lavoro e della Previdenza Sociale in Erfahrung bringen:

- Ministero del Lavoro e della Previdenza Sociale
  Direzione Generale per l'Impiego
  Via Flavia, 6
  00187 Roma
  Telefon: (0039-06) 46831
  www.welfare.gov.it

Vermittlung durch Freunde und Bekannte

Die Mehrzahl der freien Stellen wird nicht durch Zeitungsanzeigen oder Arbeitsämter, sondern durch Mund-zu-Mund-Propaganda bekannt gemacht. Die größten Chancen, in Italien eine Arbeit zu finden, haben Sie daher, wenn Sie über Freunde, Kollegen, Bekannte, Familienmitglieder etc. von einer offenen Stelle erfahren und sich entweder direkt mit der Firma in Verbindung setzen oder erste Kontakte durch die schon bekannte Person knüpfen lassen. Haben Sie noch keine Verbindung zu wichtigen Informationsgebern, so versuchen Sie, Kontakte aufzubauen.

Networking ist sicher bei der Arbeitssuche wie auch in anderen europäischen Ländern sehr wichtig - aber in Italien spielen Beziehungen eine noch viel bedeutendere Rolle.

Private Vermittlungsagenturen in Italien

Personalberatungsagenturen vermitteln vor allem Stellen im mittleren und gehobenen Management. Entsprechende Adressen finden Sie in den Gelben Seiten (Pagine Gialle) unter „Ricerca e Selezione Personale" sowie im Internet.

Darüber hinaus sind für Zeitarbeit und Teilzeitarbeit auch private Vermittlungsagenturen in Italien zugelassen. Adressen finden Sie in den Gelben Seiten unter „Lavoro Interinale e Temporaneo". Die wichtigsten Agenturen können Sie auch über das Internet herausfinden, beispielsweise:

- www.manpower.it
- www.adecco.it
- www.interinaleitalia.it
- www.lavorointerinale.it

1.4 Stellenanzeigen

Ausländische Berwerber werden bei ihrer Arbeitssuche vor allem auf Stellenanzeigen in örtlichen oder überregionalen Zeitungen, im Internet sowie auf unaufgeforderte Bewerbungen zurückgreifen müssen, wenn sie nicht schon vorher über Beziehungen Ansprechpartner in Firmen gefunden haben. Auch die Zeitschriften der Berufsverbände (Associazioni di Categoria) und der Gewerkschaften (Sindacati) enthalten Stellenangebote.

Wenn Sie mit all dem nicht weiterkommen, geben Sie einfach selbst eine Anzeige im Kleinanzeigenteil der Tageszeitung des Orts Ihrer Wahl in der entsprechenden Rubrik auf. Normalerweise wird dabei die Telefonnummer als Kontaktmöglichkeit angegeben. Vielleicht ist es in diesem Fall nützlich, eine Adresse vor Ort angeben zu können, die Nachrichten weiterleiten kann.

Interessante Stellenanzeigen sind in folgenden Zeitungen und Zeitschriften zu finden:

Nationale Zeitungen

Zeitung		Erscheinungstag der Stellenanzeigen
„*Corriere della Sera*“ (Mi)	täglich	Freitag
„*La Repubblica*“ (Roma)	täglich	Freitag
„*Il Giornale*“ (Mi)	täglich	Donnerstag
„*Il Sole 24 Ore*“ (Mi)	täglich	Freitag
„*Italia Oggi*“	täglich	Freitag
„*Impiego & Lavoro*“	14-tägig	jede Ausgabe*
„*La Rivista della Scuola*“	14-tägig	jede Ausgabe*
„*Concorsi/Giovani*“	14-tägig	jede Ausgabe*
„*Progetto Lavoro*“	monatlich	jede Ausgabe

In den mit einem Sternchen gekennzeichneten Medien sind vor allem die „Concorsi“ für öffentliche Stellen ausgeschrieben. Es sind jedoch auch Angebote privater Firmen zu finden sowie in der Regel wichtige allgemeine Hinweise für die Arbeitssuche. Außerdem eignen sich diese Zeitschriften und Zeitungen für eigene Inserate zur Arbeitssuche.

Viele der Zeitungen publizieren inzwischen Onlineausgaben, sodass Sie schon von Deutschland aus im Internet nach offenen Stellen Ausschau halten können. Dazu gehören:

- Corriere della Sera
  www.corriere.it

  Mit dem Teil „TrovoLavoro" wendet sich diese Site insbesondere an Berufsanfänger und Hochschulabsolventen. Sie enthält nicht nur Stellenangebote, sondern auch viele Tipps für die Arbeitssuche und Bewerbung (unter „Strumenti"). Auch Firmenporträts können Sie hier abrufen.

- La Repubblica
  www.repubblica.it

  Die Stellenangebote unter „Lavoro/TuttoLavoro" lassen sich nach den Kriterien „Settore" und „Area Geografica" durchsuchen. In der Sparte „Notizie" werden aktuelle Trends auf dem Arbeitsmarkt beschrieben, in der Rubrik „Interviste" dagegen geben Experten Interviews.

- Il Sole 24 Ore
  www.ilsole24ore.com

  Ein Blick in diese Onlineausgabe der Zeitung ist in jedem Fall für einen Arbeitssuchenden lohnend: Informationen über den Arbeitsmarkt finden Sie in der Sparte „Economia e Lavoro", die Stellenangebote werden unter „Job24" aufgeführt. Auch die Liste der Links „Indirizzi utili" am rechten Bildrand ist empfehlenswert.

Hinweis!

In den umfassenden Stellenanzeigen der italienweit erscheinenden Tageszeitungen sind die suchende Firma, die Anforderungen an den Bewerber und die Stelle selbst oft ausführlich beschrieben. Gehaltsangaben dagegen sind so gut wie nie zu finden. Sonstige Leistungen werden meistens nur kurz genannt. In manchen Annoncen wird insbesondere darauf verwiesen, dass für die Firma uninteressante Bewerbungsschreiben nicht beantwortet würden. Viele Unternehmen erwarten, dass die Bewerbungsunterlagen per Express gesendet werden.

Regionale Zeitungen

In Italien gibt es sehr viele Tageszeitungen, fast jede Stadt hat ihre eigene. Beispielsweise

- *„La Stampa"* (Turin),
- *„La Nazione"* (Florenz),
- *„Il Mattino"* (Neapel),

um nur einige wenige zu nennen.

Dort sind ebenfalls Stellenanzeigen zu finden, und zwar in jeder Ausgabe. Sie erscheinen meistens hinter den Kleinanzeigen. Bei den ausgeschriebenen Stellen handelt es sich allerdings in diesen Fällen oft um weniger verantwortungsvolle Posten, was bedeutet, dass diese Medien nur für einen bestimmten Personenkreis besonders attraktiv sind.

Tipp!

Für Studenten oder Interessenten an Gelegenheitsjobs bieten sich die wöchentlich erscheinenden Anzeigenblätter (meist gratis für den Anzeigenaufgeber, der Interessent muss bezahlen) vieler Städte an. Im Folgenden nennen wir einige Beispiele.

„Secondamano" (Mailand, Turin, Genua)	www.secondamano.it
„La Pulce" (Treviso)	www.lapulce.it
„Porta Portese" (Rom)	www.porta-portese.it
„Bric a Brac" (Neapel)	www.bricabrac.it
„Affarinet.it" (Messina)	www.affarinet.it
„La Loggia dei Mercanti" (Macerata)	www.loggiamercanti.it
„Il Rò Più" (Rovigo)	www.ilro.it
„Il Mercatino" (Trieste)	www.ilmercatino.it
„Informaffare" (Vercelli)	www.informaffare.it
„Cerco e Trovo" (Perugia)	www.cercoetrovo.it
„Bazar.it" (Bolzano)	www.bazar.it

Internetadressen weiterer regionaler Zeitungen werden aufgelistet unter dem Stichwort „Italy Newspapers", im Internet zu finden unter:

- Onlinenewspapers
  www.onlinenewspapers.com:80/italy.htm

Und zum Schluss sollen auch noch die für Rom erscheinenden englischsprachigen Zeitungen aufgeführt werden: Denn „*Wanted in Rome*", „*Metropolitan*" sowie die „*English Yellow Pages*" (für Rom, Mailand, Bologna, Florenz, Turin) sind sehr ergiebige Medien für die Arbeitssuche. Im Internet finden sie die Gelben Seiten unter: www.paginegialle.it

1.5 Arbeitsuche und Bewerbung per Internet

Die wesentlichen Vorteile einer Stellensuche in Italien per Internet liegen auf der Hand:

- Sie können die Recherche von Deutschland aus vornehmen, möglicherweise sogar von zu Hause aus.
- Das Internet arbeitet an sieben Tagen der Woche, 24 Stunden pro Tag, Sie sind nicht an Bürostunden oder Arbeitszeiten gebunden.
- Sie erkennen aufgrund der Offerte im Internet sofort, wie aktuell ein Stellenangebot ist.
- Sie finden hauptsächlich Firmen aus Wachstumsbranchen vor, die im Internet vorrangig vertreten sind.
- Hightech-Firmen haben auch zahlreiche Stellen für Normalsterbliche zu vergeben, z. B. in der Verwaltung, im Marketing oder im Vertrieb.
- Sie können sich direkt über die für Sie interessanten Firmen informieren.
- Häufig können Sie Ihre Bewerbung per E-Mail direkt an Ihren Wunscharbeitgeber versenden. Aber Vorsicht! Schicken Sie nicht vorschnell eine nicht ausgefeilte Bewerbung. Bearbeiten Sie alle Unterlagen zunächst sorgfältig offline, prüfen Sie alle Texte zweimal und kontrollieren Sie, ob sämtliche Anlagen vorhanden sind.

In den Onlinejobbörsen finden Sie eine Vielzahl von Informationen, die für Ihre Stellensuche von allergrößtem Nutzen sein werden:

- Stellendatenbanken,
- Tipps für die Arbeitssuche und Bewerbung in Italien,
- Namen von Vermittlungsagenturen,
- Firmendaten,
- Links zu Zeitungen und Zeitschriften u. a. mit Stellenanzeigen,

- Links zu Unternehmenswebsites und Verbänden mit konkreten Stellenangeboten,
- Chatgroups und Foren, d. h. jede Menge Networkingmöglichkeiten,
- Datenbanken für Lebensläufe,
- Suchmaschinen für effizientes und schnelles Durchforsten der Datenfluten (Motori di ricerca).

Tipp!

Wenn Sie für Ihre Arbeitssuche im Internet recherchieren möchten, hier einige Begriffe, die sich für die Suche eignen:

> *Occupazione, Lavoro, Offerta(e)+Lavoro, Ricerca(che)+Lavoro, Richiesta(e)+Lavoro, Jobs, Telelavoro, Borse+Studio.*

Und dazu die Adressen einiger italienischer Suchmaschinen:

- *www.yahoo.it*
- *www.google.it*
- *www.kataweb.it*
- *www.libero.it*
- *www.msn.it*
- *web.tiscali.it*
- *www.virgilio.it*

Nicht nur in Hightechfirmen sind Computer heutzutage unverzichtbar und es wird grundsätzlich als Zeichen von Professionalität gewertet, die elektronischen Möglichkeiten effizient zu nutzen. So ist es z. B. üblich, seinen Lebenslauf am Computer zu verfassen und diesen dann an eine Datenbank weiterzugeben bzw. die Bewerbung direkt an eine Firma zu mailen.

Einige ausgewählte Internetadressen für die Stellensuche in Italien

Im Folgenden haben wir aus den italienischen Onlinestellenmärkten diejenigen ausgewählt und beschrieben, die uns am besten gefielen. Keine Internetliste kann vollständig sein, nutzen Sie unsere Auswahl also zur Orientierung, für die erste Recherche oder für die gezielte Stellensuche und Bewerbung.

Und beachten Sie bitte, dass sich die Internetadressen und ihre Inhalte schnell ändern können.

- Bollettino del Lavoro.it
  www.bollettinodellavoro.it

  Das ist die Internetsite der Zeitschrift „*Bollettino del Lavoro*“, die jeweils am 1. und 15. jeden Monats in 13 italienischen Regionen erscheint. Die Publikation richtet sich an Arbeitssuchende, Unternehmen, Personalberatungsagenturen und private Vermittlungsagenturen für Zeit- und Teilzeitarbeit. In Bezug auf eine gezielte Suche mithilfe der Datenbank ist es wichtig, die Felder „zona geografica" (gewünschte Gegend) und „figura ricercata" (Berufsprofil) auszufüllen.

- Click4talent
  www.bancalavoro.it

  Bancalavoro ist die Site der Online-Personalberatungsagentur Click4talent. Sie bietet die Möglichkeit, den eigenen Lebenslauf einzugeben und alle in der Datenbank enthaltenen Stellenangebote nach verschiedenen Kriterien abzurufen:

  - Parole chiave,
  - Settore merceologico,
  - Regione und
  - Ultime offerte

  Außerdem können Sie von einem Diskussionsforum sowie Expertenratschlägen (unter „Consulta i documenti“) profitieren.

- Cliccalavoro
  www.cliccalavoro.it

  Auf der Homepage werden folgende Dienste der Site aufgelistet.

  - I nostri servizi,
  - Trova lavoro,
  - News lavoro,
  - My job (E-Mail-Dienst),
  - Chi assume,
  - Formazione.

  Kriterien für die Stellensuche sind: Berufsfeld, Region und Art der Anstellung. Mithilfe des E-mail-Services „Job Alert" stellt sich der Bewerber durch eine Beschreibung seines beruflichen Profils vor.

- Lavoronline
  www.lavoronline.com

  Eine übersichtliche und leicht zu erfassende Darstellung zeichnet die Site von Lavoronline aus. Um den Lebenslauf in die Datenbank eingeben zu können, ist es notwendig, sich registrieren zu lassen. Die Homepage ermöglicht sofortigen Zugriff auf die Links „Le Offerte" und „Le News" mit zahlreichen aktuellen Nachrichten, die nach dem Veröffentlichungsdatum aufgelistet sind.

- Monster
  www.monster.it

  Monster bezeichnet sich selbst als „Worldwide Leader in Online Recruiting". Für Bewerber sind folgende Themen interessant:

  - Cercalavoro: Tausende von Stellenangeboten sind hier nach verschiedenen Kategorien aufgelistet. Kriterien für die Suche sind: „Parola chiave", „Categoria professionale", „Regione", „Canali" und „Aziende".
  - My Monster: Alle registrierten Nutzer können ihre Lebensläufe in die Jobdatenbank eingeben und sich zu ihrem Profil passende Angebote mailen lassen.
  - Lavoro & Carriere: Hier geben Experten Ratschläge zur Karriereplanung und Tipps für die Arbeitssuche durch gezielte Fachartikel und Foren. .

- JobOnline
  www.jobonline.it

  Diese Jobsite bietet viele Stellenangebote, Tipps und interessante Artikel zum Thema „Arbeit". Die Homepage ist in folgende Rubriken gegliedert:

  - Aziende (Unternehmen),
  - Offerte di lavoro (Stellenangebote),
  - Concorsi pubblici (öffentliche Stellenausschreibungen),
  - Formazione e ricerca (Bildung und Forschung),
  - Guida Master (Masterstudienprogramme),
  - Formazione post-laurea (Postgraduierten-Studiengänge).

  Alle Stellenangebote und Fachartikel sind auf übersichtliche Weise dargestellt und helfen, einen Überblick zu bekommen. Angemeldete Mitglieder erhalten wöchentlich einen Newsletter.

- Joblitz
  www.joblitz.it

  Unter „Candidati" sind folgende Rubriken zu finden:

  - MyJob,
  - Inserimento Curricula (Eingabe von Lebensläufen),
  - Offerte di lavoro (Stellenangebote),
  - Ultimi annunci (neuste Anzeigen).

- Stepstone Italien
  www.stepstone.it

  Die Arbeitssuche in der Stellendatenbank ist auf verschiedene Arten möglich. Sie können wählen zwischen „Ricerca veloce", „Ricerca avanzata", „Ricerca per parola chiave" oder „Ricerca per azienda". Unter „Ultimi annunci" lassen sich die aktuellsten Angebote abrufen. Ein E-Mail-Dienst steht auch zur Verfügung.

  In der Sparte „Agenzie per il lavoro" werden Personalvermittlungsagenturen aufgelistet, unter „Presentazioni aziendali" finden Sie Firmenportaits.

- Okkupati RAI
  www.okkupati.rai.it

  Das ist die Site des Fernsehprogramms „Occupati", das wöchentlich im dritten Programm des öffentlichen Fernsehsenders RAI gesendet wird. Im Internet sind alle bereits ausgestrahlten Folgen nochmals zu sehen und es gibt sehr viele Informationen und Beispiel gebende Erfahrungsberichte von Jugendlichen, die mit originellen Ideen Arbeit gefunden haben, durch die man sich anregen lassen kann. Zwei gesonderte Rubriken widmen sich der Stellensuche bzw. der Berufsausbildung. Diese ermöglichen den Zugriff auf viele stets aktualisierte Stellenangebote und bieten an, den eigenen Lebenslauf einzugeben, damit er professionell aussieht und fehlerlos den Adressaten erreicht.
  Durch ausgewählte Links gelangt man zu interessanten Informationen über aktuelle Entwicklungen auf dem italienischen Arbeitsmarkt.

Und noch eine besonders wichtige Adresse für Ihre Arbeitssuche in Italien zum Schluss:

- Ministero del Lavoro e della Previdenza Sociale
  (Arbeits- und Sozialministerium)
  www.welfare.gov.it

2 Deutsch - italienische Formulierungshilfen

2.1 Bausteine für die schriftliche Bewerbung

Auf diesem Wege möchte ich mich um die Stelle als ... bewerben.	Con la presente vorrei fare domanda per il posto libero ...
Ich habe Ihre Anzeige in ... gelesen und bewerbe mich um die Stelle als ...	Ho letto il Vs annuncio nel ... e sarei interessato/a al posto libero.
Ich antworte auf Ihre o. a. Anzeige.	Con riferimento all'annuncio qui sopra riportato.
Ich beziehe mich auf Ihre Anzeige in ...	Mi riferisco al Vs annuncio nel ...
Sie suchen einen neuen ..., diese Stelle interessiert mich.	Cercate un nuovo ..., sarei interessato/a a questa attività.
Ich bewerbe mich um die Stelle als ...	Faccio domanda per il posto libero quale ...
Ich habe von Herrn XY gehört, dass Sie einen neuen Buchhalter suchen.	Dal signor XY ho sentito che cercate un nuovo contabile.
Hiermit möchte ich anfragen, ob Sie eine freie Stelle für einen Schaufensterdekorateur haben.	Mi rivolgo a Voi per chiedere se avete bisogno di un vetrinista.
Sehr geehrte Frau XY,	Gentile Signora XY,
Sehr geehrter Herr XY,	Egregio Signor XY,
zu Händen von ... Herrn/Frau XY/ Personalleiter	Alla cortese attenzione del Signor/della Signora XY/ Responsabile del Personale
Betrifft	Oggetto

Angaben zur Person

Ich bin am ... geboren.	Sono nato/a il ...
Ich bin ... Jahre alt.	Ho ... anni.

Ich bin ledig.	Sono celibe (v. Mann), sono nubile (v. Frau).
Ich bin verheiratet.	Sono coniugato/a.
Ich halte mich für eine verantwortungsbewusste Person und erledige die mir gestellten Aufgaben mit Fleiß und Kompetenz.	Sono una persona responsabile e svolgo il mio lavoro con impegno e professionalità.
Ich betrachte mich als zuverlässige Person und bewältige berufliche Herausforderungen mit Ernst und Einsatz.	Mi ritengo una persona affidabile che agisce con serietà e affronta con professionalità gli impegni lavorativi.

Schulbildung

Ich habe von 1987 bis 1997 die ... Schule besucht.	Dal 1987 al 1997 ho frequentato ...
Grundschule	la scuola elementare
Hauptschule	la scuola dell'obbligo
Realschule (gibt es nicht in Italien, entspricht aber der nebenstehenden Schullaufbahn)	la scuola secondaria di primo grado più due anni di scuola superiore a carattere tecnico
Gesamtschule	la scuola integrata (existiert nicht in Italien)
Gymnasium	il liceo
Handelsschule/Berufsschule	la scuola/l'istituto commerciale/professionale

Berufsausbildung

1990 bestand ich das Abitur.	Nel 1990 ho conseguito il diploma di maturità.
Nach dem Abitur ...	Dopo la maturità ...
Ich erwarb 1992 den Realschulabschluss.	Nel 1992 ho conseguito il diploma rilasciato dopo 2 anni di scuola superiore.

Von ... bis ... absolvierte ich den Wehrdienst.	Dal ... al ... ho prestato il servizio militare.
Als Zivildienstleistender arbeitete ich in einem städtischen Altenheim.	Quale obiettore di coscienza ho prestato il servizio civile presso un ricovero per anziani.

Beruflicher Werdegang

Von 1990 bis 1992 machte ich eine ... Lehre bei ...	Dal 1990 al 1992 ho svolto un tirocinio presso ...
Ich absolvierte eine Lehre zum Industriekaufmann.	Ho frequentato e concluso con relativo esame un apprendistato quale commerciante.
Ich habe Wirtschaftswissenschaften an der Universität Hamburg studiert.	Mi sono laureato/a in economia e commercio presso l'università di Amburgo.
1999 erwarb ich das Diplom zum ...	Nel 1999 ho conseguito il diploma di laurea di ...
Ich habe an der VHS Italienisch-Kurse besucht und das Zertifikat „Italienisch Wirtschaft" erworben.	Ho frequentato corsi d'italiano presso l'università popolare e conseguito il certificato d'italiano commerciale.
Verkaufserfahrungen habe ich seit drei Jahren bei der derzeitigen Firma gesammelt.	Da 3 anni lavoro presso l'attuale ditta nel settore commerciale.
Von 1995 bis 1999 arbeitete ich als ... bei ...	Dal 1995 al 1999 ho lavorato quale ... presso ...
Während mehrerer Praktika im In- und Ausland konnte ich mir vielseitige Kenntnisse aneignen.	Avendo trascorso diversi periodi di pratica nel mio paese e all'estero, dispongo di una vasta conoscenza professionale.
Ich konnte mir auf diesem Gebiet wertvolle Kenntnisse aneignen.	Ho acquisito una solida conoscenza del campo in questione.
Zurzeit bin ich als ... bei ... beschäftigt.	Attualmente sono impiegato/a quale ... presso ...
Ich bin augenblicklich Leiter der Marketingabteilung.	Attualmente sono il responsabile del reparto marketing.

Es ist mir stets gelungen, die Mitarbeiter zu motivieren.	Non mi è mai stato difficile motivare i miei collaboratori.
In den letzten fünf Jahren war ich verantwortlich für ...	Negli ultimi 5 anni sono stato/a responsabile ... del ...
Ich bin in ungekündigter Stellung bei ...	Sono tuttora impiegato/a presso ...
Zu meinen Aufgaben gehört es, zu ...	Rientra nei miei compiti ...

Veränderungsgründe

Ich möchte mich gerne beruflich verbessern.	Vorrei migliorare la mia situazione professionale.
Ich suche eine Stelle mit mehr Verantwortung.	Cerco un'attività che mi conferisca più responsabilità.
Mein Mann wird in Italien arbeiten, deshalb suche auch ich dort eine interessante Tätigkeit.	Mio marito lavorerà in Italia, ragione per cui anch'io cerco un'attività interessante in questo paese.
Ich möchte Erfahrungen im Ausland sammeln.	Vorrei fare qualche esperienza professionale all'estero.
Ich möchte mit einem Auslandspraktikum die Möglichkeiten nutzen, die das Erasmus-Programm bietet.	Vorrei approfittare delle possibilità offerte dal programma Erasmus, svolgendo un periodo di pratica/stage professionale.
In meiner Firma gibt es in absehbarer Zeit für mich keine Aufstiegsmöglichkeiten.	Nella mia ditta non ci sono per il prossimo futuro possibilità di promozione.
Ich möchte mich durch eine wertvolle Arbeitserfahrung im Ausland qualifizieren und weiterbilden.	Vorrei crescere professionalmente con una valida esperienza di lavoro all'estero.
Ich suche eine berufliche Herausforderung.	Sto cercando un lavoro che sia professionalmente stimolante.

Lebenslauf

Ich füge einen Kurzlebenslauf bei.	Allego un breve curriculum vitae.
Einen Überblick über meinen beruflichen Werdegang entnehmen Sie bitte dem beigefügten CV.	Nell'allegato curriculum vitae troverete il riepilogo delle mie esperienze professionali.
Aus dem beigefügten CV geht hervor, dass ich langjährige Erfahrungen mitbringe.	Scorrendo il mio curriculum vitae, Vi renderete conto della mia pluriennale esperienza.
Informationen über meine Qualifikationen entnehmen Sie bitte den beigefügten Unterlagen.	In allegato troverete la documentazione che attesta la mia qualifica professionale.
Den chronologischen Ablauf meiner Ausbildung entnehmen Sie den beigefügten Unterlagen.	Il mio percorso formativo è descritto in ordine cronologico nei documenti allegati.

Anlagen

In der Anlage übersende ich ...	Trasmetto in allegato.
Ich füge ... bei	Accludo: ...
– *tabellarischen Lebenslauf*	– curriculum vitae sintetico
– *beglaubigte Kopien des Abiturzeugnisses/Diplomzeugnisses*	– copie vidimate del diploma di maturità/del diploma di laurea

Schlussfloskeln

Ich würde sehr gerne zu einem Vorstellungsgespräch zu Ihnen kommen.	Sarei felice di potermi presentare per un colloquio conoscitivo.
Ich stehe Ihnen gerne zu einem Vorstellungsgespräch zur Verfügung.	Resto a disposizione per un eventuale colloquio conoscitivo.
Über Ihre Einladung zu einem Vorstellungsgespräch würde ich mich sehr freuen.	Apprezzerei un Vostro invito per un colloquio conoscitivo.
Ich sehe Ihrer Antwort mit Interesse entgegen.	Attendo con interesse una Vostra risposta.

Über eine positive Antwort würde ich mich sehr freuen.	Sarei felice di ricevere una risposta positiva.
Bitte geben Sie mir Gelegenheit zu einer persönlichen Vorstellung.	Vi chiedo cortesemente di offrirmi la possibilità di presentarmi per un colloquio conoscitivo.
Ich würde mich sehr freuen, in Ihrem Unternehmen ein Praktikum absolvieren zu können.	Sarei felice di poter effettuare uno stage presso la Vostra azienda.
Der frühestmögliche Einstellungstermin ist der ...	Potrei cominciare al più presto il ...
Es würde mich freuen, mit Ihnen alle weiteren Fragen persönlich erörtern zu können.	Sarei felice di poter rispondere di persona a tutte le Vostre ulteriori domande.
Ich würde mich schnell einarbeiten können.	Sono sicuro/a di potermi inserire in breve tempo.
Ich meine, gut in Ihr Team zu passen.	Credo di essere idoneo/a al Vostro personale e alla Vostra équipe.
Mit freundlichen Grüßen	Distinti saluti/ cordiali saluti

2.2 Vorstellungsgespräche meistern

Mögliche Fragen des Jobanbieters

Warum haben Sie ... studiert?	Perché si è laureato/a in ...?
Wie viel Berufserfahrung bringen Sie mit?	Quanti anni di esperienza ha?
Könnten Sie uns Ihren bisherigen beruflichen Werdegang kurz beschreiben?	Ci può parlare della Sua esperienza professionale?
Welchen Posten haben Sie in der derzeitigen Firma?	Qual è il Suo ruolo attuale nella ditta in cui lavora?
Mit welchen Unternehmen arbeiten Sie zusammen?	Con quali altre società collabora?
Welches Gebiet interessiert Sie am meisten?	Quale campo La interessa maggiormente?

Warum möchten Sie sich verändern?	Perché vuole cambiare?
Ist Ihre Familie mit dem Umzug einverstanden?	La Sua famiglia è d'accordo con il trasferimento?
Ist Ihre Frau berufstätig?	Sua moglie lavora?
Wie alt sind Ihre Kinder?	Che età hanno i Suoi figli?
Wie viele Mitarbeiter hat Ihre jetzige Abteilung?	Quanti collaboratori ha il Suo attuale reparto?
Welche Aufgaben, meinen Sie, kommen in unserer Firma auf Sie zu?	Secondo Lei, quali potrebbero essere i Suoi compiti nella nostra azienda?
Warum interessieren Sie sich gerade für unser Unternehmen?	Perché si interessa proprio della ns impresa?
Wie sind Sie auf uns gekommen?	Come ha avuto il ns. nominativo?
Kommen Sie auf eine Anzeige in der Zeitung hin?	Si riferisce a un annuncio nel giornale?
Sind Sie vom Arbeitsamt an uns verwiesen worden?	È stato l'ufficio di collocamento a mandarLa?
Welche Gehaltsvorstellungen haben Sie?	Si è fatto/a un'idea circa lo stipendio?
Wie stellen Sie sich die Arbeit vor?	Ha già un'idea circa il tipo di lavoro?
Was sind Ihre Stärken/Schwächen?	Quali sono i Suoi punti forti/i Suoi punti deboli?
Haben Sie einen Führerschein?	Ha la patente?
Haben Sie ein Auto?	Ha l'auto?/E' automunito/a?
Treiben Sie Sport?	Pratica uno sport?
Welche Hobbys haben Sie?	Quali sono i Suoi passatempi/hobby?
Was machen Sie in Ihrer Freizeit?	Come trascorre il Suo tempo libero?
Waren Sie in der Schulzeit jemals Klassensprecher?	E' mai stato rappresentante degli studenti durante il periodo scolastico?

Sind Sie gern zur Schule gegangen?	Andava volentieri a scuola?
Haben Sie in den Semesterferien gearbeitet?	Durante le vacanze (scolastiche universitarie) ha mai lavorato?

Die folgenden beiden Fragen sind zwar nicht erlaubt, werden aber dennoch häufig gestellt

Sind Sie schwanger?	È incinta/ in stato interessante?
Leben Sie mit einem Partner zusammen?	Convive?

Mögliche Fragen des Bewerbers

Warum ist die Stelle frei geworden?	Per quale motivo il posto è ora vacante?
Wie sieht das künftige Aufgabengebiet aus?	In che cosa consisterà l'attività?
Welche Schwerpunkte hat der Bereich?	Quali sono i punti di maggiore importanza?
Welche Verantwortung ist mit der Stelle verbunden?	In che cosa consisteranno le mie responsabilità?
Welche Aufstiegschancen bietet die Position?	Quali possibilità di carriera ci sono?
Welche Weiterbildungsmöglichkeiten gibt es in Ihrer Firma?	La Vs ditta offre anche l'opportunità di corsi di aggiornamento?
Haben Sie Niederlassungen im Ausland?	Avete anche delle sedi all'estero?
Wie ist die Arbeitszeit geregelt?	Com'è l'orario?
Gibt es gleitende Arbeitszeit?	E' possibile usufruire di un orario flessibile?
Ist der Arbeitsplatz mit öffentlichen Verkehrsmitteln zu erreichen?	Il luogo di lavoro è raggiungibile tramite mezzi di trasporto pubblici?
Gibt es eine feste Mittagspause?	C'è un orario fisso per l'intervallo di mezzogiorno?
Haben Sie eine Werkskantine?	C'è una mensa?

Wären Sie so freundlich, mit mir eine Werksführung zu machen?	Avreste la gentilezza di farmi vedere la ditta/ la fabbrica?
Welche betrieblichen Sozialleistungen gibt es: *- Essenszuschläge,* *- Altersversorgung,* *- Zusatzversicherung,* *- Fahrtkostenzuschläge?*	Quali prestazioni sociali offre la ditta: - contributo mensa, - pensione di anzianità, - assicurazione supplementare, - rimborso chilometrico?
Wie ist die Urlaubsfrage geregelt?	Come sono distribuite le ferie?
Wie lange dauert die Probezeit?	Quanto dura il periodo di prova?
Bis wann kann ich mit einer Antwort rechnen?	Entro quando posso contare su una risposta?
Könnte ich einen Tag Bedenkzeit erhalten?	Posso pensarci su 24 ore?
Haben Sie noch irgendwelche Fragen an mich?	Avete altre domande?
Ich danke Ihnen für das Gespräch	Vi ringrazio per il colloquio
Ich würde sehr gern in einem grossen italienischen Unternehmen wie dem Ihrem arbeiten.	Sarei entusiasta di poter lavorare in una grande azienda italiana come questa.
Ich würde sehr gern in Ihrem Unternehmen arbeiten.	Mi piacerebbe molto lavorare nella Vostra ditta.

3 Bewerbungspraktiken

In Italien bestehen die schriftlichen Bewerbungsunterlagen im Allgemeinen nur aus dem Lebenslauf und einem kurzen Begleitschreiben. Referenzen und Zeugnisse werden nicht beigefügt.

3.1 Der italienische Lebenslauf (Curriculum Vitae, CV)

Auch in Italien ist kein Standard-Lebenslauf üblich, der starren Regeln folgen muss. Sie müssen also Ihren persönlichen CV selbst sinnvoll und übersichtlich zusammenstellen. Die Redewendungen und Tipps im vorliegenden Buch können Ihnen dabei als praktische Hilfe dienen. Bedenken Sie aber: Personalleiter werden es zu schätzen wissen, wenn Ihr Lebenslauf trotz Einhaltung gewisser Regeln einen überzeugenden persönlichen Stil aufweist.

In Italien ist der Lebenslauf der wichtigste Bestandteil der Bewerbungsunterlagen. Er vermittelt ein erstes umfassendes Bild des Bewerbers und ist entscheidend bei der Auswahl für das persönliche Vorstellungsgespräch. Lassen Sie daher äußerste Sorgfalt bei seiner Erstellung walten. Gängig sind auch tabellarische Lebensläufe, die die wichtigsten Daten in komprimierter Form enthalten, Sie müssen aber überlegen, welche Form für welche Bewerbung die geeignetere ist. Der Lebenslauf in Italien ist nie länger als zwei Seiten.

Seine wesentlichen Teile sind einerseits „Informazioni Personali“ und andererseits „Esperienze Professionali“. Besonders bei längerer Berufserfahrung ist es üblich, diese Informationen auf getrennten Blättern mit den Überschriften:

„Informazioni Personali“ und
„Curriculum Professionale“ aufzulisten.

Der italienische Lebenslauf ist gegliedert in:

• Angaben zur Person	Dati personali
• Schule und Ausbildung	Studi e formazione
• Berufserfahrung	Esperienze professionali

Dati Personali/Dati Anagrafi (Angaben zur Person)

Dazu gehören:

- Vorname und Familienname,
- Geburtsort und -datum,
- Nationalität,
- Familienstand (stato civile),
- Adresse (mit Postleitzahl),
- Telefonnummer, unter der Sie tagsüber zu erreichen sind,
- E-Mail-Adresse (falls vorhanden),
- Angaben zum Militärdienst/Zivildienst (damit im CV keine zeitlichen Lücken entstehen).

Studi e Formazione/Esperienze Scolastiche e di Formazione Professionale (Schule und Ausbildung)

In diesen Abschnitt gehören:

- Schulabschlüsse (jeweils die höchsten) z. B. „Diploma di Scuola Superiore",
- Studienabschlüsse, z. B. „Laurea",
- relevante Fortbildungsmaßnahmen (Corsi di specializzazione/ Perfezionamento), die für die ausgeschriebene/angestrebte Position interessant sein könnten,
- zusätzliche Kenntnisse wie „conoscenze linguistiche" (Sprachkenntnisse) und „conoscenze informatiche" (EDV-Kenntnisse).

Die verschiedenen Angaben werden in diesem Abschnitt immer in einheitlicher Form beschrieben, also z. B. zuerst der Zeitraum, danach der Name des Instituts und der Ort, dann die Bezeichnung des Schul-/Studienabschlusses sowie die erzielten Abschlussnoten. Da das Benotungssystem in Italien nicht dem deutschen entspricht, empfiehlt es sich, die Noten entweder kurz zu erklären oder sie wegzulassen.

Die Nennung erfolgt in chronologischer Reihenfolge. Themen von Abschlussarbeiten werden erwähnt, wenn sie für die Bewerbung von Interesse sind. Besonders relevant für italienische Arbeitgeber ist die Zeitspanne, die der Bewerber für sein Studium benötigt hat. Führen Sie auf jeden Fall auch Informatikkurse auf, die Sie besucht haben, da gute EDV-Kenntnisse in italienischen Unternehmen besonders geschätzt werden. Dasselbe gilt für Sprachkenntnisse, die Sie unter der Überschrift „Lingue Straniere" beschreiben können.

Nennen Sie relevante Sprachprüfungen und Auslandsaufenthalte (mit Datum, Institut, Ort) und bewerten Sie Ihre Sprachkenntnisse mit:

- madrelingua — Muttersprache,
- ottimo — ausgezeichnet,
- buono — gut,
- discreto — befriedigend,
- scolastico — Schulkenntnisse.

Sprach- und EDV-Kenntnisse können auch in einem gesonderten Kapitel unter der Überschrift „Altre Conoscenze" aufgefächert und erläutert werden.

Esperienze Professionali/Curriculum Professionale (Berufserfahrung)

Auch in Italien ist dies der wichtigste Teil des Lebenslaufs. Ziel des „Curriculum Professionale" ist es daher, dem potenziellen Artbeitgeber ein möglichst umfassendes, präzises Bild der erworbenen Kenntnisse und Verantwortungsbereiche zu geben. Die Auflistung der beruflichen Erfahrungen beginnt üblicherweise mit der am wenigsten lange zurückliegenden (anti-chronologische Reihenfolge), denn das Wichtigste sollte immer zuerst genannt werden. Sie sollten in jedem Fall darauf achten, ein einheitliches Schema zu verwenden, wie z. B.:

- Datum der Beschäftigung,
- Name und Sitz der Firma, Branche und möglichst auch die Größe (z. B. Umsatz, Zahl der Beschäftigten),
- Ihre Position und Funktionen in der Firma, wichtigste Aufgabenfelder,
- Verantwortungsbereich (selbstständige Arbeitsbereiche, Zahl der Untergebenen, Budget etc.).

Bei bereits umfangreichen beruflichen Erfahrungen werden die ersten Stellen, auch etwas unbedeutendere, weniger ausführlich umschrieben. Wer noch nicht so viel Berufserfahrung mitbringt, erwähnt in dieser Sparte am besten auch seine Praktika (Stage).

Vergessen Sie nicht, alle Firmennamen auszuschreiben, auch wenn Sie annehmen, dass die Namen bekannt sind, sollten Sie das tun.

Berufsanfänger können den Teil „Curriculum (Esperienze) Professionale" unberücksichtigt lassen und stattdessen unter dem Punkt „Informazioni Personali" erwähnenswerte erste praktische Erfahrungen aufführen.

- **Hobbys**
  Persönliche Interessen werden nur genannt, wenn sie für die angestrebte Stelle von Bedeutung sind. Sie können solche Aktivitäten unter „Interessi ed Hobbies“ auflisten.

- **Referenzen**
  Persönliche Referenzen sowie Gehaltsvorstellungen werden nur angeführt, wenn dies vom Unternehmen gewünscht wird. Schul- und Arbeitszeugnisse werden in der Regel nicht beigefügt.

- **Zusätzliche Informationen**
  Es empfiehlt sich auch, unter dem Punkt „Informazioni Aggiuntive“ die Motivationsgründe für die Bewerbung um die angestrebte Stelle anzugeben sowie die Bereitschaft zu reisen, umzuziehen oder im Schichtbetrieb zu arbeiten, deutlich zu machen.

- **Unterschrift**
  Der Lebenslauf wird - falls dies nicht ausdrücklich gewünscht wird - nicht per Hand geschrieben. Datum und Unterschrift sollten Sie aber in keinem Fall vergessen.

- **Datenschutz**
  In Italien ist der Schutz persönlicher Daten gesetzlich verankert. Deshalb muss der Lebenslauf mit einem handschriftlich unterzeichneten Satz enden, der die Verwertung der persönlichen Daten erlaubt, z. B.:

  > Do il consenso al trattamento dei miei dati personali. Oder:
  >
  > Vi autorizzo al trattamento dei miei dati personali ai sensi del D. lgs.196/3. Oder:
  >
  > Autorizzo all'utilizzazione dei dati personali ai sensi del D. lgs. 196/3.

Expertenrat aus dem Internet

Das Internet ist eine hervorragende Informationsquelle, wenn Sie weitere Tipps für die Gestaltung Ihres Lebenslaufs für italienische Firmen benötigen. Die folgenden Seiten fanden wir besonders nützlich:

- Neolaureati.info
  www.neolaureati.info

  Die Tipps sind gegliedert in:

  - Obiettivo,
  - Forma,
  - Contenuto.

- IT Job
  www.itjob.it

  „Como scrivere un CV efficace" ist der Titel des aufschlussreichen Artikels, der Ihnen eine ausgezeichnete Hilfestellung mit konkreten Handlungsanweisungen gibt.

Darüber hinaus sollten Ihnen unsere Musterlebensläufe und ausgewählten Redewendungen wichtige Anregungen für die Gestaltung Ihres Lebenslaufs geben.

3.2 Musterlebensläufe

Die folgenden Muster-CVs sollen Ihnen einen Eindruck davon vermitteln, wie italienische Lebensläufe aussehen. Nutzen Sie diese als Anhaltspunkte für die Präsentation Ihres persönlichen Profils und die Formulierung Ihrer individuellen Bewerbung.

Tipp!

Auf der Webseite von CEDEFOP finden Sie den „europäischen Lebenslauf", ein Format, das von der EU-Kommission allen Unternehmen und Bewerbern ans Herz gelegt wird. Mit diesem einheitlichen Lebenslauf sollen Angaben zu den Qualifikationen und Berufserfahrungen der Bewerber aus den verschiedenen EU-Staaten leichter verglichen und bewertet werden können.

Die Formulare in den verschiedenen EU-Sprachen lassen sich leicht herunterladen. Wir haben sie deshalb hier nicht abgedruckt.

- *Europass*
  http://europass.cedefop.europa.eu

CURRICULUM VITAE

INFORMAZIONI PERSONALI

Nome/Cognome:	Carlo BATTAGLIA
Luogo e data di nascita:	Nato a Venezia il 05/05/1956
Residenza:	Via Alessandria, 2 29015 Castel San Giovanni (PC)
Telefono:	0523/ 882035
Indirizzo e-mail:	carlo.battaglia@telnet.it
Nazionalità:	Italiana
Stato Civile:	Coniugato
Posizione Miltiare :	Servizio militare assolto (1975)
Studi e Formazione:	Laurea in Economia e Commercio conseguita nel 1979 presso l'Università Cattolica di Milano. Diploma di Maturità Scientifica conseguito nel 1974 presso il Liceo Scientifico Copernico di Piacenza.
Lingue:	Inglese buono, parlato e scritto, buona conoscenza dell'inglese commerciale, Francese parlato e scritto a livello scolastico.
Informatica:	Buone conoscenze dei programmi Word, Excel, Access, Power Point.

ESPERIENZE PROFESSIONALI

Dal 11/1990 a oggi	Poccino s.n.c., Fiorenzula d'Arda Produzione e commercio di mobili di bagno Direttore Vendite Nazionale. Ho la responsabilità del raggiungimento degli obiettivi commerciali nazionali della società. Dirigo una struttura di distribuzione composta di 3 capiarea e 15 rappresentanti. Sono dirigente dal mio ingresso nella società.

Dal 04/1984 al 10/1990	Mobili Ferraris S.p.A., Pavia Società leader nella produzione e commercializzazione di sistemi d'arredamento per l'ufficio (Euro 100 000 di fatturato) Responsabile Commerciale della zona Europa. Mi erano affidati il raggiungimento degli obiettivi di vendita in tutta la zona ed il coordinamento delle due filiali commerciali in Inghilterra e Francia. Rispondevo direttamente al Direttore Generale
Dal 01/1980 al 03/1984	Arredocasa s.r.l., Milano Media Società produttrice di mobili artistici (circa 150 dipendenti) Assistente del Direttore Esportazioni Lo supportavo nella gestione degli obiettivi commerciali

Autorizzo il trattamento dei miei dati personali ai sensi della legge 196/2003 per le finalità di ricerca e selezione del personale.

Castel San Giovanni, 18 marzo 2001 Carlo Battaglia
(Unterschrift)

RICARDO PONTE
Piazza Europa, 52
20100 Milano
Tel. 02/223344
Cell. 256/5879426
e-mail: ricapo@tiscali.it

Formazione scolastica:

1997 Conseguimento della laurea in Scienze Politiche, Università degli Studi di Milano. Votazione 96/110.

1991 Conseguimento del diploma di maturità scientifico. Votazione 53/60.

Esperienza professionale attuale:

Da Febbraio 2003

Variato s.r.l., azienda operante nel settore dell'informatica, 52 milioni di fatturato, 200 dipendenti.
Responsabile controllo di gestione:
Implementazione di un sistema di controllo di gestione. Creazione di un'ufficio composto di 3 persone. Formazione e coordinazione del personale adetto. Reporting alla direzione aziendale.

Precedenti occupazioni:

Da Aprile 1998 a Gennaio 2003

Santa Clara s.p.a., leader mondiale nella produzione e distribuzione di mobili per bambini, 150 milioni di fatturato, 500 dipendenti
Assistente dell'amministratore delegato:
Assistenza all'attività di revisione e all'organizzazione contabile.

Da Novembre 1996 a Marzo 1998

Massima s.n.c, azienda familiare operante nel settore dei prodotti omeopatici, 84 milioni di fatturato, 150 dipendenti
Assistente del direttore amministrativo:
Elaborazione della reportistica interna ed esterna. Preparazione e analisi dei dati.

Corsi professionali:

Psicologia del lavoro. Corso settimanale presso la società di consulenza „Bianchi“ di Milano.
Dinamiche di gruppo e gestione dei conflitti. Corso della durata complessiva di 30 giorni presso l’Istituto privato Colombo di Milano.

Lingue conosciute:

Inglese:	Ottimo scritto e parlato
Tedesco:	Parlato - ottimo, scritto - buono
Russo:	Scolastico

Conoscenze PC:

Utilizzo piattaforma Windows.
Ottima conoscenza dei programmi Word, Excel, Powerpoint, Explorer e Outlook.

Altre informazioni:

Retribuzione lorda annua: 90.000 Euro
Disponibilità a brevi traseferte in Italia e all’estero.
Sport praticate: Tennis e calcio.

Dati personali:

Data e luogo di nascita:	Nato a Pescara il 12 ottobre 1976
Nazionalità:	Italiana
Servizio Militare:	Assolto
Stato civile:	Nubile

Vi autorizzo all’utilizzo dei miei dati personali ai sensi del D. Lgs. 196/03.

Milano, 15 giugno 2004

Ricardo Ponte
(Unterschrift)

3.3 Das Bewerbungsanschreiben (La lettera di accompagnamento al curriculum)

Der italienische Begleitbrief ist relativ kurz und beschreibt nicht so ausführlich die Motivation des Bewerbers wie dies in anderen europäischen Ländern der Fall ist. Er ist natürlich sehr höflich zu formulieren und ist sorgfältig und fehlerfrei zu schreiben, aber alles Wichtige soll nur knapp angesprochen werden. In dem Begleitschreiben nehmen Sie unter „Oggetto“ (Betreff) am besten Bezug auf die Anzeige, auf die hin Sie sich bewerben. (Name und Erscheinungsdatum der Zeitung oder Zeitschrift sowie eventuelle Referenzangaben sind zu ergänzen.)

Dann sollten Sie auf den beigefügten Lebenslauf hinweisen, indem Sie nur wenige wichtige Details hervorheben. Beschreiben Sie abschließend das Interesse an der Stelle und an einem persönlichen Vorstellungsgespräch. Nur wenn es ausdrücklich verlangt ist, wird der Begleitbrief von Hand geschrieben. Grafologische Gutachten werden in Italien nur selten eingeholt.

Die Bewerbungsunterlagen werden entweder direkt an die Firma oder, in immer mehr Fällen, an das entsprechende Personalberatungsunternehmen geschickt. Bitte vergessen Sie nicht, den eventuell aus der Anzeige hervorgehenden Ansprechpartner im Schreiben und auf dem Umschlag zu nennen. Ist ein solcher nicht bekannt, wird das Schreiben an den Personalchef gerichtet.

Hinweis!

Es ist in Italien nicht zu erwarten, dass die Arbeitssuchenden von den Unternehmen, bei denen sie sich beworben haben, eine Antwort bekommen. Findet Ihre Bewerbung Interesse, werden Sie angerufen. Ansonsten müssen Sie damit rechnen, dass das nicht der Fall war und dass Sie auch Ihre Unterlagen nicht zurückgeschickt bekommen.

Carlo Battaglia
Via Alessandria, 2
29015 Castel San Giovanni (PC)
Telefono: (0523) 882035

Spett.le
A. Sesini S.r.l.
Via Nova, 45
29029 Rivergaro

Alla Cortese Attenzione del
Responsabile del Personale

Castel San Giovanni, 30 novembre 2006

Oggetto: Ricerca direttore nazionale e internazionale
Rif. NF01/2, Corriere della Sera del 28.11.2006

Gentile Signore/Gentile Signora,

faccio seguito al Vs. annuncio apparso in questi giorni sul Corriere della Sera, allegando alla presente i miei dati personali e alcune informazioni relative alle mie esperienze professionali.
Nel caso di un Vs. interesse, sarò lieto di incontrarVi per un colloquio conoscitivo. Vi ringrazio per la cortese attenzione.

Vogliate gradire cordiali saluti.

Carlo Battaglia
(Unterschrift)

All. 1 Curriculum Vitae

3.4 Die spontane Bewerbung (La lettera di autocandidatura)

Auch bei einer spontanen Bewerbung kommt dem Lebenslauf selbst größere Bedeutung als dem Anschreiben zu. Der Begleitbrief enthält daher nur wenige Informationen. Können Sie auf eine Person verweisen, über die Sie von einer offenen Stelle erfahren haben, sollten Sie diese unbedingt im Schreiben erwähnen (Segnalazione). Die Chancen für ein Gespräch erhöhen sich dadurch erheblich.

Wichtig ist vor allem, dass die spontane Bewerbung an eine bestimmte Person in der Firma geschickt wird, z.B. an den Personalchef oder an den Abteilungsleiter (in der Firma anrufen und die Telefonistin danach fragen, oder im Firmenregister nachschlagen, stellen die besten Möglichkeiten dar, ihn herauszufinden). Sonst könnten Ihre Unterlagen ignoriert werden.

Noch besser ist es, wenn Sie sich gleich mit der Person verbinden lassen und mit ihr reden. Fragen sie z.B. (auf Italienisch), ob die Stelle noch frei und ob die Firma an der Kandidatur eines Ausländers überhaupt interessiert sei. Sie sollten höflich und aufmerksam wirken, aber nicht aufdringlich, damit Ihr Name in guter Erinnerung bleibt. Damit erhöhen Sie die Chancen, dass Ihre schriftliche Bewerbung auch gelesen wird. Fragen Sie auch nach der E-Mail-Adresse und/oder der Faxnummer, damit Ihre Bewerbung schneller auf dem Schreibtisch liegt, den Sie angepeilt haben.

Die spontane Bewerbung muss kurz - nicht länger als eine Seite lang sein - und enthält folgende Aspekte:

- Hinweis, warum die angeschriebene Firma für den Bewerber interessant ist,
- Begründung, warum der Bewerber für die Firma attraktiv ist (berufliche Erfahrungen, Schwerpunkte, EDV-Kenntnisse etc.),
- Bitte um ein persönliches Gespräch,
- Höflichkeitsfloskeln zum Schluss.

Die angestrebte Stelle kann auch im Lebenslauf unter „Informazioni Aggiuntive" aufgeführt werden, ebenso wie Motivationsgründe aufgezählt werden können. Auch der spontane Bewerbungsbrief sollte mit PC geschrieben sein und alle formalen Erfordernisse berücksichtigen.

Adressen von Firmen, die für eine Bewerbung interessant sein könnten, finden Sie im Internet in Nachschlagewerken wie „Kompass Italia" und in den Gelben Seiten. Ebenso können auch Berufsverbände weiterhelfen. Adressen für spontane Bewerbungen kann man darüber hinaus bei folgenden Einrichtungen finden:

- Camere di Commercio (die es bereits in mittelgroßen Städten gibt, die Adressen finden Sie in den örtlichen Telefonbüchern),
- Consorzi (von verschiedenen Herstellern/Anbietern gebildete Interessengemeinschaften, z. B. Exportkonsortien zur Förderung des Absatzes außerhalb Italiens),
- Messekataloge (Adressen von Messegesellschaften),
- italienische Handelskammern in Deutschland (ICE, Istituto per il Commercio Estero).

In diesem Zusammenhang sind die folgenden Nachschlagewerke besonders zu empfehlen:

- Kompass Italia,
  Kompass Italia S.p.A., Torino
  www.kompassitalia.com

- Annuario SEAT (für verschiedene Branchen)
  SEAT Divisione STET S.p.A., Torino
  www.annuarioseat.it

- Europages
  www.europages.it

- Guida Monaci, Annuario Generale Italiano, Monaci
  www.guidamonaci.com

Firmenadressen können Sie im Internet auch nach Branchen und Regionen geordnet aufrufen:

www.paginegialle.it

www.pagineutili.it

Tipp!

Wie schon mehrfach betont, sind in Italien persönliche Kontakte sehr wichtig. Es empfiehlt sich daher, wenn möglich, direkt bei Firmen vorzusprechen und die Unterlagen persönlich abzugeben. Um Kontakte zu knüpfen und sich vorzustellen, eignen sich Messen sehr gut oder auch die Career Days, die von AIESEC (Association Internationale des Étudiants en Sciences Économiques et Commerciales) an manchen italienischen Hochschulen für deren Mitglieder organisiert werden.

Sinnvoll ist es zudem, vor der Bewerbung telefonisch Kontakt aufzunehmen und den Namen des richtigen Ansprechpartners herauszufinden. Viele Stellenanzeigen werden in Italien unter Chiffre aufgegeben, sodass das Verfahren manchmal lange dauert. Wollen Sie schneller vorankommen und kennen den Namen Ihres kompetenten Ansprechpartners nicht, fragen Sie am besten bei der Telefonzentrale nach dem Namen des Personal-, Verkaufs-, oder technischen Leiters, je nachdem, wem Sie Ihre Bewerbung übergeben wollen. Bei kleinen Firmen können Sie gleich nach dem Inhaber („Proprietario", „Titolare") fragen. Für eine solche mündliche Recherche benötigen Sie natürlich ausreichend gute Italienischkenntnisse. In großen internationalen Firmen können Sie sich möglicherweise auch auf Englisch verständigen, wobei es aber wichtig ist, gleich deutlich zu machen, wie gut Sie die italienische Sprache beherrschen – und Sie erhalten bestimmt einen besseren Zugang, wenn Sie überzeugend in der Sprache Ihres Gegenübers Ihre Wünsche vortragen.

Tipp!

Wie gesagt: Spontane Bewerbungsschreiben werden in Italien nur selten schriftlich beantwortet. Ein unbeantwortetes Schreiben bedeutet deshalb nicht unbedingt mangelndes Interesse. Denn es kann durchaus sein, dass Ihr Angebot für die Firma mittelfristig interessant wird und Sie dann zu einem späteren Zeitpunkt kontaktiert werden.

Luisa Fattori
Via Mercato Vecchio 158
33100 Udine

Alla cortese attenzione del
Responsabile del Personale

Spett.le
Cioco.lat s.r.l.
Piazzale Diacono, 23
33040 Premariacco (UD)

Udine, 29 ottobre 2006

Oggetto: RICHIESTA D'ASSUNZIONE

Gentile Signora Cavina,

Trasmetto in allegato alla presente il mio curriculum vitae, nella speranza che possa essere tenuto in considerazione per un eventuale inserimento nella Vostra spettabile società.
Sino a oggi ho maturato una notevole esperienza nell'ambito marketing di aziende internazionali attive nel settore agroalimentare in qualità di brand manager, con un budget massimo di 10.000.000 Euro.
Nell'attesa di un Vostro cortese cenno di riscontro, resto a disposizione per un eventuale colloquio.

Cordiali saluti

Luisa Fattori
(Unterschrift)

All. 1 Curriculum Vitae

Gloria Milandra
Via Ambrosino, 12
37100 Verona
Cell. 340/ 1234567

Spett.le
Omtiro S.p.A.
S. Statale 25
37010 Affi

Verona, 5 luglio 2006

Alla cortese attenzione del direttore del personale

Egregio Signor Ventoli,

Con la presente desidero sottoporre alla Vostra attenzione il mio curriculum vitae.

Il mio nome è Gloria Milandri. Sono responsabile commerciale di una società che si occupa della produzione e distribuzione di prodotti di pulizia. L'attuale mansione prevede la gestione e lo sviluppo del mercato domestico. Gestisco un'equipe di 3 ispettori di vendita e di 50 agenti plurimandatari.

La mia ricerca di una responsabilità nuova è motivata della volontà di trovare una nuova società, dove posso valorizzare anche le mie conoscenze lingustiche.
Spero che le mie esperienze lavorative e la mia formazione possono interessarVi.

Nell'attesa di un Vostro cenno di riscontro, porgo i miei migliori saluti.

Gloria Milandra
(Unterschrift)

3.5 Vorstellungsgespräche (Il colloquio)

Vorstellungsgespräche laufen in Italien in der Regel relativ informell ab. Es ist meist nicht so sehr von Bedeutung, die Firma, bei der man sich bewirbt, bis ins letzte Detail zu kennen. Entsprechende Informationen werden jederzeit gerne bei dem Vorstellungsgespräch gegeben. Es kommt vielmehr darauf an, dass Sie Ihre persönlichen Erfahrungen und Vorzüge entsprechend den gestellten Anforderungen – falls Ihnen diese bekannt sind – überzeugend darstellen.

Sie sollten – ähnlich wie in Deutschland – auch in Italien darauf vorbereitet sein, dass man Ihnen persönliche Fragen stellt, Sie z. B. zu Ihren Schwächen, Stärken, Erfolgen und Niederlagen befragt. Bereiten Sie sich darauf vor.

Bei einem Vorstellungsgespräch wird dann meist nach den Zeugnissen gefragt. Sie sollten entsprechend vorbereitet sein und übersetzte und beglaubigte Kopien dabei haben. Das gleiche gilt für Ihre attraktiven Referenzen.

Das Thema „Gehalt“ wird in der Regel erst zum Schluss angesprochen, oft wird es sogar nicht einmal beim ersten Gespräch, sondern erst bei einem der Folgegespräche erwähnt. Die Höhe der Gehälter in Italien weicht sehr von den in Deutschland üblichen ab. Sie sollten sich daher vorher umhören, was in Ihrer Branche beziehungsweise Ihrem Berufszweig Usus ist.

Kleidung und Auftreten sollten der Stelle, um die Sie sich bewerben, angemessen sein. Beide spielen eine bedeutende Rolle und sollten wohlüberlegt gewählt und eingesetzt werden.

Je nach Bedeutung der Stelle sind zwei bis vier Vorstellungsgespräche durchaus üblich. Dabei werden Sie normalerweise sowohl dem Personalchef als auch dem zuständigen Bereichsleiter vorgestellt. Ein solches Einstellungsverfahren kann aus diesem Grund in Italien bis zu drei Monate dauern.

Gruppendiskussionen und psychologische Tests sind selten gefordert und werden fast nur in großen Unternehmen durchgeführt. Allerdings sind in Italien so genannte „Concorsi“ (schriftliche Eingangstests) üblich – und zwar nicht nur bei der Bewerbung um öffentliche Stellen, sondern auch in einigen privaten Bereichen, wie z. B. Bankwesen.

Weitere Informationen über den Verlauf von Vorstellungsgesprächen finden Sie natürlich im Internet, beispielsweise unter der folgenden Adresse:

- Monster.com
  www.monsteritalia.it

  Dort sind mehrere Artikel in der Sparte „Lavoro & Carriere" zum Thema Vorstellungsgespräch (Il colloquio) zu finden, die weiterhelfen.

Typische Fragen zu Ihrer Vorbereitung

Im Folgenden finden Sie eine Reihe von Fragen, auf die Sie gefasst sein und sich gezielt vorbereiten sollten. Das allein genügt aber nicht. Denn den Arbeitgeber interessieren weniger Ihre zurecht gelegten Antworten, als vielmehr konkrete Beispiele für Ihre Reaktionsschnelligkeit und gute Auffassungsgabe, die mehr über Ihre ausgezeichnete Ausbildung und weitreichende Arbeitserfahrung aussagen. Trotzdem: Fragen, wie die hier genannten, sind häufig und könnten auch Ihnen gestellt werden. Überlegen Sie vorher, welche überzeugende Antwort Sie geben könnten.

- Mi parli di Lei.
- Mi riassumi il suo c.v.
- Può commentarmi le Sue precedenti esperienze di lavoro?

- Quali sono i Suoi obiettivi a lungo termine?
- Che obiettivi professionali ha?
- Dove si vede fra cinque anni?

- Perché è interessato/a alla nostra azienda?
- Che cosa conosce della nostra azienda?
- Perché dovremmo assumerLa?
- Perché pensa di essere adatto/a a questo lavoro?
- Perché dovremmo perferirLa ad altri candidati?
- Perché Le interessa questo lavoro?
- Perché è interessato/a a lavorare in Italia?
- Quali sono i suoi punti di forza e quali i punti di debolezza?
- Come lavora in gruppo?

- Quali sono le sue letture preferite?
- Come impiega il suo tempo libero?

- Quanto vorrebbe guadagnare?
- Ha domande da farmi?

4 Schlüsselwörter zum italienischen Bildungswesen

Die Ausbildungsgänge und Abschlüsse sind in allen EU-Ländern anders und daher nicht leicht zu vergleichen. Sie unterscheiden sich oftmals wesentlich von den Bezeichnungen, die man aus dem eigenen Schul- beziehungsweise Hochschulsystem kennt. Dieses Kapitel ist daher als Hilfestellung für folgende Personengruppen gedacht:

- für deutsche Bewerber, die ihre Ausbildung im italienischen System richtig einordnen wollen, oder auch
- für deutsche Arbeitgeber, die die Abschlüsse italienischer Bewerber und Bewerberinnen richtig einschätzen müssen.

Damit die Zeugnisse bei Bewerbungen ins Ausland verstanden werden, sollten Arbeitssuchende ihre Zeugnisse übersetzen und beglaubigen lassen. Das erleichtert dem Personalchef, Sie richtig einzuschätzen und erhöht die Chancen, an den Job zu kommen. Dass Sie Ihrem Gegenüber das Lesen und Verstehen so leicht wie möglich machen, spricht für Sie.

4.1 Schulen

Das italienische Schulsystem ist in folgende Schulstufen und -formen aufgeteilt:

- Scuola elementare

  Zurzeit noch eine fünfjährige Grundschule, demnächst wird sie auf sieben Jahre ausgeweitet werden.

- Scuola media/scuola secondaria primaria

  Dreijährige Gesamtschule für die 11- bis 14-jährigen Kinder. Sie ist für alle obligatorisch und schließt mit „Diploma della Scuola Media" ab.

- Scuola secondaria superiore

  Dazu gehören das Gymnasium (Liceo), das direkt zum Abitur führt, sowie die „Istituti Tecnici/Professionali" (berufsvorbereitenden Schulen). Dauer der Schullaufbahn je nach Schule zwei bis fünf Jahre.

- Liceo
  - Classico (humanistisches Gymnasium), fünf Jahrgangsstufen,
  - Scientifico (naturwissenschaftliches Gymnasium), fünf Jahrgangsstufen,
  - Linguistico (neusprachliches Gymnasium), fünf Jahrgangsstufen,
  - Artistico (künstlerisches Gymnasium), vier bis fünf Jahrgangsstufen.

  Weitere Fachrichtungen von Gymnasien sind geplant, wie z. B. die Zweige „Economico“ und „Tecnico“.

  Das Liceo führt in fünf Jahren zum Abitur („Diploma di Maturità“) und damit zur Hochschulreife.

- Istituto Tecnico

  Das ist eine Art Fachschule, an der man eine Berufsausbildung, z. B. für die Bereiche Industrie, Handel, Tourismus, Landwirtschaft, absolvieren kann. Nach fünfjähriger Ausbildung kann man den Abschluss „Diploma di Maturità Tecnica” (Abitur) erlangen und an die Universität gehen oder direkt ins Berufsleben starten.

- Istituto Tecnico Industriale

  Berufsfachschulen mit einem praxisorientierten dreijährigen Ausbildungsgang, die zum „Diploma di Qualifica” führen, z. B. im Bereich Gaststättengewerbe oder Bauwirtschaft, sind sehr beliebt. Nach insgesamt fünf Jahren kann man auch noch ein „Diploma di Maturità Professionale” erwerben. Im Bereich der Berufsausbildung gibt es in Italien übrigens viele private Schulen, die ihre Dienste anbieten.

- Istituto Professionale

  Die Istituti Tecnici und Istituti Professionali haben die staatliche berufliche Bildung in Italien zur Aufgabe. Nach zwei Jahren erwirbt man den Facharbeiterabschluss „Diploma di Qualifica” in den fünf Grundrichtungen Landwirtschaft, Gewerbe, Handel, Hotellerie oder Frauenberufe. Der Abschluss nach fünf Jahren berechtigt zum Hochschulstudium.

- Istituti dell'Arte

  Das sind Schulen für angewandte Kunst, Dauer drei Jahre. Aufbaukurse von zwei Jahren Dauer führen zur „Maturità di arte applicata“.

- Scuole Professionali

  Damit bezeichnet man die Berufsschulen. Der Bereich der beruflichen Ausbildung von „Azubis“ (Apprendistato) wird übrigens nicht zum schulischen Bereich im engeren Sinne gezählt.

4.2 Hochschulen

- Università

  Die Mehrzahl der Universitäten ist staatlich, es gibt aber mittlerweile auch sehr gute private in Italien, wie beispielsweise die „Bocconi“ in Mailand. Sie bieten eine große Bandbreite an akademischen Fächern an. Hochschulabschlüsse sind sowohl an den Universitäten, als auch an den „Istituti Universitari" mit „Laurea“ nach drei Jahren und „Laurea Specialistica“ nach fünf Jahren möglich.

- Politecnico

  Es werden nur zwei Studiengänge an den beiden „Politecnici“, den polytechnischen Hochschulen in Mailand und Turin, angeboten, nämlich Ingenieurwesen und Architektur.

- Scienze della Formazione

  Pädagogische Hochschule mit einer Studiendauer von drei bis fünf Jahren.

- Istituto Superiore per le Industrie Artistiche

  Hochschule für angewandte Kunst. Hier werden beispielsweise Designer ausgebildet. Die Studiendauer beträgt vier Jahre.

- Istituto Superiore di Educazione Fisica (ISEF)

  Sporthochschulen mit einer Studiendauer von drei bis fünf Jahren.

- Scuola di Perfezionamento

  Hochschule, die ein sechs bis zwölfmonatiges Aufbaustudium nach dem „Laurea"-Abschluss anbietet.

- Scuola di Specializzazione

  Hochschule, die man nach dem Laurea-Examen besuchen kann. In Studiengängen, die zwischen zwei und fünf Jahren dauern, können berufsbezogene Prüfungen abgelegt werden. Dazu gehören z. B. die medizinischen Ausbildungsstätten.

4.3 Schul-/Hochschulabschlüsse

2002 wurde eine Reform der Schul-/Universitätsabschlüsse durchgeführt. Es gibt seither folgende Abschlüsse:

- Diploma di Scuola Media

  Schulabschluss der italienischen Mittelschule, entspricht der Mittleren Reife in Deutschland.

- Diploma di Qualifica

  Abschluss der Istituti Professionali oder Istituti Tecnici drei Jahre im Anschluss an die Scuola Media.

- Diploma di Maturità

  Abschlussexamen am Ende der fünfjährigen Sekundarstufe II. Nach 13 Jahren Schulzeit wird es abgelegt und entspricht damit dem deutschen Abitur. Die Maturità ist geforderte Qualifikation für die Hochschulreife.

- Laurea (Diploma Universitario)

  Ziel der „Laurea", des ersten akademischen Abschlusses, den man nach dreijährigem Studium erreicht, ist es, dem Studenten allgemein-wissenschaftliche Inhalte sowie berufsspezifische Kenntnisse zu vermitteln. Man kann zwischen 42 Studienrichtungen wählen.

  Nur wer im Besitz einer „Laurea" ist, kann übrigens eine „Laurea Specialistica" erwerben. Jeder, der das Laurea-Examen besteht, kann sich Dottore/Dottoressa nennen, dem deutschen Doktorgrad entspricht der Titel „Dottore di Ricerca".

- Laurea Specialistica

  Die „Laurea Specialistica" erwirbt man nach einem zweijährigen Aufbaustudium. In diesen zusätzlichen Studienjahren werden den Studenten weiterführende, sehr spezifische Studieninhalte vermittelt. Die Auswahl an Studienschwerpunkten ist groß: Es gibt mehr als 100 verschiedene Kategorien. Dieser Abschluss wird für einige Berufe vorausgesetzt, zum Beispiel, um als Rechtsanwalt oder Arzt zu arbeiten.

- Dottorato di Ricerca (Forschungsdoktorat)

  Studiengang, der in etwa zwei bis drei Jahre dauert und mit der Verleihung des Doktortitels abschließt. Er befähigt zur Arbeit in Forschung und Lehre, also zu einer Karriere an der Universität.

- Esame di Profitto

  Damit werden Teilprüfungen des Studiums bezeichnet, die man bestanden haben muss, um die „Laurea“ zu erwerben.

- Esame di Abilitazione

  Ein Zusatzexamen, das man für einige Berufe abgelegt haben muss, für die die „Laurea” allein nicht genügt (z. B. Staatsexamen für das Lehramt).

4.4 Informationen zum Bildungswesen

An fast allen italienischen Universitäten findet man eine „Segreteria Studenti Stranieri“, ein Sekretariat, das speziell ausländischen Studenten Hilfestellung leistet und Informationen zum Studium in Italien gibt. Weitere gute Anlaufstellen und geeignete Informationsquellen sind:

- Ministero della Pubblica Istruzione
  Direzione Generale dell'Istruzione Universitaria
  Viale Travestere, 76 a
  00153 Roma
  Telefon: (0039-06) 58491
  www.pubblica.istruzione.it

- Ministero degli Affari Esteri
  Direzione Generale delle Relazioni Culturali
  Piazzale delle Farnesina, 1
  00194 Roma
  Telefon: (0039-06) 36911
  www.esteri.it

Für die Anerkennung fachlicher Qualifikationen zuständig:

- Presidenza del Consiglio dei Ministri
  Dipartimento per il Coordinamento delle Politiche Comunitarie
  Via Giardino Theodoli, 66
  00186 Roma
  Telefon: (0039-06) 67791

Für die Anerkennung akademischer Abschlüsse zuständig:

- CIMEA - Fondazione RUI
  Centro Informazione, Mobilità, Equivalenze Accademiche
  Viale XXI Aprile, 26
  00162 Roma
  Telefon: (0039-06) 8632 1281
  Telefax: (0039-06) 8632 2845
  www.fondazionerui.it

In diesem Zusammenhang darf der „Europass“ nicht unerwähnt bleiben. Dies ist ein Instrument, mit dem die EU-Kommission es den Bürgern erleichtern will, in einem anderen Mitgliedsstaat auf Arbeitsuche zu gehen. Der Europass umfasst fünf Dokumente:

- Europass-Lebenslauf,
- Europass-Sprachenpass,
- Europass-Zeugniserläuterung,
- Europass-Diplomzusatz,
- Europass-Mobilitätsnachweis.

Informationen im Internet unter:

http://europass.cedefop.europa.eu

Darüber hinaus sind zwei Internetadressen interessant, die weiterhelfen, sich einen Überblick über Studienbedingungen in Italien zu verschaffen:

- L'Informagiovani
  www.informagiovani.it
  Beratungsstelle für Jugendliche zu den Themen Ausbildung, Studium, Arbeit.

- Study-in-Italy
  www.study-in-italy.it
  Eine Top-Internetadresse, wenn es darum geht, einen Studienaufenthalt in Italien vorzubereiten. Die Site wird von Experten betrieben, nämlich MUIR (dem Ministerium für Erziehung, Hochschulbildung und Forschung) und CIMEA (zuständig für die Anerkennung von ausländischen Hochschulabschlüssen in Italien.

5 Administratives

5.1 Aufenthaltsrecht

EU-Bürger brauchen für Italien keine Arbeitserlaubnis, sie benötigen aber nach drei Monaten eine Aufenthaltsgenehmigung - die „Carta di Soggiorno di Cittadino di Uno Stato Membro dell' UE", auch Carta CEE genannt - , die sie bei der örtlichen Polizeistation beantragen können („Questura"/„Commissariato").

Dazu braucht man in der Regel eine Kopie des Ausweises, Passfotos, eine Abmeldebestätigung aus Deutschland, eine Geburtsurkunde und eine Bestätigung des zukünftigen Arbeitgebers über die Anstellung. Genaue Auskünfte erhalten Sie vor Ihrer Ausreise bei italienischen Konsulaten sowie bei jeder zuständigen Polizeidienststelle.

Diese Regelung gilt seit Juli 2006 übrigens auch für Bürger der neuen EU-Mitgliedsstaaten.

Um arbeiten zu können, benötigen Sie zusätzlich die „Cartolina Rosa". Sie wird vom Arbeitsamt, „Ufficio di Collocamento" (auch „Ufficio" oder „Agenzia Provinciale del Lavoro" genannt) ausgestellt, und zwar nach Vorlage der folgenden Dokumente:

- „Permesso di Soggiorno",
- „Codice Fiscale" (eine Steuernummer, die Sie gleichzeitig mit der Aufenthaltsgenehmigung beim Finanzamt beantragen sollten),
- „Stato di Famiglia" (wird von der Gemeinde ausgestellt, in der Sie wohnen und wo Sie sich anmelden müssen),
- „Libretto di Lavoro" wird ebenfalls von der Gemeinde ausgestellt. (Das Arbeitsbuch wird vom Arbeitgeber aufbewahrt und Ihnen bei Beendigung des Arbeitsverhältnisses wieder zurückgegeben),
- beglaubigte Kopien von Schul- und Studienabschlüssen.

Hinweis!

Bitte beachten Sie, dass in Italien die administrativen Wege sehr lang sind und die Mühlen langsam mahlen. Sie müssen also viel Zeit investieren und sich rechtzeitig um alle Unterlagen kümmern. Bitten Sie eventuell Ihren zukünftigen Arbeitgeber, Ihnen bei der Beschaffung der Dokumente behilflich zu sein. Damit werden die Wartezeiten erheblich verkürzt, denn im Unternehmen weiß man, wie man vorzugehen hat.

5.2 Arbeitsrecht

EU-Arbeitnehmer haben im EU-Gastland dieselben Rechte wie inländische Arbeitnehmer, was Arbeitsbedingungen, Bezahlung, Sozialversicherung und Gewerkschaftszugehörigkeit anbetrifft. Dies gilt auch für deren Familienangehörige. Grundsätzlich gilt das Recht des Gastlands. Deswegen ist es ratsam, sich über arbeitsrechtliche Fragen zu informieren, bevor man im Ausland eine Stelle antritt. Eine unverzichtbare Informationsquelle sind in diesem Zusammenhang die *„Merkblätter für Auslandstätige und Auswanderer"* des Bundesverwaltungsamts, Köln. Die professionelle Rechtsberatung zu Auslandsverträgen bleibt allerdings in Deutschland zugelassenen Rechtsanwälten vorbehalten. Wenden Sie sich an das:

- Bundesverwaltungsamt
  Eupener Str. 125
  50933 Köln
  Telefon: (01888) 3584999
  Telefax: (01888) 3584829
  www.bva.bund.de

In Italien gibt es für jede Branche einen so genannten „Contratto Colletivo Nazionale di Lavoro", dies entspricht in etwa einem Tarifvertrag in Deutschland, in dem Arbeitszeit, Ferientage, Lohn- und Gehaltsgruppen usw. genau festgelegt sind. Dem „Contratto Colletivo" der jeweiligen Branche sind alle Arbeiter und Angestellten verpflichtet. Lediglich für leitende Angestellte („Dirigenti") ist er nicht gedacht, da es für sie einen eigenen branchenunabhängigen Contratto Colletivo gibt.

Diese Tarifverträge sind für alle Arbeitgeber und -nehmer verbindlich. Deshalb ist es auch nicht üblich, schriftliche Einzelverträge abzuschließen (Aussnahme: befristete Verträge). Sie bekommen, wie in Deutschland üblich, oft keinen Arbeitsvertrag, sondern nur einen sogenannten „Lettera d'Assunzione". In diesem Anstellungsbrief werden z. B. Arbeitsbeginn, Probezeit, Einordnung in die entsprechende Gehaltsgruppe und vom „Contratto Colletivo" abweichende Bedingungen aufgeführt. Dabei muss es sich immer um eine Besserstellung handeln, andere Ausnahmeregelungen sind nicht erlaubt. Befristete Arbeitsverträge werden auch in Italien immer öfter abgeschlossen, so dass Sie damit rechnen müssen.

Allgemeine Informationen zum Thema „Arbeitsrecht" gibt es übrigens beim Arbeitsministerium:

- Ministero del Lavoro e della Previdenza Sociale
  Direzione Generali dei Rapporti di Lavoro
  Via Flavia, 6
  00187 Roma
  Telefon: (0039-06) 46831
  www.welfare.gov.it

oder beim Gewerkschaftsverband

- Confederazione Italiana Sindacati Lavoratori, CISL
  Via Po, 21
  00198 Roma
  Telefon: (0039-06) 84731
  www.cisl.it

sowie beim Arbeitgeberverband

- Confindustria
  Viale dell'Astronomia, 30
  00144 Roma
  Telefon: (0039-06) 59031
  www.confindustria.it

Über die beiden letztgenannten Organisationen können auch Muster der diversen „Contratti Collettivi" (CCNL) bezogen werden.

Darüber hinaus können Sie natürlich im Internet zum Thema „Arbeitsrecht" recherchieren, beispielsweise unter:

- ItaliaDonna
  www.italiadonna.it/lavoro/contratto-lavoro.htm

und auf der Site von CNEL (Consiglio Nazionale dell'Economia e del Lavoro):

- Portale CNEL
  www.cnel.it

Die tarifliche Arbeitszeit beträgt in Italien in den meisten Branchen 40 Stunden, mehr als 48 Stunden pro Woche sind nicht gestattet. Die Überstundenzuschläge liegen zwischen 30 bis 50 Prozent des Stundenlohns, und der Jahresurlaub beträgt je nach Alter 25 bis 30 Arbeitstage. Hinzu kommen die gesetzlichen Feiertage.

Die Anzahl der monatlichen Lohnzahlungen der Gehälter variiert je nach Branche zwischen 13 bis 16 inklusive Zusatzleistungen.

5.3 Sozialversicherung

Im Bestreben, mehr Freizügigkeit für Arbeitskräfte zu erreichen, bemüht sich die EU, Maßnahmen zur sozialen Sicherheit zu realisieren. Arbeitnehmer aus anderen EU-Staaten und ihre Familien haben somit denselben Anspruch auf ärztliche Behandlung und Medikamente wie Inländer.

Die italienische Sozialversicherung (Il Sistema di Previdenza Sociale) umfasst die Fürsorge bei Alter, Behinderung und Krankheit sowie die Arbeitslosenunterstützung.

Beiträge zur öffentlichen Kranken- und Rentenversicherung müssen von allen Arbeitnehmern bezahlt werden, auch von leitenden Angestellten. Die Beiträge dazu sind wesentlich niedriger als in Deutschland. So muss ein Angestellter zurzeit monatlich 1 Prozent seines Gehalts für die Krankenversicherung abführen, denn der Arbeitgeberanteil ist wesentlich höher. Sehr viele Leistungen sind allerdings aus der eigenen Tasche zu bezahlen, Zahnbehandlungen sind beispielsweise zu 100 Prozent vom Patienten zu übernehmen. Die Kostenanteile für medizinische Behandlungen und Rezeptgebühren richten sich nach dem jeweiligen Einkommen.

Genaue Informationen zur Kranken- und Rentenversicherung, aber auch zur Arbeitslosenversicherung, erhalten Sie beim Nationalen Institut für Soziale Wohlfahrt:

- Istituto Nazionale della Previdenza Sociale, INPS
  Via Ciro il Grande, 21
  00144 Roma
  Telefon: (0039-06) 59051
  www.inps.it

Krankenversicherung

Wenn Sie nur für kurze Zeit nach Italien fahren, nehmen Sie auf jeden Fall Ihre „Europäische Krankenversicherungskarte“ mit, die das „E-111-Formular“ abgelöst hat. Sie erhalten dann in Italien die erforderliche medizinische Notfallbehandlung durch den SSN („Servizio Sanitario Nazionale“), während Sie noch in Ihrem Heimatland krankenversichert bleiben. Sobald Sie jedoch in Italien arbeiten oder die Aufenthaltsgenehmigung erhalten haben – und damit italienischer Resident („Residente“) geworden sind – unterliegen Sie dem italienischen Sozialversicherungssystem.

Spätestens wenn Sie die „Carta di Soggiorno" haben und italienische Sozialversicherungsbeiträge zahlen, müssen Sie sich bei Ihrer örtlichen ASL („Azienda Sanitaria Locale") anmelden und erhalten dort eine Krankenversicherungsnummer. Hier bekommen Sie auch detaillierte Informationen über Beiträge und Leistungen.

Renten- und Arbeitslosenversicherung

Die Rentenansprüche hängen von den Regelungen des jeweiligen Gastlands ab. Sie können zum Teil ins Herkunftsland transferiert werden.

Wenn Sie bereits in zwei oder mehr EU-Ländern gearbeitet haben, sollen Sie laut EU-Verordnung alle staatlichen Rentenbeträge, die in den einzelnen Ländern gezahlt wurden, zusammenfassen können. Dazu ist es daher dringend notwendig, dass Sie sich, bevor Sie in einem anderen EU-Land eine Stelle antreten wollen, über alle Bedingungen vorab genau informieren. Besonders zu empfehlen sind zu diesem Zweck die Informationsblätter des Bundesverwaltungsamts in Köln. Sie geben u. a. auch detailliert über die Sozial- und Arbeitslosenversicherung Auskunft. Es empfiehlt sich aber, sich nicht nur diese Länder-Merkblätter zu besorgen, sondern auch den fachmännischen Rat der Mitarbeiter in Anspruch zu nehmen, die auf die jeweilige individuelle Situation eingehen können.

„Broschüre für Auslandstätige und Auswanderer
Ausgabe Italien, Merkblatt Nr. 80"

- Bundesverwaltungsamt Köln
  Eupener Str. 1259
  50933 Köln
  Telefon: (01888) 3584999 (Hotline)
  www.bva.bund.de

Bei der „Deutschen Rentenversicherung" (ehemals BfA) können Sie sich ebenfalls informieren.

- Deutsche Rentenversicherung
  www.deutsche-rentenversicherung-bund.de

Der staatliche Rentenversicherungsträger ist in Italien

- INPS (Istituto della Previdenza Sociale)
  www.inps.it

5.4 Steuern

Das Thema „Steuern“ ist in allen EU-Ländern komplex. Dauernd ändern sich die Bedingungen. Es ist so empfehlenswert, sich genau über den aktuellen Stand der Dinge zu informieren, bevor die Arbeit in einem anderen EU-Land aufgenommen wird.

Wer mehr als 183 Tage im Ausland arbeitet, muss im Gastland Steuern zahlen. Allerdings gibt es zwischen Italien und Deutschland ein Doppelbesteuerungsabkommen.

Auch aus dem Internet können Sie sich Informationen zum Thema „Steuern“ herunterladen, z. B. bei der

- Deutsch-italienischen Auslandshandelskammer:
  www.ahk-italien.it

Oder schauen Sie unter der folgenden Internetadresse nach:

- EURES - das europäische Portal zur beruflichen Moblität
  http://ec.europa.eu/eures

Die Einkommenssteuer („Imposta sul Reddito delle Persone Fisiche“, IRPEF) wird an der Quelle erhoben, d. h. wie in Deutschland wird den Arbeitnehmern in Italien monatlich eine Lohnsteuer direkt vom Gehalt einbehalten. Sie benötigen daher in Italien bei Arbeitsaufnahme eine Steuernummer, „Codice Fiscale“, die Sie beim örtlichen Finanzamt, dem „Ufficio Imposte Diretto“, beantragen müssen. Die Höhe der Einkommenssteuer richtet sich nach der Höhe Ihres Lohns, bzw. Gehalts.

Die Mehrwertsteuer („Imposta sul Valore Aggiunto“, IVA) beträgt in Italien zur Zeit 20 Prozent. Darüber hinaus gibt es Kommunalabgaben, die für kommunale Leistungen wie Wasser, Strom, Abfallbeseitigung, aber auch für Immobilienbesitz erhoben werden. Informationen bei der Finanzbehörde unter:

- Ministero delle Finanze
  www.finanze.it

oder bei der Agentur für Steuerangelegenheiten:

- Agenzia delle Entrate
  www.agenziaentrate.it

Tipp!

Viele Italiener nehmen, übrigens wie die Deutschen, die Hilfe von Steuerberatern, „Commercialista“, in Anspruch, da das Steuersystem kompliziert ist. Vielleicht sollten auch Sie überlegen, zumindest für Ihre erste Steuererklärung fachmännischen Rat einzuholen und wichtige Punkte vorher abzuklären.

Am Ende dieses Kapitels noch ein nützlicher Hinweis, wenn es darum geht, effizient weiterzuhelfen. Das Merkblatt „Niederlassung in Italien“, das von der Botschaft der Bundesrepublik Deutschland in Rom heraus-herausgegeben wird, enthält viele wichtige Hinweise für alle, die sich in Italien niederlassen wollen, beipielsweise zu Themen wie:

- Aufenthaltserlaubnis,
- Krankenversicherung,
- Rentenversicherung,
- Arbeitsvermittlung,
- nützliche Adressen und Internetlinks.

- Botschaft der Bundesrepublik Deutschland in Italien
  www.rom.diplo.de

Hinweis!

Die Angaben in diesem Kapitel „Administratives“ waren zum Zeitpunkt der Recherche gültig. Die Autoren können aber keine Haftung für etwaige Änderungen übernehmen und raten Ihnen, sich im konkreten Fall bei den o. a. Stellen über den dann aktuellen Stand der Entwicklung nochmals zu informieren. In wichtigen Fragen sollten Sie sich auf jeden Fall rückversichern.

6 Nützliche Adressen für Arbeitsaufenthalte in Italien

In Italien

- Botschaft der Bundesrepublik Deutschland
  Via San Martino della Battaglia, 4
  00185 Roma
  Telefon: (0039-06) 49213 1
  Telefax: (0039-06) 445 2672
  www.rom.diplo.de

- Deutsches Generalkonsulat in Neapel
  Via Crispi, 69
  80121 Napoli
  Telefon: (0039-081) 2488511
  Telefax: (0039-081) 7614687
  www.neapel.diplo.de

- Deutsches Generalkonsulat in Mailand
  Via Solferino, 40
  20121 Milano
  Telefon: (0039-02) 623 1101
  Telefax: (0039-02) 655 4213
  www.mailand.diplo.de

- Centro di Informazione sulla Mobilità e le Equivalenze Accademiche
  Viale XXI Aprile, 26
  00162 Roma
  Telefon: (0039-06) 86321281
  www.fondazionerui.it/cimea

- Ministero del Lavoro e delle Politiche Sociali
  Via Flavia, 6
  00187 Roma
  Telefon: (0039-06) 4683 3017
  www.welfare.gov.it

- Deutsch-ital.Handelskammer, Camera di Commercio Italo-Germanica
  Via Napo Torriani, 29
  20124 Milano
  Telefon: (0039-02) 67913 1
  www.ahk.de

- Istituto per lo Sviluppo della Formazione Professionale dei Lavoratori
  Via G.B. Morgagni, 33
  00161 Roma
  Telefon: (0039-06) 44590 1
  www.isfol.it

In Deutschland

- Italienische Botschaft in Deutschland
  Hiroshimastr. 1
  10785 Berlin
  Telefon:(030) 25440 0
  Telefax: (030) 25440 116
  www.ambberlino.esteri.it

- Generalkonsulate der Italienischen Republik gibt es in: Frankfurt am Main, Hamburg, Hannover, Köln, Leipzig, München und Stuttgart.

- Italienische Handelskammer für Deutschland
  Kettenhofweg 65
  60325 Frankfurt/Main

Telefon: (069) 971452 10
Telefax: (069) 971452 99
www.itkam.de

- Europäisches
  Berufsberatungszentrum
  Kapuzinerstr. 26
  80337 München
  Telefon: (089) 5154 3145
  Telefax: (089) 5154 6607
  www.europaserviceba.de

- Bundesverwaltungsamt
  Informationsstelle für
  Auswanderer/Auslandstätige
  Eupener Str. 125
  50933 Köln
  Telefon: (0188) 358 4999
  Telefax: (0188) 358 4829
  www.bva.bund.de

- Zentralstelle für
  Arbeitsvermittlung (ZAV)
  Villemombler Str. 76
  53123 Bonn
  Telefon: (0228) 713 0
  Telefax: (0228) 713 1111
  www.arbeitsagentur.de

Italienische Kulturinstitute

Hildebrandstraße 2
10785 Berlin
Telefon: (030) 2699410
Telefax: (030) 269941 26
www.iic-berlino.de

Außerdem in:
Frankfurt, Köln, Hamburg,
Stuttgart, München, Wolfsburg

Adressen für Österreich und die Schweiz

- Italienische Botschaft in
  Österreich
  Rennweg 27
  1030 Wien
  Telefon: (0043-1) 7125121
  Telefax: (0043-1) 7139719
  www.ambitaba.sk

- Österreichische Botschaft in
  Italien
  Via Pergolesi 3
  00198 Rom
  Telefon: (0039-06) 8440141
  Telefax: (0039-06) 8543286
  www.aussenministerium.at/rom

- Schweizer Botschaft in Italien
  Via Barnaba Oriani 61
  00197 Rom
  Telefon: (0039-06) 809571
  www.eda.admin.ch.roma

- Italienische Botschaft in der
  Schweiz und Liechtenstein
  Elfenstr. 14
  3006 Bern
  Telefon: (0041-31) 350777
  Telefax: (0041-31) 3500711
  www.ambitaba.sk

Bewerben und Arbeiten in Spanien

E

1 Arbeitssuche in Spanien

Wenn Sie sich in Eigenregie um eine Stelle in Spanien bemühen, können Sie die Hilfe verschiedener Institutionen in Deutschland und im Ausland in Anspruch nehmen. Auch das Internet bietet ungeahnte Möglichkeiten.

1.1 Der spanische Arbeitsmarkt

Spanien exportierte noch vor zwanzig Jahren billige Arbeitskräfte in andere Länder, jetzt aber kommen gut ausgebildete Arbeitnehmer aus dem Ausland nach Spanien. In exportorientierten spanischen Firmen haben deutsche Bewerber – u. a. wegen ihrer Sprachkenntnisse – Chancen. Gesucht werden beispielsweise mehrsprachige Arbeitssuchende auf dem Dienstleistungssektor, in Banken, Versicherungen und im Gesundheitswesen. Auch wird ein Mangel an kaufmännischem Fach- und Aushilfspersonal in der Tourimusbranche sowie für das Hotel- und Gaststättengewerbe prognostiziert. Darüber hinaus sind in Spanien Experten aus dem Kommunikations- und Informatik-Sektor sehr gefragt. Eine weitere zukunftsträchtige Branche ist die Telearbeit („teletrabajo"). Zu den bedeutenden Wirtschaftszweigen in Spanien gehören ferner Landwirtschaft, Baugewerbe und Automobilindustrie. Ein interessanter Bereich ist auch der Infrastruktursektor (z. B. Eisenbahn, Häfen, Flughäfen).

Natürlich bietet auch das Internet wertvolle Hinweise zum spanischen Arbeitsmarkt. So werden beispielsweise auf der Site von Trabajos.com die folgenden Berufsfelder als „Las profesiones más demandadas" zitiert:

- Comerciales, venta,
- Informática: programación,
- Informática: sistemas,
- Contabilidad,
- Ingeniería,
- Telefonistas, televenta, encuestas,
- Mecánica.

- Trabajos.com
  www.trabajos.com

Wenn Sie sich während Ihrer Arbeitssuche über Trends auf dem Arbeitsmarkt auf dem Laufenden halten möchten, sollten Sie regelmäßig Zeitungen und Zeitschriften, z. B. *„El Mundo"* und *„5 Días"* studieren. Auch *„Expansión & Empleo"* zitiert regelmäßig unter „Carrera profesional" aktuelle Artikel zum Arbeitsmarkt. Zum Zeitpunkt unserer Recherchen wurden dort folgende Berufe als sehr gefragt angeführt:

- Camareros,
- Cocineras,
- Soldadores,
- Albañiles titulados sowie
- Profesionales TIC (aus der IT Branche).

Auch auf eine Onlineversion der Zeitschrift „*5 Días*" haben Sie im Internet Zugriff. Dort werden regelmäßig aktuelle Artikel zu Entwicklungen in einzelnen Branchen veröffentlicht. Sie gelangen auf diese Site, wenn Sie in der Menüleiste auf den ersten Button drücken:

- Cinco Días
  www.cincodias.com

  Unter „Sectores" finden Sie dort branchenspezifische Informationen, die als Orientierung für Ihre Arbeitssuche dienen können.

Sind Sie auf Arbeitssuche in einer bestimmten Gegend Spaniens, nutzen Sie beispielsweise die Sparte „Selecciona provincia" der Site Laboris.net, in der Sie Regionen von Álava bis Zaragoza aufrufen können.

- Laboris.net
  www.laboris.net

1.2 Arbeitssuche von Deutschland aus

Zentralstelle für Arbeitsvermittlung (ZAV)

Arbeitssuchende, die sich für eine Auslandstätigkeit interessieren, können sich schon in Deutschland an die ZAV wenden:

- Zentralstelle für Arbeitsvermittlung (ZAV)
  Villemombler Str. 76
  53123 Bonn
  Telefon: (0228) 7130
  Telefax: (0228) 7131 111
  www.arbeitsagentur.de

Die ZAV vermittelt folgende Bewerber ins Ausland:

- beruflich qualifizierte Fach- und Führungskräfte sowie deutsche Führungskräfte an internationale Organisationen;
- jüngere Arbeitnehmer (zwischen 18 und 30 Jahren) zu sprachlichen und beruflichen Fortbildungsmaßnahmen im Ausland, z. B. Krankenpfleger, Sekretärinnen, Speditionskaufleute, Hotel- und Gaststättenpersonal, Facharbeiter;
- Studenten und Abiturienten, die Ferienjobs in den Sparten Tourismus, Hotel- und Gaststättengewerbe etc. suchen.

Die ZAV trägt dazu bei, dass dem deutschen und internationalen Arbeitsmarkt mit der Zeit immer mehr auslandsfähige und -erfahrene Mitarbeiter zur Verfügung stehen werden. Nachzulesen unter:

- *„Jobs und Praktika im Ausland"*

Die Zeitung *„Markt und Chance"*, die bei allen Arbeitsämtern in Deutschland ausliegt, führt auch ausländische Stellenanzeigen an.

Die Bundesanstalt für Arbeit hat übrigens eine „Info-Hotline Europa" eingerichtet. Unter der Nummer 01805-2222023 können Sie Ihre Fragen zum Thema „Lernen, Studieren, Arbeiten in Europa" loswerden.

EURES

Schon in Ihrem Heimatland können Sie sich bei den Arbeitsämtern über Stellenangebote in Spanien informieren, sofern diese im EURES-Netz inseriert sind. Denn EURES, European Employment System, ist die Antwort der EU auf die Anforderungen des gemeinsamen europäischen Arbeitsmarkts. Die EURES-Zentren arbeiten in einem Datenverbund der nationalen Arbeitsämter zusammen. Auch private Vermittlungsagenturen sind angeschlossen. Das Netz umfasst über 500 EURES-Berater, die europaweit über offene Stellen sowie die Lebens- und Arbeitsbedingungen im Gastland informieren. Die Internetadresse von EURES lautet:

http://ec.europa.eu/eures

Stellenangebote können Sie auf der Website unter „EURES Jobsearch" abrufen. Im Monat unserer Recherche gab es insgesamt 57 Jobs für Spanien in der Datenbank, darunter etliche Angebote für Animateure, Reiseleiter, Kellner, Verkäufer, Sekretärinnen, aber auch Fliesenleger, Anstreicher sowie Ärzte und Rechtsanwälte. Die Bandbreite ist riesig. In allen Berufssparten sollten Sie jedoch gute Spanischkenntnisse in Wort und Schrift vorweisen können.

Über Möglichkeiten der Arbeitssuche in Spanien berät in Deutschland:

- Europäisches Berufsberatungszentrum
  Arbeitsamt Frankfurt
  Fischerfeldstraße 10–12
  60311 Frankfurt/Main
  Telefon: (069) 21710
  Telefax: (069) 2171 2662

Deutsche Handelskammer für Spanien

Die Deutsche Handelskammer für Spanien vermittelt unter anderem deutsch-/spanischsprachiges Personal verschiedener Berufszweige an Unternehmen in Spanien. Bewerber können ihr Stellengesuch in die Datenbank aufnehmen lassen. Die Handelskammer ist in jedem Fall eine interessante Adresse, wenn Sie sich von Deutschland aus oder in Spanien selbst um Arbeit bemühen.

- Deutsche Handelskammer für Spanien
  Cámara de Comercio Alemana para España
  Avda. Pío XII, 26-28
  28106 Madrid
  Telefon: (0034-91) 3530910
  Telefax: (0034-91) 3591213
  www.ccape.es

- Cámara de Comercio Alemana para España
  Zweigstelle Barcelona
  C/Córcega 301-303
  08008 Barcelona
  Telefon: (0034-93) 4155444
  Telefax: (0034-93) 4152717

Adressenlisten der derzeit etwa 1 000 deutschen und spanischen Mitgliedsfirmen können Sie gegen eine Gebühr bei der spanischen Handelskammer bestellen. Sie könnten Ihnen bei Initiativbewerbungen weiterhelfen. Auch die allgemeinen Wirtschaftsinfos zu Spanien unter „Agenda & News" sind erwähnenswert.

1.3 Arbeitssuche vor Ort

Die Mitgliedstaaten der EU dürfen keine Bedingungen vorsehen, die zu einer Diskriminierung von Staatsangehörigen der übrigen Mitgliedsländer führen oder für EU-Bürger das Recht auf Zugang zur Beschäftigung einschränken. Dieser Passus ist im „Wegweiserdienst für die Bürger" im Internet nachzulesen unter:

http://europa.eu.int/citizensrights/signpost

Sie haben so die gleichen Möglichkeiten, sich zu bewerben, wie Inländer, d. h.:

- Sie können sich an die spanische Anstalt für Arbeit, INEM, wenden und eines der lokalen Arbeitsämter aufsuchen.
- Sie können private Arbeitsvermittlungsagenturen nutzen.
- Sie sollten nicht die Zeitarbeitsvermittlungen vergessen.
- Sie können natürlich auch auf Stellenanzeigen in spanischen Zeitungen antworten.
- Sie haben die Möglichkeit, sich mit Ihrer Bewerbung direkt an spanische Unternehmen zu wenden.
- Oder Sie bauen in Spanien für Ihre Arbeitssuche Netzwerke auf.

INEM

Die nationale Anstalt für Arbeit, INEM, ist dem Arbeits- und Sozialministerium unterstellt:

- Instituto Nacional de Empleo
  C/Condesa de Venadito, 9
  28027 Madrid
  Telefon: (0034-91) 5859835
  Telefax: (0034-91) 5859753
  www.inem.es

INEM und seine 700 örtlichen Arbeitsvermittlungsbüros (Oficinas de Empleo) sind ebenfalls zuständig für EU-Bürger, die in Spanien arbeiten wollen. Sie sollten über gute Spanischkenntnisse verfügen, da Sie bei Behörden nicht erwarten können, dass die Angestellten deutsch sprechen.

Sowie Sie einen Wohnsitz in Spanien nachweisen können, sollten Sie sich bei INEM einschreiben lassen. Außer der Vermittlungstätigkeit führt INEM Berufsberatungen und Weiterbildungskurse durch. Sicherlich hilft Ihnen auch Ihr Konsulat bei der Suche nach entsprechenden Ansprechpartnern. Die Telefonnummern der INEM Büros finden Sie in den spanischen Telefonbüchern unter „Oficina de Empleo".

An vielen spanischen Universitäten gibt es Arbeitsvermittlungsbüros in Kooperation mit dem nationalen Arbeitsamt, „Centros de Orientación e Información de Empleo“, sowie rein universitäre Jobmessen, „Bolsas de Trabajo“.

Wenn Sie bereits wissen, wo genau Sie in Spanien arbeiten möchten, finden Sie auf der INEM-Site im Internet unter „Direcciones y Teléfonos“ leicht die Adresse des lokalen staatlichen Arbeitsamts.

Die INEM-Website liefert eine Menge an Wissenswertem zum Thema „Arbeitssuche“. Sie ist untergliedert in:

- Servicios,
- Contratos,
- EURES,
- Oficinas de Empleo.

Aktuelle Statistiken finden Sie unter „Datos Estadísticos“, gefragte Berufe im „Catálogo Ocupaciones“, neuste Regelungen für Arbeitsverträge unter „Contratos de Trabajo 2006“ und relevante Links unter „Enlaces“. Lesenswert sind darüber hinaus auch die FAQ's, die Probleme am Arbeitsplatz betreffen.

Private Vermittlungsagenturen in Spanien

Seit gut zehn Jahren ist in Spanien die private Vermittlung von Vollzeit- und Zeitarbeitsstellen erlaubt. Die privaten Arbeitsvermittler arbeiten eng mit INEM zusammen und erheben in der Regel eine Gebühr für ihre Leistungen. Für Bewerber sollte die reine Vermittlung allerdings gebührenfrei sein. Es lohnt sich auf jeden Fall, sich bei mehreren Agenturen in den Bewerberpool aufnehmen zu lassen. Das ist auch durchaus üblich. Erkundigen Sie sich vorher, welche Vermittlungsagentur auf welche Branche spezialisiert ist und finden Sie heraus, welche (Zusatz-) Leistungen berechnet werden.

Wenn Sie Namen und Adressen von Personalvermittlungen suchen, hilft das Internet weiter. Bei Yahoo.es werden beispielsweise unter „Servicios empresariales“ in der Sparte „Recursos humanos“ rund 100 Personalberatungen aufgelistet.

Zeitarbeit

Private Zeitarbeitsfirmen sind in Spanien weit verbreitet. Sie vermitteln Zeit- und Teilzeitarbeit auf allen Ebenen und in allen Branchen. Berufsanfänger finden häufig ihre Einstiegsstelle über Zeitarbeitsvermittlungen, da hier befristete Verträge vergeben werden. Apropos Berufsanfänger: Hochschulabsoventen sind in Spanien häufig um einige Jahre jünger als deutsche Bewerber.

Namen und Adressen der Zeitarbeitsvermittlungen finden Sie auf den Gelben Seiten, „Páginas Amarillas", unter „Empresas de Trabajo Temporal". Natürlich können Sie diese auch im Internet ausfindig machen. Geben Sie z. B. bei Yahoo.es „trabajo temporal españa" als Suchbegriff ein, so wird eine Liste von Agenturen aufgerufen. Darunter finden Sie spanische Firmen sowie internationale Unternehmen. Hier einige Beispiele:

- Adecco
  www.adecco.es

  Arbeitssuchende können zwischen folgenden Sparten wählen:
  - Ofertas de empleo,
  - Tu currículum,
  - Guía de empleo,
  - Mi sitio adecco.

  Empfehlenswert sind auch die Informationen zu „Los compromisos de Adecco con los Trabajadores", wo die Vertragsgrundlagen beschrieben werden.

- Randstad
  www.randstad.es

  Wenn Sie sich für Zeitarbeit in Spanien interessieren und sich zunächst im Hinblick auf die Arbeitsbedingungen erkundigen möchten, lohnt es sich, auf der Site von Randstad die Sparte „La inscripción" aufzurufen und nachzulesen, wie man sich registrieren lässt. Tipps für die Arbeitssuche generell enthält die Rubrik „Consejos utiles".

- Flexiplan
  www.flexiplan.es

  Die Modalitäten der Zeitarbeit beschreibt Flexiplan auf seiner Website unter „Club del Candidato".

Noch Fragen zu den Modalitäten der Zeitarbeit? Auf der Website des Verbands der Zeitarbeitsunternehmen, AGETT (Asociación de Grandes Empresas de Trabajo Temporal" finden Sie eine Fülle von Informationen.

Auf der Homepage heißt es: „AGETT te informa de todo lo que necesites saber sobre las empresas de trabajo temporal y su mercado de trabajo." Das ist nicht zu viel versprochen. Sehen Sie sich beispielsweise die Rubrik „FAQ's" an.

- AGETT
  www.agett.com

1.4 Stellenanzeigen

Generell sind die Stellenanzeigen sehr viel kleiner und unauffälliger gestaltet als in deutschen Zeitungen. Der ausgeschriebene Posten wird präzise beschrieben, das Gehalt und der Name der annoncierenden Firma werden aber nicht immer genannt.

In den folgenden spanischen Zeitungen finden Sie die meisten Stellenangebote, vor allem in den Sonntagsausgaben:

- El País — für ganz Spanien
  C/Miguel Yuste, 40
  28037 Madrid
  www.elpais.es

- El Mundo — für ganz Spanien
  C/Pradillo, 42
  28002 Madrid
  www.elmundo.es

- ABC — für ganz Spanien
  C/Juan Ignacio Luca de Tena, 7
  28007 Madrid
  www.abc.es

- La Vanguardia — für Katalanien
  C/Pelayo, 28
  08001 Barcelona
  www.lavanguardia.es

Darüber hinaus empfiehlt es sich, die Zeitschriften der Berufsverbände (Colegios profesionales) und internationale Zeitungen, z. B. „*International Herald Tribune*", daraufhin durchzusehen.

Tipp!

Berücksichtigen Sie deutsche Printmedien als Hilfsmittel bei Ihrer Arbeitssuche. Die Zeitschrift „Markt und Chance“ *enthält auch internationale Stellenanzeigen. Sie liegt gratis bei Arbeitsämtern aus. Natürlich sollten Sie auch in deutschen Tages- und Wochenzeitungen Ausschau nach interessanten Stellenangeboten aus dem Ausland halten.* „Die Zeit“, „Süddeutsche Zeitung“, „Frankfurter Allgemeine Zeitung“ *und* „Die Welt“ *sind besonders lohnend.*

Viele Stellenangebote, die in den Printmedien veröffentlicht werden, erscheinen auch im Internet. Sie sind in den Onlineausgaben der Zeitungen sogar schneller für Sie zu finden als in den Zeitungen selbst. Entsprechende Suchkriterien helfen Ihnen, den Dschungel zu durchforsten. Darüber hinaus gilt es zu bedenken, dass zahlreiche Firmen aufgrund der hohen Anzeigenkosten häufig nur wenige offene Stellen in die Printmedien stellen, sondern verstärkt aufs Internet setzen.

Beziehungen / Networking

Die Mehrzahl der freien Stellen wird nicht durch Zeitungsanzeigen oder Arbeitsämter, sondern durch Mund-zu-Mund-Propaganda bekannt gemacht. Man schätzt, dass rund 80 Prozent der Stellen über diese Art von „Networking“ vergeben werden. Wenn in einem Unternehmen kein interner Bewerber zur Verfügung steht, werden Mitarbeiter und Bekannte nach interessanten Bewerbern gefragt.

Beziehungen spielen in Spanien eine besonders große Rolle. Die besten Chancen, eine Arbeit zu finden, haben Sie daher, wenn Sie über Familienmitglieder, Freunde, Bekannte, Kollegen, Kommilitonen, Aussteller auf Messen, Geschäftspartner und Kunden etc. von einer offenen Stelle erfahren und sich daraufhin entweder direkt mit der Firma in Verbindung setzen oder aber den ersten Kontakt über die Ihnen bekannte Person knüpfen lassen. Es ist deshalb auch sinnvoll, sich frühzeitig um Praktika zu bemühen und vor Ort in Spanien Kontakte herzustellen.

Networking funktioniert auch über das Internet, nämlich über diverse Foren und Chats. Und selbst wenn Sie nicht direkt ein Stellenangebot bekommen, können Sie über das Networking Informationen zum Arbeitsmarkt, bzw. zu der Branche, erhalten, in der Sie arbeiten möchten. Versuchen Sie, folgendes herauszufinden:

- Welche Schwerpunkte sind in der Branche gefragt?
- Wo werden Stellen frei?
- Welche Fähigkeiten (Skills) und Berufserfahrungen sollte man mitbringen?
- Welche Daten gibt es über die Firmen, die Sie interessieren: Jahresbudget, Verkaufsvolumen, Anzahl der Angestellten, Filialen, Namen der Personalverantwortlichen.

Auch Mitgliedschaften in Berufsverbänden helfen Ihnen weiter, wenn Sie Kontakte knüpfen möchten. Adressen von Verbänden finden Sie im Internet bei CanalTrabajo unter:

- CanalTrabajo
  www.canaltrabajo.com

  Bei den Diensten haben Sie unter „Asoc. profesionales" Zugriff auf 165 Berufsverbände, die Sie unter „Búsqueda de colegios y asociaciones profesionales" abrufen können nach den Kriterien
  - nombre,
  - tipo,
  - profesión,
  - resultados por página.

Networking allein genügt aber nicht: Wer kennt schon so zufällig jemanden in der favorisierten Firma? Sie sollten deshalb auch Kontakte zu potenziellen Arbeitgebern knüpfen, ohne dass dies von Bekannten für Sie arrangiert wurde.

Spontane Bewerbungen bei spanischen Unternehmen

Schreiben Sie Unternehmen, bei denen Sie arbeiten möchten, gezielt an oder nutzen Sie Informationsaufenthalte in Spanien, um sich direkt bei Arbeitgebern zu bewerben. Bleiben Sie hartnäckig. Adressen von Unternehmen und Telefonnummern von Ansprechpartnern finden Sie natürlich auch im Internet in Firmenlexika, beispielsweise:

- Hoover's
  www.hoovers.com/es

  Informiert über mehr als 65000 Unternehmen weltweit.

1.5 Arbeitssuche und Bewerbung per Internet

Das Internet bietet für die Arbeitssuche in Spanien eine unendliche Fülle an Möglichkeiten. Sie können:

- Stellenangebote aus Onlinezeitungen oder Jobbörsen aufrufen,
- Kontakte zu potenziellen Arbeitgebern knüpfen,
- Ihr Networking ausbauen,
- nach detaillierten Informationen über Firmen suchen,
- Businesslexika nutzen,
- sich an Diskussionsforen beteiligen,
- Tipps für Bewerbungen abrufen,
- sich direkt per Internet bewerben.

Wesentlicher Vorteil der Stellensuche per Internet ist, dass Sie schon von Deutschland aus, also ganz bequem von zu Hause aus, aktiv werden und eine Menge von Informationen abrufen können, bevor Sie in Spanien arbeiten. Das Internet funktioniert rund um die Uhr, sieben Tage in der Woche, d. h. Sie sind nicht an Büro- und Arbeitsstunden Ihrer Ansprechpartner gebunden. Und: Sie erkennen sofort, wie aktuell ein Angebot ist. Zudem erreichen Sie per Internet nicht nur Firmen aus der Hightech-Branche, sondern auch Angebote aus allen Bereichen. Hier werden Sie auf ausgezeichnete Hinweise für Ihre Recherche (meistens reicht schon die Homepage der Firma) stoßen und können sich mit deren Hilfe häufig direkt bei den Firmen per E-Mail bewerben.

Aber Vorsicht!

Auch wenn alles sehr leicht, schnell möglich und machbar erscheint – tun Sie nichts ohne ausreichende Vorbereitung und Sorgfalt. Seien Sie bei der Formulierung Ihres Lebenslaufs, Kurzprofils und Begleitschreibens genauso präzise und sorgfältig wie im klassischen Bewerbungsverfahren.

Und seien Sie sich immer im Klaren darüber, dass es als Zeichen von Professionalität eingeschätzt wird, wenn Sie die elektronischen Möglichkeiten beherrschen und professionell nutzen.

Um sich möglichst gezielt bewerben zu können, müssen Sie so fundiert wie möglich über das Stellenangebot, das Unternehmen sowie den Bereich informiert sein. Sich diese Basis zu verschaffen, ist Grundvoraussetzung. Und das „www“ ist ein ausgezeichnetes Instrument der Informationsbeschaffung. Sehen Sie sich also entsprechende Websites an:

- die Firmen-Homepages,
- die Stellenanzeigen in Onlinestellenmärkten,
- die Websites von Berufsverbänden

und ziehen Sie alles Wissenswerte aus diesen Quellen heraus. Denn im Internet können Sie Antworten auf so wesentliche Fragen erhalten wie:

- Welche wichtigen Trends sind in dem anvisierten Bereich zu vermerken?
- Welche Qualifikationen muss man für bestimmte Jobs mitbringen?
- Welche Aspekte der Firmengeschichte sind wissenswert?
- Wer sind mögliche Ansprechpartner für eine Bewerbung?

Online-Stellenmärkte

Auch in Spanien nimmt die Anzahl der Onlinestellenmärkte zu. Sie können zwischen allgemeinen Jobsites, wie beispielsweise Gojobsite.es, und branchenspezifischen, wie HotelnetJobs.com, wählen. Es gibt also nicht die einzig richtige Jobbörse, die auf alle Zielgruppen passt.

Die berufsspezifischen und regionalen Stellenmärkte enthalten meistens viel weniger Offerten als die allgemeinen Sites, unter Umständen aber solche, die exakt zu Ihrem Profil, z. B. zu Ihrem Berufsfeld, passen. Damit verfolgen Sie also die klassische Regel: „From the general to the specific" und steigern die Effizienz Ihrer Suche.

Wir haben viele Jobsites für Sie unter die Lupe genommen und nennen im Folgenden einige, die uns interessant erscheinen. Natürlich sollten Sie sich auch Onlinestellenmärkte ansehen, die wir hier nicht genannt haben. Das Internet ist schnelllebig, täglich kommen neue Jobbörsen hinzu.

- Empleo.com
  www.empleo.com

  Motto der Site: „Las últimas y mejores ofertas de trabajo online." Kriterien für die Jobsuche in der Datenbank sind Kategorie, gewünschte Provinz und Schlüsselwörter. Wer die Dienste der Site nutzen möchte, muss sich registrieren lassen.

- Excoge
  www.excoge.com

  Excoge ist die Onlineergänzung zur spanischen Zeitung „*El País*". Die Datenbank lässt sich nach den Kriterien Branche, Funktion,

Ort oder detaillierte Profisuche (Gehaltsmarge, Art der Anstellung, Berufserfahrungen und Bildungsabschlüsse) durchforsten. Unter „Acerca de Excoge“ erfahren Sie, wie die Site funktioniert, welche Zusatzdienste sie anbietet und wie der Datenschutz gewährleistet ist. Sie haben auch Zugriff auf den E-Mail-Service „Mis Preferencias“, der Ihnen Stellenangebote mailen wird, die Ihrem Profil entsprechen.

- Expansión y Empleo
  www.expansionyempleo.com

  Das ist die Onlineversion der Tageszeitung „*El Mundo*“. Unter „Buscar trabajo“ lässt sich die Stellensuche nach Schlüsselwörtern, Unternehmen, Branchen und Einsatzorten durchführen. Die Zusatzdienste, die auf der Site angeboten werden, sind beeindruckend. So finden Sie Berufsbeschreibungen mit prägnanten Schlüsselwörtern in der Rubrik „Profesiones“ und aktuelle Tipps und Trends in der Rubrik „Desarrollo Profesional“. Unter „Recursos humanos“ bietet die Site einen Gehaltsspiegel an, mit dem Sie Ihr Nettogehalt kalkulieren können: „Calculadora de sueldos“.

- GoJobsite España
  www.gojobsite.es

  Kriterien für die Profisuche in der Jobdatenbank sind: Land, Einsatzort, Art der Anstellung, Branche oder Berufsfeld (Sectores preferidos). Auch die Angebote der letzten sieben Tage lassen sich auf Knopfdruck aufrufen und noch mal durchgehen. Sie haben außerdem Zugriff auf einen E-Mail-Service, dessen Vorzüge in der Sparte „Pre Registration“ auf Englisch beschrieben werden.

- InfoJobs.net
  www.infojobs.net

  Auf der Homepage werden Zahlen genannt: 150 000 „Puestos vacantes“ stehen rund 3 300 000 Lebensläufen gegenüber. Kriterien für die Suche in der Datenbank sind die üblichen: Kategorien, Provinzen und Schlüsselwörter. Darüber hinaus haben Sie Zugriff auf eine Sondersparte zu „Últimas ofertas“. Sie können auch – nach diversen Branchen differenziert – Unternehmen analysieren (von „Banca“ bis „Salud“).

- Laboris.net
  www.laboris.net

  Die Stellensuche ist nach den Kriterien Provinz, Kategorie und Schlüsselwörter möglich. Sie können aber auch einzelne Bereiche unter „Canales" aufrufen, dazu gehören: Verwaltung, Technologie, Marketing, Bauwirtschaft und das Hotel- und Gaststättengewerbe. Lesenswert sind die Artikel in der Sparte „Artículos para el candidato". Dort erhalten die Benutzer der Site Tipps für die Arbeitsuche und Bewerbung in Hülle und Fülle.

- Lycos
  www.lycos.es

  Die „Empleo"-Sparte von Lycos.es hat viel zu bieten:
  - Insertar CV,
  - Ofertas de Empleo,
  - Buscar Trabajo,
  - Mi Cuenta.

  Die Jobdatenbank können Sie nach den Kriterien „Categoría", „Provincias" und „Palabra Clave" abfragen.

- Monster.es
  www.monster.es

  Als registriertes Mitglied können Sie Ihre Lebensläufe in die Datenbank eingeben und den E-Mail-Service „Mi monster" nutzen, der Ihnen entsprechend Ihrem Bewerberprofil Stellenangebote mailt. Dies erledigen so genannte Agentes, „Buscadores automáticos de ofertas de empleo".
  Für verschiedene Branchen finden Sie wertvolle Zusatzinformationen, beispielsweise für den Bereich „Economía/Finanzas" gibt es Links, Firmendaten und Artikel über den Arbeitsmarkt. Die Rubrik „Orientación Profesional" enthält Tipps für Lebensläufe und Vorstellungsgespräche sowie aktuelle Trends.

- Oficinaempleo.com
  www.oficinaempleo.com

  Schon auf der Homepage werden Stellenangebote aufgelistet. Kriterien für die Jobdatenbank sind Region und Funktion sowie die Option, Angebote nach Berufsfeld oder Unternehmensbereich aufzurufen. Registrierte Nutzer haben Zugriff auf einen E-Mail-Service (MiOficinaEmpleo).

Besonders empfehlenswert erscheinen uns die Zusatzdienste, die Tipps für die Arbeitssuche, z. B.:

- „Cómo crear tu currículum“,
- „La entrevista de selección de personal“.

- Servijob.com
  www.servijob.com

  Schon auf der Homepage werden Stellenangebote aufgelistet. Servijob arbeitet mit der Zeitung „La Vanguardia“ zusammen. Kriterien für die Jobsuche sind Region, Berufszweig und Ort. Wenn Sie sich regristieren lassen, können Sie die Dienste der Site nutzen, zu denen ein E-Mail-Service und ein Newsletter gehören.

- Tecnojobs
  www.tecnojobs.com

  „Portal gratuito de empleo tecnológico“ ist das Motto der Site. Die Datenbank lässt sich nach folgenden Kriterien durchsuchen:

  - Tecnología (z. B. Java)
  - Provincia,
  - Áreas (von „Analistas“ bis „Unix“).

- Trabajo.org
  www.trabajo.org

  Schon auf der Homepage beschreibt die Site ihre Dienstleistungen für die Nutzer:

  - Eingabe des Bewerberprofils in die Datenbank,
  - E-Mail-Service,
  - Information über inserierende Unternehmen,
  - „Ofertas urgentes“ und „Últimas ofertas“ auf der Startseite.

  Kriterien für die Profisuche sind Kategorie, Land, Provinz, Schlüsselwörter sowie Jornada laboral (Art der Anstellung wie fijo, fijo media jornada, prácticas, becario, temporal, autónomo: feste Antellung, halbtags, Praktikum, Stipendium, Zeitarbeit, selbständig). Die Sparte „Mundo Laboral“ bietet die Möglichkeit, sich über aktuelle Trends auf dem Arbeitsmarkt zu informieren und an Foren teilzunehmen.

- Tecnoempleo.com
  www.tecnoempleo.com

  „Empleo especializado en Informática, Telecomunicaciones y Tecnologías“ – das ist der Schwerpunkt der Site.

Als Kriterien für die Suche können Sie eingeben: puesto, tecnología, provincia, experiencia.
Die neuesten Stellenangebote werden unter „Últimas ofertas" aufgelistet. Den registrierten Nutzern steht ein E-Mail-Service zur Verfügung, der ihnen passende Angebote zukommen lässt.
Unter „Confidencialidad" sind detaillierte Informationen zum Datenschutz nachzulesen, unter „Ayuda al candidato" helfen Antworten auf häufig gestellte Fragen weiter. In der Rubrik „Noticias del Sector Tecnológico" können Sie Artikel zu aktuellen Trends in der Branche aufrufen. Auch die Liste der inserierenden Unternehmen (Empresas clientes) ist für Arbeitssuchende interessant.

- Todotrabajo.com
  www.todotrabajo.com

  Diese Jobsite gehört zur Zeitung „*ABC*". Die Site ist in folgende Sparten untergliedert:
  - Mis datos,
  - Busca ofertas,
  - Recibe ofertas,
  - Cerrar sesión.

  Schon auf der Homepage werden Stellenangebote unter „Ofertas urgentes" aufgelistet. Die Nutzer können ihren Lebenslauf in die Datenbank eingeben und die Stellendatenbank durchforsten. Kriterien sind Sektor, Provinz und Schlüsselwörter. Ihnen steht auch ein Forum zur Verfügung („Foro de empleo"). Unter „Noticias" finden Sie aktuelle Informationen zum Arbeitsmarkt („Mercado laboral").

- Trabajos.com
  www.trabajos.com

  Die Suche in der Stellendatenbank unter „Buscador de ofertas" können Sie einschränken nach Beruf, Stichwort und Region sowie mit der Option einer Profisuche. Die einzelnen Stellenangebote werden mit dem Namen des Unternehmens, der Berufsbezeichnung, dem Einsatzort sowie dem Datum der Veröffentlichung aufgelistet. Die Sparte „Servicios" enthält u. a. einen E-Mail-Service (Motto: „Recibe ofertas en tu e-mail"). Unter „Información" beeindrucken: Tipps für die Gestaltung von Lebensläufen und Begleitschreiben inklusive Musterlebensläufen sowie Expertenrat für die Vorbereitung auf Vorstellungsgespräche.

- Universia.es
  www.empleo.universia.es

  Universia.es bezeichnet sich als „Mercado Laboral Universitario“. Die Empleo-Sparte bietet alle Hintergrundinformationen, die Sie für die Arbeitssuche in Spanien benötigen.

  Berücksichtigt werden Aspekte wie:

  - Arbeitsrecht unter „Derecho Laboral“,
  - Tipps für Lebensläufe unter „El Currículum“,
  - Stipendien-Möglichkeiten unter „Becas“,
  - viele Hinweise für Studenten, die Praktika suchen.

- Yahoo! Empleo
  http://es.dir.yahoo.com/Economía_y_negocios/Empleo

  Yahoo! Empleo bietet alles, was Sie für die Arbeitssuche brauchen: nicht nur eine Stellendatenbank („área, tipo de contrato, palabra clave“ sind die Optionen für die Suche sowie „búsqueda avanzada“), sondern auch

  - Currículum Vitae (mit Musterlebensläufen aus verschiedenen Berufssparten),
  - Directorios y guías (Jobsites und Linkverzeichnisse wie „Nuevo Empleo.com“),
  - relevante Links für bestimmte Zielgruppen: Jóvenes (Junge Leute), Mujeres (Frauen) sowie Teletrabajo (Telearbeiter).

Weitere berufsspezifische und branchenspezifische Onlinestellenmärkte

• ResortJobs.com www.resortjobs.com/do/where/jobtree/Spain	Sommerjobs in Spanien
• Agoratel www.agoratel.com	Telearbeit
• Internenes www.internenes.com/empleo	Stellen für Lehrer
• Freelance.com Espana www.freelance.com	Freelancer für den Bereich „Neue Technologien“
• Financialwebjobs www.financialwebjob.com	Schwerpunkt „Finanzen“

2 Deutsch - spanische Formulierungshilfen

2.1 Bausteine für die schriftliche Bewerbung

Auf diesem Wege möchte ich mich um die Stelle als ... bewerben.	A través de la presente quisiera solicitar el puesto de ...
Ich habe Ihre Anzeige in ... gelesen und bewerbe mich um die Stelle als ...	He leído su anuncio en ... y solicito el puesto de ...
Ich antworte auf Ihre o. a. Anzeige.	Les contesto a su anuncio arriba mencionado (a.m.)
Ich beziehe mich auf Ihre Anzeige in ...	Con referencia a su anuncio en ...
Sie suchen einen neuen ..., eine neue ...	Están buscando un nuevo ..., una nueva ...
Diese Stelle interessiert mich.	Este puesto me interesa.
Ich bewerbe mich um die Stelle als ...	Solicito el puesto de ...
Ich habe von Herrn XY gehört, dass Sie einen neuen Buchhalter suchen.	He oído por parte del señor XY que ustedes buscan un nuevo contable.
Hiermit möchte ich anfragen, ob Sie eine freie Stelle für einen Schaufensterdekorateur haben.	A través de la presente quisiera informarme de si todavía tienen un puesto vacante de escaparatista.

Angaben zur Person

Ich bin am ... geboren.	Nací el ...
Ich bin ... Jahre alt.	Tengo ... años.
Ich bin ledig.	Estoy soltero (soltera).
Ich bin verheiratet und habe zwei Kinder.	Estoy casado (casada) y tengo dos hijos.

Schulbildung

Ich habe von 1977 bis 1987 die ... Schule besucht.	Desde 1977 hasta 1987 cursé los estudios en la escuela (el colegio) de ...
Grundschule	Enseñanza Primaria, EP
Sekundarstufe I	Enseñanza Secundaria Obligatoria, ESO
Sekundarstufe II	Bachillerato
Handelsschule/Berufsschule	Escuela de Comercio/ Ciclo de Grado Medio
Berufsausbildung	Ciclo de Formación Profesional de Grado Superior
1990 bestand ich das Abitur.	En 1990 aprobé el Bachillerato.
Nach dem Abitur ...	Después del bachillerato ...
Ich erwarb 1982 den Realschulabschluss.	En 1982 obtuve el título de Graduado en Educación Secundaria.
Von ... bis ... absolvierte ich den Wehrdienst.	Desde ... hasta ... hice el servicio militar.
Als Zivildienstleistender arbeitete ich in einem städtischen Altenheim.	Como objetor de conciencia realicé la prestación social en una residencia de ancianos.

Beruflicher Werdegang

Von 1990 bis 1992 machte ich eine ...- Lehre bei ...	De 1990 a 1992 hice una formación de ... en ...
Ich absolvierte eine Lehre zum Industriekaufmann.	Terminé la formación para comerciante industrial.
Ich habe Wirtschaftswissenschaften an der Universität Kiel studiert.	He estudiado Ciencias Económicas en la universidad de Kiel.
1990 erwarb ich das ...Diplom	En 1990 obtuve el diploma de ...
Verkaufserfahrungen habe ich seit drei Jahren bei der derzeitigen Firma gesammelt.	Desde hace tres años tengo experiencia en ventas en la actual empresa.

Ich habe an der VHS Spanischkurse besucht und das Zertifikat Spanisch Wirtschaft erworben.	He asistido a varios cursos de español en la „Volkshochschule" (Universidad Popular) y he obtenido el Certificado de Español Comercial.
Von 1998 bis 2002 arbeitete ich als ... bei ...	Desde 1998 hasta 2002 trabajé de ... en ...
Während mehrerer Praktika im In- und Ausland konnte ich mir vielseitige Kenntnisse aneignen.	Durante las prácticas que he realizado tanto en mi país como en el extranjero he adquirido conocimientos muy amplios.
Ich konnte mir auf diesem Gebiet wertvolle Kenntnisse aneignen.	En este campo he podido adquirir conocimientos muy valiosos.
Zurzeit bin ich als ... bei ... beschäftigt.	Actualmente estoy trabajando de ... en ...
Ich bin augenblicklich Leiter der Marketingabteilung.	Actualmente soy director de la sección de marketing.
Es ist mir stets gelungen, die Mitarbeiter zu motivieren.	He conseguido siempre motivar a los compañeros de trabajo.
In den letzten fünf Jahren war ich verantwortlich für ...	En los últimos cinco años he tenido a mi cargo ...
Ich bin in ungekündigter Stellung bei ...	Tengo un puesto fijo en ...
Zu meinen Aufgaben gehört es, ...	Mi trabajo consiste en ...

Veränderungsgründe

Ich möchte mich gerne beruflich verbessern.	Me gustaría mejorar profesionalmente.
Ich suche eine Stelle mit mehr Verantwortung.	Estoy buscando un cargo con más responsabilidad.
Ich möchte Erfahrungen im Ausland sammeln.	Me gustaría adquirir experiencia en el extranjero.
In meiner Firma gibt es in absehbarer Zeit für mich keine Aufstiegsmöglichkeiten.	En mi empresa no existe la posibilidad, en un tiempo previsible, de ascender.

Mein Mann wird in Spanien arbeiten, deshalb suche auch ich dort eine interessante Tätigkeit.	Mi marido va a trabajar en España, razón por la cual yo también estoy buscando una actividad interesante allí.
Ich möchte mit einem Auslandspraktikum die Möglichkeiten nutzen, die das Erasmus-Programm bietet.	Me gustaría aprovechar la posibilidad que ofrece el programa Erasmus de hacer prácticas en el extranjero.

Lebenslauf

Ich füge einen Kurzlebenslauf bei.	Les mando adjunto el currículum vitae.
Einen Überblick über meinen beruflichen Werdegang entnehmen Sie bitte dem beigefügten CV.	Un sumario sobre mi desarollo profesional lo puede ver en el C.V. que le adjunto.
Aus dem beigefügten CV geht hervor, dass ich langjährige Erfahrungen mitbringe.	En el C.V. que le adjunto podrá comprobar los años de experiencia adquiridos.
Informationen über meine Qualifikationen entnehmen Sie bitte den beigefügten Unterlagen.	Las informaciones sobre mis calificaciones las pueden ver en la documentación que les adjunto.
Den chronologischen Ablauf meiner Ausbildung entnehmen Sie den beigefügten Unterlagen.	El desarrollo cronológico de mis estudios lo pueden ver en los documentos que les adjunto.

Anlagen

In der Anlage übersende ich ...	En el anexo envío ...
Ich füge ... bei.	adjunto ...
- *tabellarischen Lebenslauf*	- currículum vitae
- *beglaubigte Kopien des Abiturzeugnisses/Diplomzeugnisses*	- fotocopia compulsada de las notas del bachillerato/del diploma

Schlussfloskeln

Ich würde gerne zu einem Vorstellungsgespräch kommen.	Acudiría con mucho gusto a una entrevista personal.

Ich stehe Ihnen gerne zu einem Vorstellungsgespräch zur Verfügung.	Estoy a su disposición para realizar una entrevista de trabajo/ entrevista personal.
Über Ihre Einladung zu einem Vorstellungsgespräch würde ich mich sehr freuen.	Me alegraría si me brindaran la oportunidad de realizar una entrevista personal.
Ich sehe Ihrer Antwort mit Interesse entgegen.	Espero su contestación con mucho interés.
Über eine positive Antwort würde ich mich sehr freuen.	Me complacería mucho recibir una respuesta favorable.
Bitte geben Sie mir Gelegenheit zu einem Vorstellungsgespräch.	Le (les) solicito me conceda(n) la oportunidad de una entrevista personal.
Ich würde mich sehr freuen, in Ihrem Unternehmen ein Praktikum absolvieren zu können.	Me alegraría muchísimo poder realizar prácticas en su empresa.
Der frühstmögliche Einstellungstermin ist der ...	El plazo más próximo de contratación es el ...
Es würde mich freuen, mit Ihnen alle weiteren Fragen persönlich erörtern zu können.	Me alegraría poder ampliarles personalmente más detalles e informaciones que consideren pertinentes.
Ich würde mich schnell einarbeiten können.	Me sería posible ponerme al corriente en breve tiempo.
Ich glaube, gut in Ihr Team zu passen.	Creo reunir los requisitos apropiados para congeniar con su equipo de trabajo.
Mit freundlichen Grüßen	Atentamente,

2.2 Vorstellungsgespräche meistern

Warum haben Sie ... studiert?	¿Por qué ha estudiado usted ...?
Wie viel Berufserfahrung bringen Sie mit?	¿Cuánto tiempo de experiencia profesional posee usted?
Könnten Sie uns Ihren bisherigen beruflichen Werdegang kurz beschreiben?	¿Podría usted describirnos resumidamente su desarrollo profesional?

Welchen Posten haben Sie in der derzeitigen Firma?	¿Qué cargo ocupa usted en la empresa actual?
Mit welchen Unternehmen arbeiten Sie zusammen?	¿Con qué empresa está trabajando?
Welches Gebiet interessiert Sie am meisten?	¿Qué campo es el que más le interesa?
Warum möchten Sie sich verändern?	¿Por qué quiere usted cambiar?
Ist Ihre Familie mit dem Umzug einverstanden?	¿Está su familia de acuerdo con la mudanza?
Ist Ihre Frau berufstätig?	¿Ejerce su esposa alguna profesión?
Wie alt sind Ihre Kinder?	¿Qué edad tienen sus hijos?
Wie viele Mitarbeiter hat Ihre jetzige Abteilung?	¿Cuántos colaboradores hay en su departamento actual?
Welche Aufgaben, meinen Sie, kommen in unserer Firma auf Sie zu?	¿Qué actividades cree usted que se le adjudicarán en la empresa?
Warum interessieren Sie sich gerade für unser Unternehmen?	¿Por qué se interesa usted precisamente por nuestra empresa?
Wie sind Sie auf uns gekommen?	¿Por qué se ha dirigido usted a nosotros?
Kommen Sie auf eine Anzeige in der Zeitung hin?	¿Se dirige usted a nosotros a través de un anuncio del periódico?
Sind Sie vom Arbeitsamt an uns verwiesen worden?	¿Se dirige usted a nosotros a través de la Oficina de Empleo?/ del INEM?
Welche Gehaltsvorstellungen haben Sie?	¿Qué idea tiene usted del salario?
Wie stellen Sie sich die Arbeit vor?	¿Cómo se imagina que será el trabajo?
Was sind Ihre Stärken/ Schwächen?	¿Cuáles son sus puntos fuertes/ débiles?

Haben Sie ein Auto?	¿Tiene usted coche?
Treiben Sie Sport?	¿Practica usted algún deporte?
Welche Hobbys haben Sie?	¿Cuáles son sus aficiones?
Was machen Sie in Ihrer Freizeit?	¿Qué hace usted en su tiempo libre?
Waren Sie in der Schulzeit jemals Klassensprecher?	¿Fue usted alguna vez en la escuela delegado de la clase?
Sind Sie gern zur Schule gegangen?	¿Le gustaba (a usted) ir al colegio?
Haben Sie in den Semesterferien gearbeitet?	¿Ha trabajado usted en las vacaciones?
Haben Sie einen Führerschein?	¿Tiene usted carnet de conducir?

Auf diese Fragen brauchen Sie nicht zu antworten

Sind Sie schwanger?	¿Está usted embarazada?
Leben Sie mit einem Partner zusammen?	¿Vive usted con su pareja?

Fragen, die Sie selbst stellen könnten

Warum ist die Stelle frei geworden?	¿Por qué se ha quedado libre el puesto?
Wie sieht das künftige Aufgabengebiet aus?	¿En qué consistirá la actividad a desarrollar?
Welche Schwerpunkte hat der Bereich?	¿Cuál es el punto esencial de este campo?
Welche Verantwortung ist mit der Stelle verbunden?	¿Qué tipo de responsabilidad conlleva este puesto?
Welche Aufstiegschancen sind mit der Position verbunden?	¿Hay posibilidad de ascender en este puesto?
Welche Weiterbildungsmöglichkeiten gibt es in Ihrer Firma?	¿Qué posibilidades de perfeccionamiento hay en su empresa?
Wie ist die Arbeitszeit geregelt?	¿Cuál es el horario de trabajo?
Gibt es gleitende Arbeitszeit?	¿Hay horario flexible?

Ist der Arbeitsplatz mit öffentlichen Verkehrsmitteln zu erreichen?	El lugar de trabajo, ¿es accesible a través de los medios de transportes públicos?
Gibt es eine feste Mittagspause?	¿Hay un horario fijo para el almuerzo?
Haben Sie eine Werkskantine?	¿Tiene esta empresa una cantina?
Wären Sie so freundlich, mit mir eine Werksführung zu machen?	¿Sería usted tan amable de hacer conmigo una visita a los talleres?
Welche betrieblichen Sozialleistungen gibt es: *- Essenszuschläge* *- Altersversorgung* *- Zusatzversicherung* *- Fahrtkostenzuschläge?*	¿Qué prestaciones sociales ofrece esta empresa: - dietas para la comida - jubilación - seguro suplementario - dietas de desplazamiento?
Wie ist die Urlaubsfrage geregelt?	¿Cómo están reguladas las vacaciones?
Wie lange dauert die Probezeit?	¿Cuánto tiempo dura el período de prueba?
Haben Sie Niederlassungen im Ausland?	¿Tienen sucursales/filiales en el extranjero?
Bis wann kann ich mit einer Antwort rechnen?	¿Cuándo puedo obtener una respuesta?
Könnte ich einen Tag Bedenkzeit erhalten?	¿Me podría dar un día para pensarlo?
Haben Sie noch irgendwelche Fragen an mich?	¿Tiene usted alguna pregunta más?
Ich danke Ihnen für das Gespräch.	Le agradezco mucho la entrevista realizada.
Ich würde sehr gern in Ihrem Unternehmen arbeiten.	Me gustaría mucho trabajar en su empresa.

3 Bewerbungspraktiken

Die spanischen Bewerbungsunterlagen bestehen im Allgemeinen nur aus dem Lebenslauf und einem kurzen Begleitschreiben. Referenzen und Zeugnisse werden nicht beigefügt.

3.1 Der spanische Lebenslauf (Currículum Vitae, CV)

Auch in Spanien gibt es keinen starren Standardlebenslauf. Sie müssen Ihren CV selbst schreiben und zusammenstellen. Personalleiter werden es zu schätzen wissen, wenn Ihr Lebenslauf trotz einiger Regeln einen persönlichen Stil aufweist. Der Lebenslauf ist im Allgemeinen kurz und umfasst nicht mehr als zwei oder drei Seiten. Das Motto ist:

- Palabras cortas,
- Frases cortas,
- Párrafos cortos.

Die Aus- und Weiterbildung (vom Schulabschluss an) wird ausführlich beschrieben. Interessant ist für Spanier immer, ob ein Bewerber Vereinen angehört. Dies rundet das persönliche Profil ab. Auch Hobbys und Freizeitgestaltung werden im CV erwähnt, wenn sie zum Bewerberprofil passen. Auf Sprachkenntnisse geht man ausführlich ein.

Der spanische Lebenslauf ist folgendermaßen gegliedert:

- Datos personales,
- Estudios y formación (oder: Formación académica)
- Experiencia laboral,
- Idiomas,
- Informática,
- Otras informaciones.

Wie im Deutschen auch gibt es verschiedene Formate eines spanischen Lebenslaufs:

- El cronológico,
- El inverso,
- El temático/funcional.

Über einem spanischen Lebenslauf steht übrigens:

- Currículum (de),
- gefolgt vom Familien- und Vornamen.

Datos personales (Angaben zur Person)

Die Angaben zur Person sind sehr ausführlich. Neben dem Namen (der Nachname wird in Großbuchstaben geschrieben), der Post-/E-Mail-adresse und der Telefonnummer wird in Spanien sogar die Nummer des Ausweises angegeben, außerdem Geburtsdatum, -ort, Nationalität, Ehestand und Kinderzahl. Gelegentlich werden sogar Angaben zu Größe und Gewicht gewünscht, z.B. wenn es um Modeljobs geht.

In der spanischen Version sehen die Angaben der persönlichen Daten folgendermaßen aus:

- Nombre y apellidos,
- E-mail,
- Lugar y fecha de nacimiento,
- D.N.I.,
- Estado civil,
- Dirección,
- Teléfono.

Estudios/Formación (Schul-/Ausbildung)

Zuerst werden die aktuelleren, höheren Schul- bzw. Studienabschlüsse genannt, dann die älteren und niedrigen, soweit sie noch für die Bewerbung interessant sind. Zusätzliche Kurse und Abschlüsse, die für die ausgeschriebene Stelle von Vorteil sein könnten, werden ebenfalls aufgeführt. Die Angaben zur Ausbildung sind umso detaillierter, je weniger Berufserfahrung die Bewerber haben. Zu den einzelnen Berufs- und Studienabschlüssen werden auch folgende Daten genannt: Die Bezeichnung des Examens, die Gesamtnote, die Institution, Ort und Datum, z. B.

- 1998 Licenciatura en Ingeniería Electrónica. Universidad Politécnica, Madrid. Calificación: notable.
- 1999 Diplomado en Sociología por la Universidad de Madrid.

Zusätzliche Kurse (Cursos de formación), die für die ausgeschriebene Stelle von Vorteil sein könnten, werden ebenfalls erwähnt, z. B.:

- Curso de Marketing. Institución Mercado, Barcelona. Duración: 60 horas.
- Curso „Informática: Windows (Word, Excel)“, 70 horas, Academia San José, Madrid, 2001.
- Seminario sobre Recursos Humanos y Publicidad (40 horas), Universidad de Sevilla.

In diesem Abschnitt des CV kann man übrigens auch Reisen ins Ausland („Residencia en el extranjero") und Stipendien („Becas") erwähnen. Da in Spanien die Berufserfahrungen im Lebenslauf mehr Gewicht haben als die Angaben zu den Schulabschlüssen, wird der Abschnitt zu „Experiencia profesional" gerne vor den Abschnitt zu „Formación académica" gestellt.

Experiencia laboral (Berufserfahrung)

Dies ist der wichtigste Abschnitt eines Lebenslaufs. Ob die Daten in chronologischer oder in entgegengesetzter Reihenfolge genannt werden, ist im Wesentlichen von der Länge und der Art Ihrer Berufserfahrung abhängig. Lässt sich ein Zusammenhang zwischen der Anzeige und der letzten Stelle herstellen, nennt man zuerst den aktuellen Posten. Sie können zwischen folgenden Versionen des Lebenslaufs wählen:

- Cronológico,
- No cronológico / Inverso,
- Funcional/temático.

Im funktionalen Lebenslauf stehen übrigens die Verantwortungsbereiche im Mittelpunkt, nach thematischen Schwerpunkten angeordnet.

Zu den einzelnen Stationen führen Sie die Namen des Unternehmens, Einsatzort, Daten und Verantwortungsbereiche auf, z. B.:

- Período,
- Empresa,
- Sede de trabajo,
- Sector de actividad,
- Posición actual, responsabilidades.

Vergessen Sie nicht, Abkürzungen von Firmennamen in Klammern auszuschreiben, auch wenn Sie annehmen, dass die Namen bekannt sind.

Wie in deutschen Lebensläufen ist es wichtig, die beruflichen Erfahrungen hervorzuheben, die für den angestrebten Posten von Belang sind und dem Profil des gesuchten Stelleninhabers entsprechen. Sie sollten in dieser Sparte möglichst genaue Angaben zu den einzelnen Stationen machen, etwa beschreiben, wie viele Mitarbeiter Sie in Ihrer Abteilung hatten, um wie viel Prozent Sie die Umsätze Ihres Unternehmens erhöhen konnten und exakt den Bereich nennen, für den Sie verantwortlich waren, beispielsweise:

- Director artístico. Elaboración de proyectos de promoción, 20 millones de pesetas en 1998.

In diesem Abschnitt des Lebenslaufs spielen Aktionsverben eine bedeutende Rolle. Sie helfen Ihnen, Ihre beruflichen Leistungen überzeugend hervorzuheben. Dazu gehören Verben wie:

> acelerar, adaptar, analizar, aumentar, controlar, coordinar, crear, demostrar, delegar, desarrollar, disminuir, evaluar, iniciar, introducir, liderar, motivar, negociar, organizar, perfeccionar, presentar, realizar, reorganizar, resolver, simplificar, supervisar.

Idiomas (Sprachkenntnisse)

- Die Sprachkenntnisse können Sie nach Fertigkeiten angegeben:

lesen	leer
verstehen	entender
schreiben	escribir
sprechen	hablar
übersetzen	traducir

- in den Graden:

sehr gut	muy bien
gut	bien
mittlere	regular

- oder Sie schreiben beispielsweise:

Inglés	nivel alto (hablado y escrito)
Francés	nivel intermedio, escrito y oral
Español	excelente, Marco Europeo de Referencia C 2
Alemán	lengua materna

Für Ihre Bewerbung empfiehlt es sich, dass Sie Ihre Spanischkenntnisse möglichst detailliert - gemäß dem Europäischen Referenzrahmen - beschreiben. Apropos Sprachkenntnisse: Auch Katalanisch, Baskisch und Galizisch könnten gefragt sein.

Was nicht in einen spanischen Lebenslauf gehört:

- Referenzen (Informes, Referencias). Sie sind normalerweise der Bewerbung nicht beigefügt. Sie können allerdings anbieten, diese auf Anfrage nachzureichen: „Informes se facilitarán a petición."
- Fotos. Sie werden üblicherweise nicht beigefügt.
- Kopien der Schul- und Arbeitszeugnisse. Sie gehören nicht zu den Anlagen (Anexos) eines spanischen Lebenslaufs.

Übrigens!

Der Lebenslauf wird unterschrieben und mit einem Datum versehen.

Zusatzinformationen (Otras informaciones)

Weitere Informationen sollten in einem spanischen Lebenslauf folgendermaßen behandelt werden:

- Hobbys (Hobbies e intereses personales) erwähnen Sie nur, wo sie zur ausgeschriebenen Stelle passen.
- Mitgliedschaften in Vereinen (Asociaciones) können interessant für die Bewerbung sein. Beispielsweise „Soy miembro de una asociación de gráficos".
- „Soft Skills" können ebenfalls von Bedeutung sein. „Disponibilidad geográfica" oder „Gran capacidad para trabajar en equipo", um zwei Beispiele zu nennen.
- Berufsziele (Objetivos profesionales-laborales). Einige Ratgeber empfehlen, zu Beginn oder am Ende des Lebenslaufs in ein oder zwei Sätzen die beruflichen Ziele zu beschreiben, damit den Personalverantwortlichen deutlich wird, welche Motivationen man mitbringt und was man zu bieten hat.

  Zum Beispiel:
  - Director artístico con diez años de experiencia busca puesto de responsabilidad en una empresa de marketing en el sector del automóvil.
  - Técnico especialista en geriatría. Cinco años de experiencia hospitalaria. También me interesa trabajar en consulta particular.
- EDV-Kenntnisse (Informática).
  Auch PC-Kenntnisse können Sie im Lebenslauf erwähnen:
  - Procesador de textos: Microsoft Word
  - Hojas de cálculo: Microsoft Excel
  - Base de datos: Microsoft Access
  - Correo electrónico, Internet

3.2 Elektronische Lebensläufe

Sie haben auch in Spanien die Möglichkeit, Lebensläufe nicht nur als Papierversion zu versenden, sondern online als E-Mail oder per Internet. Einige Firmen bitten auf ihren Websites um die elektronische Eingabe von Lebensläufen und etliche Jobsites stellen Onlineformulare für persönliche Daten und Eingabefelder für kurze Lebensläufe ins Netz.

Elektronische CV's sind ähnlich wie Papierlebensläufe gegliedert:

- Datos personales,
- Formación académica,
- Experiencia profesional,
- Idiomas,
- Conocimientos,
- Otros datos.

Wenn Sie Ihren Online-Lebenslauf an elektronische Stellenmärkte mailen, haben Sie zum Teil die Option eines E-Mail-Services. Das bedeutet: Sie werden gebeten, ein Kurzprofil von sich zu erstellen, damit man Ihnen anschließend entsprechende Offerten zumailen kann. Wie das Ganze funktioniert, sehen Sie z. B. auf der Jobsite von:

- Mimonster
  www.monster.es

Und noch ein Hinweis!

Schlüsselwörter spielen in elektronischen Lebensläufen eine bedeutende Rolle: Sie müssen dort enthalten und sorgfältig ausgewählt sein, damit die Software Ihren Lebenslauf, bzw. Ihre darin hervorgehobenen Vorzüge entdecken kann. Sind Sie auf der Suche nach geeigneten Schlüsselwörtern, lesen Sie Berufsbeschreibungen durch, z. B. bei Yahoo!com

- Perfiles Profesionales
  http://es.careers.yahoo.com
  Dort werden zu einzelnen Berufsfeldern die Aspekte „La carrera“, „Funciones“, „Sectores“ beschrieben. Und diese bieten reichlich Keywords, die Sie in Ihren Lebenslauf einbauen können.

Eine Chefsekretärin (Secretaria de dirección) könnte beispielsweise folgende Schlüsselwörter in Ihrem Lebenslauf auflisten:

- Gestión de las comunicaciones (teléfono, correo electrónico y visitas),
- Conocimientos informáticos a nivel de usuario avanzado en Windows, Microsoft Office e internet
- Gestión de documentos internacionales de la preparación y de la organización de reuniones y congresos
- Capacidad de organización, iniciativa, confidencialidad, discreción.

3.3 Musterlebensläufe

Die folgenden Muster-CVs sollen Ihnen einen Eindruck davon vermitteln, wie spanische Lebensläufe aussehen. Nutzen Sie diese als Anhaltspunkte für die Präsentation Ihres persönlichen Profils und die Formulierung Ihrer individuellen Bewerbung.

Tipp!

Auf der Webseite von CEDEFOP finden Sie den „Europäischen Lebenslauf", ein Format, das von der EU-Kommission allen Unternehmen und Bewerbern ans Herz gelegt wird. Mit diesem einheitlichen Lebenslauf sollen Angaben zu den Qualifikationen und Berufserfahrungen der Bewerber aus den verschiedenen EU-Staaten leichter verglichen und bewertet werden können.

Die Formulare in den verschiedenen EU-Sprachen lassen sich leicht herunterladen. Wir haben sie deshalb hier nicht abgedruckt.

- Europass
  http://europass.cedefop.europa.eu

Historial profesional de

Santiago MARTÍNEZ SANTOS

Sta. Bárbara, 25	Lugar de nacimiento: Sevilla
Madrid, 15	Edad: 30 años
Teléfono:(91) 2858621	DNI n°: 28.1515.021
	Estado civil: casado

Formación

1992 - 1997	Universidad de Madrid Licenciado en Ciencias Económicas y Empresariales
1998	Seminario sobre Publicidad Comercial

Idiomas

Castellano
Inglés
Francés

Datos profesionales

1999 - 2001	Colaborador en trabajos de investigación de mercado
de 2002 - hasta la fecha	LORETAL, Madrid (Empresa de cosméticos). Preparativos para el lanzamiento de un nuevo producto

Referencias

Se proporcionan a petición

Madrid, a 26 de junio de 2003

S. Martínez Santos
(Unterschrift)

Currículum Vitae de José Luis Alonso Arrayán

Datos personales

Apellidos:	Alonso Arrayán
Nombre:	José Luis
Fecha de nacimiento:	7-7-1969
Estado civil:	Casado
Dirección:	Avda Playa de Alicante n° 12, 7° A 28080 Madrid
Tfno:	91 – 322 34 56
E-mail:	alonsojl@casa.es

Experiencia profesional

Enero 2001 hasta la fecha:

Formador
Dpto. Desarrollo y Formación RR HH
AKI BRICOLAGE, Madrid
Responsable de formar al personal

Enero 2000 – Enero 2001:

Adjunto director tienda
Dpto. De Operaciones
AKI BRICOLAGE, Madrid
Corresponsable de la dirección, coordinación de pedidos y distribución en el sector del bricolage

Enero 1997 – Enero 2000:

Jefe de Departamento
Departamento de Operaciones
AKI BRICOLAGE, Madrid
Responsable de selección y gestión de personal y del seguimiento comercial

Mayo 1996 – Febrero 1997:

Jefe de Sección
NORAUTO; Barcelona
Responsable de la gestión administrativa y financiera. Encargado del trato directo con clientes.

Enero 1996 - Mayo 1996:
Prácticas Jefe Sección
TOYS R'Us, Madrid

Formación académica

Curso Superior en Gestión y Administración de Empresas
Les Heures. Universidad de Barcelona.
Mayo 1995

Master Distribución Moderna
L. G. Asesores. Madrid.
Junio 1994

Técnico Distribución Comercial
Instituto Formación C.A.M. Fondo Social Europeo.
Madrid.
Mayo 1992

Licenciatura en Sociología
Universidad Complutense de Madrid.
Junio 1990

Idiomas

Inglés: nivel medio
Francés: conocimientos básicos

Información adicional

Carnet de conducir B1 y vehículo propio.
Disponible para viajes y traslados en España.

Madrid, a 7 de Mayo de 2002

Alonso Arrayán
(Unterschrift)

Currículum vitae
de
Teresa GARCÍA CAMPO

Dirección	Lugar de nacimiento: Oviedo
Rosas, 27	Edad: 26 años
08029 Barcelona	DNI n°: 12.334.000
Teléfono:(93)222.34.56	Estado civil: soltera
E-Mail:	Tercampo@computerhuesca.com

FORMACION

1995 – 1999	Universidad de Barcelona Licenciada en Publicidad y Relaciones Públicas

IDIOMAS Castellano, Catalán, Francés, Inglés

EXPERIENCIA PROFESIONAL

1999 – 2001	METROPOLIS S.A., Madrid (Empresa textil) – investigación de mercados, – evaluación del impacto en ventas de promociones
de 2001 – hasta la fecha	EUROFAB, Barcelona Planificación y lanzamiento de nuevos productos

Barcelona, 25-5-03

Teresa García Campo
(Unterschrift)

3.4 Der Begleitbrief (Carta de presentación)

Der Begleitbrief ist kurz. Er sollte möglichst an eine bestimmte Person adressiert sein, z. B. an den „Jefe de Personal“. Auf jeden Fall sollten Sie versuchen, den Namen des Personalverantwortlichen herauszufinden. Vergessen Sie auch nicht, die ausgeschriebene Stelle bzw. die Referenz mit Quelle zu erwähnen.

Der Begleitbrief ist im Allgemeinen in folgende Abschnitte gegliedert:

- Begründung, warum die Stelle Ihnen interessant erscheint und Sie der geeignete Kandidat bzw. die geeignete Kandidatin sind,
- Hinweis auf die Kompetenz und Erfahrung, die Sie für den ausgeschriebenen Posten interessant machen, d. h. Hervorhebung einiger im CV genannter Schwerpunkte in der beruflichen Laufbahn, ohne dass Sie den Lebenslauf abschreiben,
- Bitte um ein Vorstellungsgespräch,
- Grußformel.

Tipp!

Sie können auch persönliche Qualitäten, die „Soft Skills“, einbauen, wie beispielsweise:

- *Capacidad de trabajo en equipo,*
- *Capacidad de resolución de problemas,*
- *Autonomía,*
- *Adaptación al cambio,*
- *Flexibilidad.*

Elisa Prieto Robles
Ríos Rosas, 18
28123 Madrid
Teléfono: 91-123 4567

Madrid, 22 de abril de 2003

Referencia:
3322-A-La Vanguardia
Sr. Carlos Garces
HERNANDES ALONSO S.A.
M. Unamuno, 82
28021 Madrid

Estimado Sr. Garces,

Mi larga y variada experiencia en el campo del secretariado me capacitan para el puesto que ustedes anuncian en La Vanguardia de hoy.

Adjunto mi Currículum Vitae donde podrán comprobar mi trayectoria en las empresas en que he trabajado hasta ahora. He estado a cargo de la correspondencia internacional y estaba también en mi competencia atender al cliente, así como la coordinación y los preparativos para las reuniones y conferencias internacionales.

Sinceramente creo que mi madurez profesional sería de gran utilidad a su empresa.

Me alegraría poder presentarme personalmente y darles la oportunidad de convencerles de mi capacidad y disposición profesionales.

Un cordial saludo de

Elisa Prieto Robles
(Unterschrift)

3.5 Die spontane Bewerbung (Solicitud espontánea)

Die spontane Bewerbung sollte kurz und knapp sein. Sie wenden sich direkt an den Personalleiter oder Direktor des Unternehmens, nachdem Sie (möglichst) den Namen des zuständigen Ansprechpartners herausgefunden haben.

Die spontane Bewerbung ist im Allgemeinen in folgende Abschnitte gegliedert:

- Im ersten Teil des Briefs nennen Sie Gründe, weshalb es für Sie von Interesse ist, in der angeschriebenen Firma zu arbeiten. Sie können z. B. von dem guten Ruf, dem Erfolg des Unternehmens oder der guten Qualität der Produkte sprechen. Auch die Art und Weise, wie Sie auf die Firma aufmerksam wurden, sollten Sie nennen: durch einen Zeitungsartikel, auf einer Messe, durch persönliche Kontakte etc.
- Im zweiten Teil stellen Sie sich in kurzen prägnanten Sätzen vor und weisen auf Kompetenzen und Berufserfahrungen aus Ihrem Lebenslauf hin, die für die angeschriebene Firma von Interesse sein könnten.
- Im dritten Teil äußern Sie den Wunsch, zu einem Vorstellungsgespräch eingeladen zu werden. Danach beenden Sie den Brief mit einer der klassischen Redewendungen als Grußformel.

Ein Foto wird üblicherweise nicht beigefügt. Sie brauchen keine Zeugnisse beizulegen, diese können Sie zum Vorstellungsgespräch mitnehmen. In der spontanen Bewerbung sollten Sie die Kontaktperson nennen, wenn diese damit einverstanden ist.

Beziehungen spielen bei einer spontanen Bewerbung auch in Spanien eine große Rolle: Sie sollten darum auch Personen anschreiben, die Sie aus früheren Arbeitszusammenhängen kennen, Kunden, Mitglieder Ihres Berufsverbands, Bekannte, Exkommilitonen etc. und versuchen, mit deren Hilfe Kontakte zu Unternehmen und potenziellen Arbeitgebern zu knüpfen.

Es empfiehlt sich auch, in Spanien direkt bei Unternehmen vorzusprechen und die Bewerbungsunterlagen persönlich abzugeben. Fachmessen und „Career Days" von Universitäten eignen sich ebenso ausgezeichnet, um Kontakte zu wichtigen Firmenvertretern zu bekommen.

Natürlich können Sie auch in Nachschlagewerken und Businesslexika geeignete Adressen für Ihre spontanen Bewerbungen finden, wie in:

- „Kompass España“ und
- „Las Mayores Empresas Españolas“.

Es empfiehlt sich ferner, Berufsverbände, die internationale Partner haben, um Adressen und Informationen zur aktuellen Arbeitsmarktsituation in Spanien zu bitten.

Auch die deutsche Industrie- und Handelskammer in Spanien ist Ihnen bei der Suche von relevanten Firmenadressen behilflich. Die Auslandshandelskammer veröffentlicht ein Verzeichnis der deutsch-spanischen Mitgliedsfirmen sowie eine Liste deutscher Unternehmen in Spanien:

- Deutsche Handelskammer für Spanien
  Cámara de Comercio Alemana para España
  Avda. Pío XII, 26–28
  28106 Madrid, Spanien
  Telefon:(0034-91) 3530910
  Telefax:(0034-91) 3591213
  www.ahk.es

- Cámara de Comercio Alemana para España
  Zweigstelle Barcelona
  C/Córcega, 301–303
  08008 Barcelona, Spanien
  Telefon:(0034-93) 4155444
  Telefax:(0034-93) 4152717

Der Dachverband der spanischen IHKs ist:

- Consejo Superior de las Cámaras Oficiales de Comercio, Industria y Navegación
  C/Velázquez, 157
  28002 Madrid
  Tel: (0034-91) 5906900

Carlos González del Rey
Gral. Aronda, 52
41001 Sevilla
Teléfono: (95) 523109

Sevilla, 12 de abril de 2002

Seguros La Estrella
Director General
Ctra. Cantalpino, 57
Sevilla

Estimado Sr. Gómez,

Está en mi conocimiento que su seguro pertenece a uno de los más extendidos en España. Espero no sea aventurado ofrecerles mis servicios.

Como pueden comprobar según mi C.V, el cual les adjunto, he trabajado durante 5 años en el campo de la aseguración, en donde poseo experiencia en la venta de pólizas y en la atención al cliente.

En mi empleo actual puedo realizar un trabajo interesante, sin embargo desearía un ambiente laboral de más actividad. Me gustaría poder ofrecerles mis conocimientos y experiencias laborales.

Les agradecería la oportunidad de poder presentarme ante ustedes para responder a cualquier duda y ampliar lo resumido en el currículum.

Atentamente, quedo a su disposición.

Carlos González del Rey
(Unterschrift)

3.6 Vorstellungsgespräche (Entrevista personal)

Ziel des Vorstellungsgesprächs ist es in Spanien wie in Deutschland, den Arbeitgeber davon zu überzeugen, dass Ihr Background und Ihr berufliches Know-how exakt seinen Anforderungen entsprechen und dass Sie somit optimal in sein Unternehmen passen. Je besser Sie im Vorfeld recherchiert haben, desto präziser können Sie auf die Fragen des Personalverantwortlichen reagieren und desto größer werden Ihre Chancen, den Job zu bekommen. Die Persönlichkeit des Bewerbers und seine berufliche Erfahrung spielen allerdings in Vorstellungsgesprächen in Spanien eine weit größere Rolle als die erworbenen Diplome. Darauf sollten Sie sich einstellen.

Für ausländische Bewerber ist es besonders wichtig, eine fundierte Ausbildung, gute Sprachkenntnisse und solide Berufserfahrungen vorweisen zu können. In Spanien ist es durchaus üblich, Bewerber mehrere Male hintereinander zu einem Gespräch einzuladen. Tests spielen im Auswahlverfahren eine bedeutende Rolle. Sie sollen den Arbeitgebern helfen festzustellen, ob die Bewerber in das Unternehmen passen.

Zu den Persönlichkeitstests gehören z.B.:

- Tests psicométricos,
- Tests proyectivos,
- Pruebas grafológicas,
- Pruebas de aptitud.

Eine Reihe von typischen Fragen finden Sie in Kapitel 2.2, in dem die zweisprachigen Redewendungen aufgeführt sind. Auf die folgenden Fragen sollten Sie auf jeden Fall vorbereitet sein:

- Hábleme de usted.
- Explíqueme algo sobre usted mismo.
- ¿Cómo describiría su personalidad?
- ¿Cuáles son sus puntos fuertes/débiles?
- ¿Qué hace en su tiempo libre?

- ¿Qué objetivo profesional persigue?
- ¿Dónde se ve usted mismo dentro de 5 años?

- ¿Por qué le gustaría obtener este puesto?
- ¿Qué factores le motivan para optar a esta posición?

- ¿Por qué debemos contratarle?
- ¿Por qué cree que es usted la persona más idónea para el empleo?

- ¿Qué le hace a usted mejor que el resto de candidatos?
- ¿Qué puede aportar a la empresa?
- ¿Prefiere trabajar en equipo?
- ¿Con qué clase de personas le gusta trabajar?
- ¿Qué piensa que puede usted aportar a la empresa?
- ¿Qué experiencia posee usted en relación con este puesto?
- ¿Qué experiencia tiene?
- ¿Cuál es el mayor error que ha cometido jamás?
- ¿Cuál es la situación más difícil a la que se ha enfrentado?
- Cuénteme la última vez que se enfrentó a una situación difícil y cómo la resolvió.
- ¿Cuánto quiere ganar?
- ¿Tienen alguna pregunta?

Weitere Fragen hält das Internet für Sie bereit, z. B. die Jobsite:

- Trabajos.com.
  www.trabajos.com

Klicken Sie in der Menüleiste am linken Bildrand unter „Información" die Sparte „La entrevista" an. Hier werden nicht nur typische Fragen aufgelistet, sondern auch Hinweise für geschickte Antworten gegeben.

Es gibt in Spanien verschiedene Formen von Vorstellungsgesprächen:

- simple: Gespräch zwischen Bewerber und Arbeitgeber,
- de jurado: Gespräch zwischen Bewerber und mehreren Angestellten der Firma,
- sucesivas: mehrere Gespräche, die aufeinander folgen,
- de grupo: Gespräch zwischen einer Gruppe von Bewerbern und dem Arbeitgeber.

Natürlich können Sie sich zuvor bei dem Unternehmen telefonisch erkundigen, auf welche Form des Gesprächs Sie sich vorbereiten sollten.

Selbstverständlich sollten Sie die Gelegenheit eines Vorstellungsgesprächs auch nutzen, sich über die ausgeschriebene Stelle und die Firma umfassend zu informieren und herauszufinden, ob auch alles mit Ihren Vorstellungen und beruflichen Zielen übereinstimmt.

Ihre Fragen werden insbesondere folgende Aspekte betreffen:

- die Zukunftsprojekte der Firma,
- Unternehmenskultur,
- Aufstiegsmöglichkeiten,
- Weiterbildungsmöglichkeiten.

Fragen Sie nicht schon im ersten Gespräch nach Verdienstmöglichkeiten. Das Gehalt ist erst Thema, wenn Sie wissen, dass Sie der Kandidat Nummer Eins sind. Vorab sollten Sie sich im Internet schon Gehaltsspiegel ansehen, um sich ein Bild von den spanischen Gehältern zu verschaffen. Auf der Site von „Actualidad Económica" können Sie sich informieren, indem Sie dort den Button „Compare su sueldo" anklicken:

- Actualidad Económica
  www.expansiondirecto.com/gestion/retribucion/sueldos2.htm

Zu verschiedenen Aspekten der Gehaltsverhandlungen gibt es Expertenrat auf der Website von Monster in der Rubrik „Salarios, contratos y derechos".

- Monster.es
  http://contenido.monster.es

Hinweis!

Sie sollten übrigens wissen, dass das Gehaltsniveau in Spanien wesentlich niedriger ist als in Deutschland, z. T. bis zu 50 Prozent.

4 Schlüsselwörter zum spanischen Bildungswesen

In den neunziger Jahren wurde in Spanien eine allgemeine Schul- und Hochschulreform durchgeführt (L.O.G.S.E.: Ley Organica de Ordenacion General del Sistema Educativo, 1990). Seitdem besteht in Spanien eine zehnjährige Schulpflicht. Die verschiedenen Bildungsphasen und Abschlüsse sind durch die L.O.G.S.E-Reform folgendermaßen geregelt:

4.1 Schulen und Schulabschlüsse

- Educación primaria

  Sechsjährige Primarstufe, in drei Zyklen à zwei Jahren gegliedert. Es gibt in Spanien staatliche und private Grundschulen.

- Educación Secundaria Obligatoria

  Die obligatorische Sekundarstufe I erstreckt sich über vier Jahre in zwei zweijährigen Zyklen. Die Absolventen dieser Stufe können den „Título de Graduado en Educación Secundaria“ erwerben.

- Bachillerato

  Am Ende der zweijährigen Sekundarstufe II kann man den Bachiller-Abschluss erwerben, der unserem Abitur entspricht. Der „Título de Bachillerato“ berechtigt die Absolventen zum Besuch einer Universität bzw. Hochschule. Die Schüler der Sekundarstufe II können zwischen folgenden Schwerpunkten wählen:

  - Bachillerato de Artes (Kunst),
  - Bachillerato de Ciencias Humanas y Sociales (humanistischer Zweig),
  - Bachillerato de Ciencias de la Naturaleza y Salud (naturwissenschaften und Gesundheit),
  - Bachillerato de Tecnología (technologischer Zweig).

- P.A.A.U.

  Allerdings steht noch eine Zulassungsprüfung (Prueba de Aptitud para el Accesso a la Universidad) „P.A.A.U.“ oder „Selectividad“ vor der Aufnahme. Diese Aufnahmeprüfungen müssen an den meisten Universitäten auch ausländische Studienbewerber ablegen.

Berufsschulbildung

- Formación Profesional
  Die berufliche Bildung ist in zwei Stufen gegliedert: Grado Medio und Grado Superior.
  - Ciclo de Grado Medio
    Die Mittelstufe der beruflichen Bildung setzt den Abschluss „Graduado en Educación Secundaria" voraus und führt in zwei Jahren zum „Técnico"-Titel.
  - Ciclo de Grado Superior
    Die Oberstufe der beruflichen Bildung setzt einen Bachiller-Abschluss voraus. Schon in der Sekundarstufe II muss der Schüler berufsspezifische Fächer gewählt haben. Die Oberstufe führt zum Erwerb des Titels „Técnico Superior". Die Studiendauer ist nach „Créditos" geregelt (ein bis zwei Jahre).

4.2 Hochschule und Hochschulabschlüsse

Zum universitären Bereich gehören in Spanien verschiedene Hochschuleinrichtungen:

- Facultades Universitarias
  Universitätsfakultäten, die allgemeine Studiengänge über drei Studienzyklen anbieten.
- Escuelas Técnicas Superiores/Escuelas Politécnicas
  Dies sind beides technische Hochschulen, an denen man Ingenieurwesen und Architektur studieren kann.
- Escuelas Universitarias/Escuelas Universitarias Politécnicas
  Dort kann man dreijährige technische und nicht-technische Studiengänge belegen und einen berufsqualifizierenden Abschluss erwerben.
- Colegios Universitarios
  Kollegs ergänzen das Angebot der Hochschulen überwiegend im ersten dreijährigen Studienzyklus.

Neben 49 staatlichen Universitäten gibt es auch elf private Hochschulen sowie sechs Universitäten der katholischen Kirche.

Die Studiengänge sind von unterschiedlicher Dauer, in drei Stufen à zwei bis drei Jahre gegliedert:

- Primer ciclo
  Der erste Studienzyklus kann an einer Escuela Universitaria, einer Escuela Universitaria Politécnica oder auch an einem Colegio Universitario belegt werden und führt nach drei Jahren (ciclo corto) zu einem berufsqualifizierenden Abschluss: „Diplomado", „Arquitecto Técnico" oder „Ingeniero Técnico". Dieser Zyklus erfordert 180 Créditos.
- Primer ciclo und segundo ciclo
  Nach etwa vier bis sechs Jahren führen diese beiden Zyklen zu den Titeln „Licenciado", „Arquitecto", „Ingeniero". Die Zahl der erforderlichen Créditos beträgt 300. Sie können zwischen Langzeitstudiengängen wählen, die nach dem ersten Zyklus einen berufsqualifizierenden Zwischenabschluss anbieten oder nicht.
- Tercer ciclo
  Dieser mindestens zweijährige Promotionsstudiengang setzt voraus, dass man bereits den Abschluss „Licenciado", „Arquitecto" oder „Ingeniero" erworben hat.
- Cursos de postgrado
  Studienmöglichkeiten für Postgraduierte.

Laut Hochschulreform spielt nicht nur die Länge des Studiums eine Rolle, sondern auch die Anzahl der Créditos. Pro Studienjahr kann man zwischen 60 und 90 dieser Studienpunkte erwerben. So erfordern Langzeitstudiengänge an den Universitäten mindestens 300 Créditos. (Ingenieurwissenschaften beispielsweise bis 400 Créditos, Medizin bis zu 500 Créditos). Ein Crédito entspricht zehn Stunden theoretischer oder praktischer Lehre. (In Deutschland sind es übrigens 15 Stunden). Auch das sollten deutsche Studienbewerber von Vornherein wissen.

Hochschulabschlüsse

Die Ausbildungsgänge und Schulabschlüsse sind in allen EU-Ländern sehr komplex. Vor allem in den Bezeichnungen unterscheiden sie sich wesentlich von denen, die man aus dem eigenen Bildungswesen kennt. Dieses Kapitel gibt daher Hilfestellung:

- für deutsche Bewerber, die die eigene Ausbildung im spanischen System einordnen wollen,
- für deutsche Arbeitgeber, die die Abschlüsse spanischer Bewerber einschätzen möchten.

Um Vergleiche und Bewertungen von Zeugnissen bei internationalen Bewerbungen zu erleichtern, sollten Sie die Zeugnisse übersetzen und beglaubigen lassen – und eventuell die Bildungsabschlüsse in das fremde System übertragen.

Die Hochschulabschlüsse werden in Spanien zentral vom Erziehungsministerium festgelegt (Títulos oficiales).

- Diplomado (Escuela)

  Ein Abschluss, den man an Escuelas Universitarias oder Escuelas Técnicas de Grado Medio nach dem ersten Studienzyklus erwerben kann (z. B. Diplomado en Ciencias de Trabajo). Er entspricht dem Fachhochschulabschluss oder dem Vordiplom bzw. dem B.A.

- Ingeniero Técnico und Arquitecto Técnico
  An Escuelas Politécnicas nach drei-bis vierjährigem Studium zu erwerben (z. B. Ingeniero Técnico en Topografía).

- Maestro
  Ein Abschluss, den man an Escuelas Universitarias nach dreijährigem Studium erwerben kann.

- Licenciado
  Dieser Abschluss steht am Ende eines vier- bis sechsjährigen Studiums an klassischen Universitätsfakultäten (z. B. Licenciado en Medicina). Er entspricht etwa dem Staatsexamen bzw. dem Magister in Deutschland. Fachbereiche: Wirtschafts-, Geisteswissenschaften, Jura sowie Medizin.

- Licenciado con Grado
  Der Abschluss setzt zusätzlich eine schriftliche Arbeit voraus (Proyecto, Tesina).

- Ingeniero Superior und Arquitecto Superior
  Diese Abschlüsse kann man nach vier- bis fünfjährigem Studium an einer Escuela Técnica Superior erwerben. Sie entsprechen einem abgeschlossenen Hochschulstudium.

- Doctor
  Doktorgrad „Título de Doctor“, „Doctor Ingeniero“ oder „Doctor Arquitecto“.

- Magister Universitario
  Entspricht dem Master. Diesen Abschluss erwirbt man nach ein- bis dreijährigem Masterstudiengang.

- Homologación (betrifft Titel)/Convalidación (betrifft Fächer)
  Auch diese Begriffe sollten Sie kennen: Damit ist die Anerkennung bzw. die Vergleichbarkeit von ausländischen Bildungsabschlüssen in Spanien gemeint.

Das zuständige Ministerium für die Anerkennung von Hochschulabschlüssen ist:

- Ministerio de Educación, Cultura y Deporte
  Subdirección General de Títulos, Convalidaciones y Homologaciones
  Paseo de Prado, 28
  28014 Madrid
  Telefon: (0034-91) 5065600
  Telefax: (0034-91) 5065700

Einige Beispiele für spanische Hochschulabschlüsse einzelner Fachrichtungen

- Licenciaturas e Ingenierías
  - Licenciado en Administración y Dirección de Empresas,
  - Licenciado en Biología,
  - Licenciado en Bioquímica,
  - Licenciado en Economía,
  - Licenciado en Ciencias de Trabajo,
  - Licenciado en Ciencias Geológicas,
  - Licenciado en Derecho,
  - Ingeniero de Telecomunicaciones,
  - Ingeniero Industrial,
  - Ingeniero Químico.

- Diplomaturas e Ingenierías Técnicas
  - Diplomado en Ciencias Empresariales,
  - Diplomado en Educación Social,
  - Diplomado en Enfermería,
  - Diplomado en Fisioterapia,
  - Diplomado en Gestión y Administración Pública,
  - Diplomado en Logopedia,
  - Ingeniero Técnico Industrial en Electricidad,
  - Ingeniero Técnico Industrial en Mecánica,
  - Ingeniero Técnico en Informática de Sistemas,
  - Ingeniero Técnico en Informática de Gestión,
  - Ingeniero Técnico en Topografía,
  - Maestro de Educación Física.

Internetadressen zum Thema „Studium in Spanien"

- DAAD-Datenbank: Internationale Studiengänge
  www.daad.de/ausland/index.de.html

  Die Datenbank ist wirklich lohnend. Geben Sie ein Studienfach und den gewünschten Ort ein, so erfahren Sie auf Mausklick, an welchen spanischen Hochschuleinrichtungen Sie entsprechende Studienmöglichkeiten finden, mit Fachbezeichnung des Abschlusses – und mit Internetadressen zur weiteren Recherche.

- Deutsche Botschaft in Spanien
  www.madrid.diplo.de

  Die deutsche Botschaft in Spanien hat ein interessantes Merkblatt zur „Anerkennung deutscher Hochschul- und berufsqualifizierender Abschlüsse in Spanien" auf ihrer Website veröffentlicht.

- Rediris: Das spanisches Forschungsnetz
  www.rediris.es/recursos/centros/univ.es.html

  Eine Auflistung der spanischen Universitäten. Von diesen Links aus werden Sie zu den einzelnen Hochschulen geführt.

- Educaweb
  www.educaweb.com

  Die Site informiert u. a. über die Reformen im Bildungswesen, die in den letzten Jahren in Spanien durchgeführt wurden, wie:
  - Ley de Universidades (2001),
  - Ley de Formación Profesional (2002),
  - Ley Orgánica de Educación (LOE, 2006).

- Europass
  http://europass.cedefop.europa.eu

  Das Europass-Programm soll die europaweite Mobilität der Arbeitnehmer und -geber fördern. Zu den Dokumenten gehören neben dem Europass-Lebenslauf auch der Europass-Sprachenpass und der Europass-Diplomzusatz.

5 Administratives

5.1 Aufenthaltsrecht

EU-Bürger brauchen in Spanien seit 1992 keine Arbeitserlaubnis mehr, Sie benötigen aber drei Monate nach der Einreise eine Aufenthaltsgenehmigung (Autorización de Residencia oder Tarjeta de Residencia), die Sie bei der Ausländerbehörde (Oficina de Extranjeros) oder auf einer Polizeistation (Jefatura Provincial de Policía oder Guardia Civil) beantragen müssen. In Madrid ist es:

- Comisaría de Policia
  C/Moratín, 43
  28014 Madrid
  Telefon: (0034-91) 4290994

Für Ihren Antrag benötigen Sie:

- einen gültigen Reisepass,
- eine ständige Adresse (Hotel oder Wohnmöglichkeit bei Freunden reicht nicht),
- Nachweis der finanziellen Stabilität (z. B. Anstellungsvertrag),
- aktuelle Passfotos (Für ein „carnet identidad de extranjeros" benötigen Sie übrigens eine Frontalaufnahme, ohne dass ein Ohr von der Seite zu sehen ist).

Sie sollten von allen Unterlagen mindestens zwei Kopien dem Antrag beifügen und eine komplette Kopie für sich behalten. Sodann wappnen Sie sich mit Geduld und warten ab. Auch in Spanien mahlen die Mühlen der Bürokratie langsam. Beantragen Sie also Ihre Aufenthaltsgenehmigung rechtzeitig.

Informationen zum Thema Aufenthaltsgenehmigung finden Sie im Internet auf der Eures-Site:

- Eures
  http://ec.europa.eu/eures
  Dort werden die verschiedenen Regelungen beschrieben.

Die Site des Arbeits- und Sozialministeriums enthält u. a. Informationen über „Inmigración y emigración".

- Ministerio de Trabajo y Asuntos Sociales
  www.mtas.es/migraciones/docextr/default.htm

5.2 Arbeitsrecht

EU-Arbeitnehmer haben im EU-Gastland dieselben Rechte wie inländische Arbeitnehmer, was Arbeitsbedingungen, Bezahlung, Sozialversicherung und Gewerkschaftszugehörigkeit angeht. Dies gilt auch für Familienangehörige. Grundsätzlich gilt das Recht des Gastlands. Deswegen ist es ratsam, sich über arbeitsrechtliche Fragen zu informieren, bevor man im Ausland eine Stelle antritt.

Eine unverzichtbare Informationsquelle sind in diesem Zusammenhang die Merkblätter für Auslandstätige und Auswanderer des Bundesverwaltungsamts, Köln.

- Bundesverwaltungsamt
  Eupener Str. 125
  50993 Köln
  Telefon: (01888) 3584999
  Telefax: (01888) 3584879
  www.bva.bund.de

Die professionelle Rechtsberatung zu Auslandsverträgen bleibt in Deutschland allerdings zugelassenen Rechtsanwälten vorbehalten. Im „Boletín Oficial del Estado" sind die rechtlichen Grundlagen für Arbeitsverträge festgeschrieben. Darauf wird in den Verträgen häufig hingewiesen, ohne dass die einzelnen Aspekte im Detail beschrieben werden. Die Arbeitsverträge gelten in der Regel auf unbegrenzte Dauer. Bei Zeitarbeit oder Teilzeitarbeit sind die Verträge auf bis zu sechs Monate ausgerichtet und können bis auf drei Jahre verlängert werden. Der größte Teil der neu abgeschlossenen Verträge in Spanien ist übrigens zeitlich befristet.

Achten Sie vor allem auf Kündigungsbedingungen, wenn Sie einen Vertrag mit einem Arbeitgeber abschließen. Im Übrigen sollten Arbeitsverträge folgende Punkte enthalten:

• Arbeitsantritt	fecha de iniciación,
• Probezeit	período de prueba,
• Vertragsdauer	duración del contrato,
• Bezeichung der Stelle	definición del puesto,
• Arbeitsort	lugar de trabajo,
• Bezahlung	remuneración,
• Klauseln von Vertragsauflösung	cláusulas de rescisión (de contrato).

Arbeitsverträge in Spanien sind auch gültig, wenn sie nur mündlich oder stillschweigend abgeschlossen werden. Der Abschluss eines schriftlichen

Vertrags ist allerdings Pflicht, wenn es sich z. B. um Zeitarbeit und um Praktika handelt bzw. wenn eine Probezeit vorgesehen ist. Außerdem können Arbeitgeber oder Arbeitnehmer auf einer schriftlichen Version bestehen.

Informationen und Beratung zu arbeitsrechtlichen Fragen erteilen die Büros, die das Ministerium für Arbeit und Soziales in den verschiedenen Provinzen eingerichtet hat: Oficinas Integrales de Información Socio-Laboral.

Folgende Broschüren helfen bei Fragen zum Arbeitsrecht weiter:

- *„Spanien, Beilage Arbeitsrecht zum Merkblatt Nr. 49"*
  (erhältlich beim Bundesverwaltungsamt, Köln),
- *„Erläuterungen zum spanischen Arbeitsrecht"*
  Deutsche Handelskammer für Spanien.

Auch das Internet hält eine Fülle relevanter Informationen bereit, beispielsweise unter:

- CanalTrabajo
  www.canaltrabajo.com

  Diese Jobsite enthält unter „Secciones" die Rubrik „Legislación Laboral". Dort werden die gesetzlichen Regelungen u. a. zu „Estatuto de los Trabajadores" aufgeführt. Unter „Consultas" beantwortet CanalTrabajo übrigens arbeitsrechtliche Fragen der User. Ein Blick in diese Sparte lohnt sich.

- INEM
  www.inem.es

  Auf der INEM-Site können Sie alles Wesentliche über die Reform des Arbeitsrechts (2006) nachlesen und sich detailliert über verschiedene Vertragstypen informieren.

- Monster.es
  www.monster.es

  Auch zum Thema „Arbeitsrecht" bietet Monster.es eine Fülle von Tipps und Hinweisen, und zwar in der Sparte „Salarios, contratos y derechos".

Übrigens!

Die wöchentliche Arbeitszeit beträgt in Spanien 40 Stunden, der Urlaubsanspruch 30 Tage.

5.3 Sozialversicherung

Im Zusammenhang mit der Freizügigkeit der Arbeitskräfte bemüht sich die EU, entsprechende Maßnahmen zur sozialen Sicherheit zu realisieren. Arbeitnehmer aus anderen EU-Staaten und ihre Familien haben denselben Anspruch auf ärztliche Behandlung und Medikamente wie Inländer. Das spanische Sozialversicherungswesen umfasst Gesundheitsdienst, Arbeitslosenversicherung und Rentenversicherung. Als Arbeitnehmer bekommen Sie eine Sozialversicherungskarte (Tarjeta de Seguridad Social) und werden kostenlos medizinisch behandelt. Eine Auflistung von Krankenhäusern erhalten Sie von den örtlichen Büros des Nationalen Gesundheitsamts. Im Krankheitsfall wenden Sie sich an das Instituto Nacional de la Salud, das in allen Provinzen über zahlreiche Geschäftsstellen (Centro de Salud) verfügt.

In Madrid die folgende Adresse für Sie von Interesse, wenn es um Fragen der sozialen Sicherheit geht:

- Instituto Nacional de la Seguridad Social
  Servicios Sociales
  Padre Damián, 4-6
  28036 Madrid
  Telefon: (0034-91) 5688300
  Telefax: (0034-91) 5611051

Weitere Adressen zum Thema Sozialversicherung finden Sie im Internet auf den Webseiten des zuständigen Ministeriums:

- Ministerio de Trabajo y de Asuntos Sociales
  www.mtas.es

Über die aktuellen Sozialversicherungsbeiträge informiert:

- Seguridad Social
  www.seg-social.es

Krankenversicherung

Wenn Sie nur für kurze Zeit nach Spanien fahren, sollten Sie Ihre Europäische Krankenversicherungskarte mitnehmen, damit Sie im Krankheitsfall abgesichert sind. Sobald Sie jedoch in Spanien arbeiten oder die Aufenthaltsgenehmigung erhalten haben – und damit spanischer Wohnbürger geworden sind –, unterliegen Sie dem spanischen Sozialversicherungssystem.

Spätestens wenn Sie über die Aufenthaltsgenehmigung verfügen und spanische Sozialversicherungsbeiträge zahlen, müssen Sie sich bei Ihrer örtlichen Sozialversicherung anmelden und erhalten Ihre „Tarjeta de Seguridad Social“. Hier bekommen Sie auch detaillierte Informationen über Beiträge und Leistungen.

Renten- und Arbeitslosenversicherung

Die verschiedenen Rentensysteme in den EU-Mitgliedsstaaten sind durch einige Regelungen („Verordnungen im Bereich der Sozialen Sicherheit“) aufeinander abgestimmt. Ziel ist es, den sozialen Schutz auch über die Grenzen hinweg zu gewährleisten. Wenn Sie in zwei oder mehr EU-Ländern arbeiten, sollen Sie laut EU-Verordnung alle staatlichen Rentenbeträge, die in den einzelnen Ländern gezahlt werden, kombinieren können. Die Verbindungsstelle zwischen Deutschland und Spanien ist in diesem Zusammenhang das Instituto National de la Seguridad. Rentenansprüche richten sich nach den Regelungen des jeweiligen Gastlands. Sie können zum Teil transferiert werden. Detaillierte Informationen zum Thema „Sozialversicherung“ bietet die viel zitierte Site der EU unter dem Titel „Berufliche Mobilität für Europa“:

- EURES
  http://europa.eu.int/eures

Natürlich ist auch die Deutsche Rentenversicherung (ehemals BfA) eine gute Adresse in diesem Zusammenhang:

- Deutsche Rentenversicherung
  www.deutsche-rentenversicherung-bund.de

  Lesen Sie nach in der Sparte „Ausland und Rente“.

5.4 Steuern

Sobald Sie Ihren Wohnsitz in Spanien haben, unterliegen Ihre Einkünfte der dort geltenden Einkommens- und Kapitalertragssteuer. Zwischen Deutschland und Spanien gibt es allerdings ein Doppelbesteuerungsabkommen, mit dem vermieden werden soll, dass die Arbeitnehmer in beiden Ländern steuerlich belastet werden. Ausländer, die in Spanien steuerpflichtig sind, benötigen eine Steuernummer, Numero de Identificacion de Extranjeros (NIE).

Mit Fragen, die die Einkommenssteuern etc. betreffen, wenden Sie sich an:

- Dirección General de Tributos (Oberfinanzdirektion)
  C/Alcalá, 5
  28014 Madrid
  Telefon: (0034-91) 5958000
  Telefax: (0034-91) 5958454
  www.meh.es

Im Internet lassen sich Informationen zum Thema „Steuern“ unter der Adresse der Steuerbehörde herunterladen:

- Agencia Tributaria
  www.agenciatributaria.es

Noch Fragen zu rechtlichen und verwaltungstechnischen Problemen?

Dann empfehlen wir Ihnen am Ende des Kapitels noch vier Internetadressen:

- http://ec.europa.eu/youreurope/nav/de/citizens/index.html

  Beachten Sie die Rubrik „Allgemeine EU-Leitfäden“, dort können Sie sich über Aspekte wie mögliche Probleme, wichtige Papiere und nötige Finanzen informieren, bevor Sie in einen anderen EU-Mitgliedstaat ziehen.

- www.seg-social.es

  Eine Vielzahl relevanter Adressen von Behörden und Institutionen (z. B. der spanischen Ministerien) finden Sie auf dieser Site des Sozialministeriums unter „Enlaces de interés“.

- www.bva.bund.de

  Das ist die Internetadresse des Bundesverwaltungsamts, das vorzügliche Länderbroschüren herausgibt.

- www.spanischebotschaft.de

  Auch die Website der spanischen Botschaft in Berlin ist in diesem Zusammenhang aufschlussreich.

6 Nützliche Adressen für Arbeitsaufenthalte in Spanien

In Deutschland

- Auswärtiges Amt
  Werderscher Markt 1
  10117 Berlin
  Telefon: (01888) 170
  www.auswaertiges-amt.de

- Botschaft des Königreichs Spanien in Deutschland
  Lichtensteinallee 1
  10787 Berlin
  Telefon:(030) 2540070
  Telefax: (030) 25799 557
  www.mae.es/Embajadas/Berlin/es/Home

- Bundesagentur für Außenwirtschaft
  Agrippastr. 87
  50676 Köln
  Telefon: (0221) 20570
  Telefax: (0221) 2057 212
  www.bfai.de

- Bundesverwaltungsamt
  Informationsstelle für Auswanderer und Auslandstätige
  Eupener Str. 125
  50933 Köln
  Telefon: (01888) 358 4999
  Telefax: (01888) 358 4879
  www.bva.bund.de

- InWEnt
  Friedrich-Ebert-Allee 40
  53113 Bonn
  Telefon: (0228) 44600
  Telefax: (0228) 4460 1766
  www.inwent.org

- Deutscher Akademischer Austauschdienst (DAAD)
  Kennedyallee 50
  53175 Bonn
  Telefon: (0228) 8820
  Telefax: (0228) 882 444
  www.daad.de

- Europäisches Berufsberatungszentrum
  Partnerland Spanien
  Arbeitsamt Frankfurt/Main
  Fischfeldstr. 10-12
  60325 Frankfurt am Main
  Telefon: (069) 21710
  Telefax: (069) 2171 2662

- Europäische Kommission
  Vertretung in der Bundesrepublik Deutschland
  Unter den Linden 78
  10117 Berlin
  Telefon: (030) 22 80 2000
  Telefax: (030) 22 80 2222
  www.eu-kommission.de

- Amtliche Spanische Handelskammer für Deutschland
  Cámara Oficial Española Comercio en Alemania
  Friedrich-Ebert-Anlage 56
  60325 Frankfurt am Main
  Telefon: (069) 7434810
  Telefax: (069) 743481 22
  www.spanische-handelskammer.de

- Zentralstelle für Arbeitsvermittlung (ZAV)
  Villemombler Str. 76
  53123 Bonn
  Telefon: (0228) 713 0
  Telefax: (0228) 713 1111
  www.arbeitsagentur.de

Spanische Generalkonsulate

- 40474 Düsseldorf
  Hombergerstr. 16
  Telefon: (0211) 439 080
  Telefax: (0221) 453 768

- 60318 Frankfurt
  Nibelungenplatz 3
  Telefon: (069) 9591 660
  Telefax: (069) 5964 742

- 20148 Hamburg
  Mittelweg 37
  Telefon: (040) 414 6460
  Telefax: (030) 417 449

- 30161 Hannover
  Bödekerstr.22
  Telefon: (0511) 311085
  Telefax: (0511) 316230

- 81925 München
  Oberföhringer Str 45
  Telefon: (089) 998 4790
  Telefax: (089) 981 0206

- 70192 Stuttgart
  Lenzhalde 61
  Telefon: (0711) 99798 00
  Telefax: (0711) 2265 927

- 10787 Berlin
  Lichtensteinallee 1
  Telefon: (030) 254007 161
  Telefax: (030) 254007 420

Spanische Kulturinstitute, Instituto Cervantes

- Alfons-Goppel-Str. 7
  80539 München
  Telefon: (089) 290718 0
  Telefax: (089) 293 217
  www.cervantes-muenchen.de

- Schwachhauser Ring 124
  28209 Bremen
  Telefon: (0421) 340391 8
  Telefax: (0421) 3499964
  www.bremen.cervantes.es

- Rosenstr. 18-19
  10178 Berlin
  030-257618 0
  030-257618 19
  www.cervantes.de

- Spanische Fernuniversität
  Universidad Nacional de Educación a Distancia, UNED
  Kulturzentrum
  An Gross St. Martin 9-11
  50667 Köln, sowie
  Euro-Trainings-Centre
  Sonnenstr. 12
  80331 München
  www.uned.es

- Botschaft der Bundesrepublik Deutschland in Spanien
  Embajada de la República Federal de Alemania
  C / Fortuny, 8
  28010 Madrid
  Telefon: (0034-91) 557 9000
  Telefax: (0034-91) 310 2104
  www.madrid.diplo.de

In Spanien

- Deutsche Handelskammer für Spanien
Cámara de Comercio Alemana para España
Avda. Pío XII, 26-28
28106 Madrid
Telefon: (0034-91) 3530910
Telefax: (0034-91) 359 1213
www.ccape.es

- Zweigstelle Barcelona
Cámara de Comercio Alemana para España
Córsega 301–303
08008 Barcelona
Telefon: (0034-93) 415 5444
Telefax: (0034.93) 415 2717

- Dirección General de Tributos
C / Alcalá, 5
28014 Madrid
Telefon: (0034-91) 5958000

- Consulado General de la República Federal de Alemania
Passeig de Gracia, 111
08008 Barcelona
Telefon: (0034-93) 292 1000
Telefax: (0034-93) 292 1002
www.barcelona.diplo.de

- Consulado General de la República Federal de Alemania
C / Fernández y González, 2-2
Edificio Allianz
41001 Sevilla
Telefon: (0034-95) 423 0204
Telefax: (0034-95) 423 9552
www.sevilla.diplo.de

- Instituto Nacional de Empleo, INEM
Servicios Centrales
C / Condesa de Venadito, 9
28027 Madrid
Telefon: (0034-91) 585 9888/
Telefax: (0034-91) 377 5881
www.inem.es

- Ministerio de Trabajos y Asuntos Sociales, 2000
Agustin Bethencourt, 4
28071 - Madrid
Telefon: (0034-91) 363 0000
Telefax: (0034-91) 533 2996
www.mtas.es

- Ministerio de Educación y Ciencia
Subdirección General de Títulos, Convalidaciones y Homologaciones (NARIC)
Paseo del Prado 28
28014 Madrid
Telefon: (0034-91) 506 5593
Telefax: (0034-91) 506 5706
www.mec.es/mecd/titulos/convalidacion.html

- U.N.E.D.
Universidad Nacional de Educación a Distancia
Sección de Títolos Oficiales
Senda del Rey
28040 Madrid
Telefon: (0034-91) 398 6600
Telefax: (0034-91) 398 6679
www.uned.es

- Ministerio de Economía y Hacienda
  Paseo de la Castellana 162
  28071 Madrid
  Telefon: (0034-91) 5837400
  www.minhac.es

- Ministerio de Educación y Ciencia
  C/Alcalá, 34
  28071 Madrid
  Telefon: (0034-91) 5065500
  Telefax: (0034-91) 5213775
  www.mec.es

- Instituto Nacional de la Seguridad Social (INSS)
  Padre Damián, 4-6
  28036 Madrid
  Telefon: (0034-91) 5688300
  Telefax: (0034-91) 5647822

Adressen für Österreich

- Österreichische Botschaft in Spanien
  Paseo de la Castellana 91
  28046 Madrid
  Telefon: (0034-91) 5565315
  Telefax: (0034-91) 5973579
  www.aussenministerium.at/madrid

- Königlich Spanische Botschaft in Österreich
  Argentinierstr. 34
  1040 Wien
  Telefon: (0043-1) 5055788
  Telefax: (0043-1) 5055788125
  www.mae.es/embajadas/viena/es/home

Adressen für die Schweiz

- Königlich Spanische Botschaft in der Schweiz
  Kalcheggweg 24
  3000 Bern
  Telefon: (0041-31) 3505252
  Telefax: (0041-31) 3505255
  www.mae.es/embajadas/berna/es/home

- Schweizer Botschaft in Spanien
  Embajada de Suiza
  Calle Núnez de Balboa 35
  Edificio Goya, 7°
  28001 Madrid
  Telefon: (0034-91) 4363960
  Telefax: (0034-91) 4363980
  www.eda.admin.ch/spain

- Generalkonsulat
  Consulado general de Suiza
  Edificios Trade
  Gran Via de Carlos III, 94, 7°
  08028 Barcelona
  Telefon: (0034-93) 490 0650
  Telefax: (0034-93) 409 6598

- Swiss Business Hub Spain
  c/o Embajada de Suiza
  Apartado 1317
  28080 Madrid
  Telefon: (0034-91) 4320466
  Telefax: (0034-91) 4320467

- Spanisch-Schweizerische Handelskammer
  Torgasse 4
  8001 Zürich
  Telefon: (0041-44) 2549070
  Telefax: (0041-44) 2549071
  www.hispano-suiza.ch

Welche Erfahrungen haben Sie gemacht?

Was haben Sie während Ihres Aufenthalts im europäischen Ausland erlebt? Die Tipps, die wir in unseren Büchern abdrucken, sollen möglichst realitätsnah und aktuell sein. Aus diesem Grund wäre es schön, wenn Sie uns mit Ihren Ratschlägen darin unterstützten, in Zukunft noch besser auf landestypische Entwicklungen aufmerksam zu machen. Sollten Sie neue relevante Internetadressen entdeckt haben, freuen wir uns über eine Nachricht.

Schreiben Sie uns und berichten Sie von Ihren besonderen Erfahrungen, beispielsweise zu den Aspekten: Jobsuche im Ausland, Praktika in Europa, Bewerbungsstrategien im Ausland, Studienaufenthalte etc. Wir sind an aktuellen Berichten aus Ihrer Erfahrung sehr interessiert.

Sollten wir Ihren Bericht abdrucken, honorieren wir ihn selbstverständlich.

Wir freuen uns über Ihre E-Mail an: info@ilt-europa.de

Dirk und Karsta Neuhaus

Egal, ob Sie als Praktikant, Berufseinsteiger, Schüler oder Student, als Fach- oder Führungskraft praktische Erfahrungen in den USA oder Kanada sammeln wollen oder von Ihrer Firma dorthin delegiert werden - Sie finden in diesem Buch alles, was Sie brauchen:

- wichtige Informationen über den amerikanischen und kanadischen Arbeitsmarkt,
- Namen und Anschriften von relevanten Ansprechpartnern, Jobbörsen, Arbeitsvermittlungen und Veranstaltern von Austauschprogrammen,
- Ratschläge von Experten und persönliche Erfahrungsberichte,
- Wissenswertes zu Visabeschaffung, Arbeitsvertrag und Krankenversicherung.

Mit mehr als 150 relevanten Internetadressen für Ihre Arbeitssuche.

Karsta Neuhaus, Dirk Neuhaus
Bewerben und Arbeiten in den USA und Kanada
2. Auflage, 2007, 288 Seiten, 15,90 Euro, ISBN: 3-930627-10-8

Bestellschein

Hiermit bestelle ich

EX.	TITEL	ISBN	PREIS
____	Bewerben und Arbeiten in den USA und Kanada	978-3-930627-10-3	15,90
____	Das Bewerbungshandbuch für Europa	978-3-930627-00-4	15,90
____	Arbeiten und Studieren in Spanien	3-930626-08-6	9,90
____	Erfolgreiche Arbeitssuche in Großbritannien und Irland	3-930627-06-X	9,90
____	Applying for a Job in Germany	3-930627-03-5	7,90
____	JobLinks USA	3-930627-07-8	10,90
____	Arbeiten und Studieren in Australien	3-930627-09-4	11,90
____	Das Bewerbungshandbuch Englisch	978-3-930627-11-0	12,90

Name: ....

Straße: ....

PLZ/Ort: ....

Datum: ....

Unterschrift: ....

Weitere Titel des ILT-Europa Verlags siehe auch unter: www.ilt-europa.de

ILT-Europa Verlag
Am Birkenbusch 4
44803 Bochum

Tel./Fax: (0234) 9586090/99
E-Mail: info@ilt-europa.de